国有林场权益保障
法律指南

韦贵红 ◉ 主　编

张宾峰　徐春国 ◉ 副主编

中国林业出版社
China Forestry Publishing House

谨以此书献给国有林场系统的同仁和关注国有林场改革与发展的人们！

编委会

主　　编　韦贵红

副 主 编　张宾峰　徐春国

编写人员　韦贵红　张宾峰　徐春国　黄　诚

　　　　　宋建忠　王咏东　包　晗　胡　静

图书在版编目(CIP)数据

国有林场权益保障法律指南 / 韦贵红主编. -- 北京:
中国林业出版社, 2023.7

ISBN 978-7-5219-2228-8

Ⅰ.①国… Ⅱ.①韦… Ⅲ.①国营林场—权益保护—
法规—中国—指南 Ⅳ.①D922.634

中国国家版本馆CIP数据核字(2023)第122028号

责任编辑：王　越

出版发行：中国林业出版社

　　　（100009，北京市西城区刘海胡同 7 号，电话 010-83143628）

电子邮箱：cfphzbs@163.com

网址：www.forestry.gov.cn/lycb.html

印刷：河北京平诚乾印刷有限公司

版次：2023 年 7 月第 1 版

印次：2023 年 7 月第 1 次

开本：787mm×1092mm 1/16

印张：10.5

字数：262 千字

定价：68.00 元

前言

"无山不绿，有水皆清，四时花香，万壑鸟鸣。替河山装成锦绣，把国土绘成丹青。新中国的林人，同时是新中国的艺人。"这是中华人民共和国第一任林垦部部长梁希先生描绘祖国山河的美景，寄予务林人的使命，也是林场人的梦想。新中国成立初期，为了造林绿化、培育森林、发展林业、兴建国有林场，一代代林场人在祖国偏远山区栉风沐雨，辛勤耕耘，书写了中国林业发展的一部部华丽篇章。回首七十多年风雨沧桑，国有林场经历了初建试办、快速发展、挫折动荡、恢复稳定、改革推进五个阶段，如今迎来了涅槃重生的历史性发展机遇。4297个国有林场分布在31个省（自治区、直辖市）的1600多个县，其中3900多个国有林场地处大江大河中上游、主要湖泊水库、各大风沙区和黄土高原等生态重点地区及生态脆弱地区，是实践科技兴林的示范基地、打造生态文化的重要载体。国有林场职工是国家培育森林资源的先行者、保障生态安全的主力军，是发展林业产业的核心力量。

国有林场在不同的历史发展阶段，不同程度地面临权益保障问题。在初建试办和快速发展阶段，国有林场管理和经营受到高度重视，权益保障问题没有显现；在挫折动荡阶段，侵占国有林地、乱砍滥伐现象严重，国有林场经营面积萎缩，林场权益难以得到保障；在恢复稳定、改革推进阶段，随着经济发展和城镇化建设，土地价值不断增长，有些地区林地被侵占的问题时

有发生，林地流失现象突出。由于国有林场劳动用工风险防控不到位，国有林场对于刑事风险重视程度不够，对外合作经验不足等原因导致了林场权益保障问题日益严重。

本书由长期致力于国有林场法律与政策研究的大学教授、资深律师和国有林场管理人员共同编写。撰写人员具体分工如下：第一章，韦贵红；第二章，张宾峰、王咏东、黄诚、宋建忠；第三章，黄诚；第四章，徐春国；第五章，张宾峰、包晗；第六章，徐春国、胡静；第七章，徐春国、黄诚、包晗。全书由韦贵红、张宾峰、徐春国统稿。

国有林场权益保障涉及民法、刑法、行政法等不同领域，案件错综复杂，编写错误之处在所难免，敬请批评指正。

编　者

2023年2月12日

目录

第一章
国有林场概述

第一节　发展历程与取得成就

国有林场是国家为加快森林资源保护、培育和改善生态环境，在无林、少林、荒山和荒地集中连片的地区建立的以造林为主的林业基层公益性事业、企业单位。兴办国有林场是保护生态、发展林业、加速后备森林资源培育而采取的一项重要战略措施。

一、国有林场发展历程

新中国成立以来，在各级党委、政府和林业主管部门的正确领导下，经过广大职工几代人的共同努力，国有林场由少到多，由弱到强，逐步发展壮大，在培育森林资源、改善生态环境、兴办绿色产业、发展林业经济等方面，做出了重要贡献。我国国有林场的发展主要经历了初建试办、快速发展、挫折动荡、恢复稳定、改革推进五个阶段。

（一）初建试办阶段（1949—1957 年）

新中国成立之前，全国共有林场 72 个（表 1），森林覆盖率只有 8.6%，林业基础极为薄弱。新中国成立后，政府接管了旧中国的政府、教育界、资本家办的林场（包括公司、农林牧试验场、苗圃）共 50 多个。同时，为加快新中国林业的发展，提高国有林的比重，国家在宜林荒山面积较大的无林少林地区陆续试办了一批以造林为主的国有林场，在天然次生林区建立了一批护林站、森林抚育站、森林经营所、造林站、治沙站等单位。20 世纪 50 年代中期，各地在试办的基础上，兴办了新中国第一批国有林场。到 1957 年年底，全国共建立国有林场 1387 个，经营面积 3 亿亩。当时称之为国营林场，通过初建试办，为后来国有林场的发展积累了经验。

表 1　新中国成立以前 72 家林场

地区	个	林场名称
四川	3	西南林业试验场（现歌乐山林场）、峨眉林场（现峨眉山经营所）、金城山林场
贵州	1	长坡林林场
云南	2	禄丰林场、一平浪林场
陕西	1	楼观台林场
甘肃	1	洮河森管所（现洮河森林业局）
河南	1	睢杞林场（现榆厢林场）
湖北	2	武昌林场、观音岩林场
湖南	8	常德林场、岣嵝峰林场、河洑林场、长沙林场、衡阳林场、零陵林场、沅陵林场、渝市林场
广西	5	六万林场、三门江林场、沙圹林场、大青山林场（现中国林业科学研究院热带林业实验中心）、七坡林场
广东	11	乐昌林场、中山油桐林场（现连山林场）、经济示范林场（现曲江林场）、樟木头林场、南江口林场（现西江林场）、大岭山林场、鼎湖山林场（现北岭山林场）、刘张家山林场、松涛林场、西区第一林场（现松涛林场）、白云山林场（现松涛林场）
江苏	10	汤山林场、东善桥林场、教育第一林场（现东善桥林场）、教育第二林场（现东善桥林场）、东进林场、龙王山林场（现溧阳县林场）、栖霞山林场（现溧阳县林场）、东流林场（现溧阳县林场）、牛首山林场（现溧阳县林场）、红山林场（现溧阳县林场）
浙江	4	第一造林场（现建德林场）、第二造林场（现丽水地区实验林场）、第三造林场（现常山县林场）、余杭林木公司（现长乐林场）
安徽	3	博村林场、马头林场、马鞍山林场
福建	3	福州林场（现福州市树木园）、泉州林场、峡阳林场
江西	7	庐山林场、湖口县三黑林场、枫树山林场、洪山岭林场、青原山林场、上清林场、宁冈林场
山东	8	昆嵛山林场、万寿宫林场、沂山林场（现塔山林场）、泰西林场（现塔山林场）、详门林场（现塔山林场）、省造林公司（现泰安林校药乡林场）、蒙山林场（现塔山林场）、柳埠林场
山西	1	省林业试验场（现太原市林场）
吉林	1	长春市净月潭实验林场
总计	72	

（二）快速发展阶段（1958—1965 年）

1958 年 4 月，中共中央、国务院颁发《关于在全国大规模造林的指示》，各地掀起了大建国营林场的高潮。1963 年，林业部明确提出了国营林场实行"以林为主，林副结合，综合经营，永续作业"的经营方针，成立了国营林场管理总局，将 32 个国营林场改为实验林场由林业部和省林业厅双重领导，5 个机械造林林场由林业部直接管辖。各省（自治区、直辖市）也建立了国营林场管理机构。到 1965 年年底，全国国营林场达到 3564 个，经营面积达到 10.2 亿亩。

（三）挫折动荡阶段（1966—1976 年）

"文化大革命"期间，林业部国营林场管理总局被撤销，各省（自治区、直辖市）的国营林场管理机构均被撤并，83%的国营林场被下放到县、公社或大队。加上管理秩序混乱，随意侵占国有林地、偷砍滥伐国有林木之风盛行，致使国营林场经营面积缩小，有林地面积和森林蓄积量锐减，山林权属纠纷剧增。截至1976年，国有林场经营总面积萎缩到6.94亿亩，其中森林面积3.45亿亩、森林蓄积量10.46亿立方米，分别比1965年减少32.03%、21.05%和43.79%，损失惨重。

（四）恢复稳定阶段（1977—1997年）

十一届三中全会以后，通过拨乱反正，实行改革开放，国有林场逐步恢复并进入了稳定发展的新时期。1984年9月20日，第六届全国人民代表大会常务委员会第七次会议通过了《中华人民共和国森林法》（以下简称《森林法》），为国有林场健康发展提供了法制保障，下放的林场逐渐收回，造林走向正轨，并逐步形成了省、地、县三级管理的国营林场体系格局。林业部分别在1986年、1990年、1997年先后三次召开全国国有林场工作会议，提出了不同阶段国有林场工作的指导思想、奋斗目标、重点任务、主要措施和具体要求，对国有林场的发展起到了重要的推动作用。根据1996年林业部《关于国有林场深化改革加快发展若干问题的决定》，从1997年开始进行公益林和商品林分类经营，中央和地方财政每年安排专项资金用于生态公益林的管护和经营。中央和地方政府制定了许多优惠政策，为国有林场发展创造了比较宽松的外部环境，林场开始多种经营，实行场长负责制和承包经营责任制，国有林场经营规模和经济实力都得到了恢复和发展。

（五）改革推进阶段（1998—2020年）

随着市场经济的不断完善和林业工作指导思想的转变以及相关政策的调整，国有林场原有的发展方向、目标、任务已不能适应新形势发展的要求。以生态建设为主的林业发展战略的实施，采取了禁伐限伐政策，不少国有林场木材产量大幅度调减，收入明显减少，木材加工类项目受到制约，富余职工增加，待岗下岗人员占职工总数的一半以上。同时，长期积累的管理体制不顺、经营机制不活、相关配套政策跟不上等问题逐步显露出来，林场发展面临的困难加剧。1998年开始出现全行业亏损，经营总收入从1997年的83亿元下降到2002年的59亿元。

2003年，中共中央、国务院《关于加快林业发展的决定》提出，要深化重点国有林场管理体制改革。2010年，国务院第111次常务会议专门研究国有林场改革问题，并进行了明确部署。国家林业局会同国家发展和改革委员会、财政部等部门开展了大量的调查研究，启动了国有林场改革试点工作，国家林业局和国家发展和改革委员会牵头成立了国有林场和国有林区改革工作小组。

2011年10月，经改革工作小组会议审议，将河北、浙江、安徽、江西、山东、湖南和甘肃7个省作为全国国有林场改革试点省，其中江西和湖南两省全省铺开，其他省选择部分城市试点。试点工作原则上要求在2年内完成。截至2011年年底，全国共有国有林场4855个，分布在31个省（自治区、直辖市）的1600多县，其中省属国有林场占10%，地（市）属国有林场占15%，县（市、区）属国有林场占75%，林地面积8.7亿亩，现有职工75万人，其中在职职工48万人，离退休职工27万人。根据全国第七次森林资源清查数据，我国林地面积是45.6亿亩，其中集体林地27.4亿亩，国有林地18.2亿亩，国有林场管护着全国近1/5的林地和近 1/2 的国有林地，是林业生态系统的核心部分。3900 多个国有林场地处大江大河中上游、主要湖泊水库、各大风沙区和黄土高原等生态脆弱地区，管护公益林面积 6 亿亩。因此，开展国有林场改革，对于生态保护、林业建设、林场发展和职工就业增收都具有重要意义。

2015 年 2 月 8 日，中共中央、国务院印发了《国有林场改革方案》，是站在全局和战略高度作出的一项重大决策，在全国林业改革发展史上具有里程碑意义。国有林场改革的主要内容是明确界定国有林场生态责任和保护方式；推进国有林场政事分开和事企分开；完善以购买服务为主的公益林管护机制；健全责任明确、分级管理的森林资源监管体制；健全职工转移就业机制和社会保障体制。

截至 2020 年年底，全国国有林场共有森林面积 8.4 亿亩，森林蓄积量 38.1 亿立方米。通过全面停止天然林商业采伐，国有林场每年减少森林资源消耗量 556 万立方米，占改革前采伐量的 50%。职工的年平均工资达到 4.5 万元，比改革前 1.4 万元增加了 220%；职工基本养老保险、基本医疗保险实现全覆盖，参保率由 75% 提高到 100%；通过发展森林旅游等特色产业和利用政府购买服务等途径，妥善安置富余职工 16 万人，累计改造职工危旧房54.5 万户。国有林场场部饮水安全、用电难和出行难的问题基本得到解决。国有林场的数量由 4855 个整合为 4297 个，95.5% 定为公益类事业单位，核定编制 20.68 万个，建立职工绩效考核、管护购买服务和资源分级监管机制，主要精力聚焦于保护培育森林资源、维护国家生态安全。

二、国有林场取得成就

新中国成立时，全国森林面积 8280 万公顷，仅占国土面积的 8.6%。森林资源贫乏和分布不均，给国计民生带来一系列隐患，水土大量流失，自然灾害频发，木材和林产品短缺，严重地影响着国家计划经济的发展和山区生产结构，影响国土安全和国土整治。国有林场经过七十多年的发展，取得了令人瞩目的成就。

（一）培育森林资源成效显著

国有林场始终致力于造林育林，将绿化荒山、发展森林资源作为首要任务。建场初期，广大林场职工在十分艰苦的条件下，白手起家，搭公棚、住草房、风餐露宿，开展大规模的人工造林。经过几代林场职工的不懈努力，使全国大量荒山秃岭和不毛之地披上了绿装，焕发了青春。截至 2013 年年底，全国有国有林场共 4855 个，林业用地面积 0.58 亿公顷，森林面积 0.45亿公顷，公益林面积 0.41 亿公顷，森林蓄积量 23.4 亿立方米，分别约占全国林业用地面积、森林面积和森林蓄积量的 19%、23% 和 17%。国有林场已经成为我国森林资源培育中最稳定的阵地，是国家重要的森林资源战略储备和森林资源精华所在，管护着全国近 1/5 的林地和近1/2 的国有林地以及生长于其上的森林资源。

（二）守住国土生态安全底线

国有林场是国土生态安全屏障的基本骨架。我国国有林场大多分布在江河两岸、水库周围、风沙前沿、黄土丘陵、石质山区、国境线等重点生态区域，覆盖了全国主要的生态重点地区和生态脆弱地区，构筑了国土生态安全屏障的基本骨架。截至 2013 年年底，西部黄土高原地区有国有林场 913 个，沙漠和风沙前沿有 503 个。由于国有林场地处生态建设的最前沿，相当一部分国有林场成为我国林业重点工程建设的中坚力量。有 1312 个国有林场列入天然林资源保护工程，1058 个列入三北防护林工程（四期），长江防护林工程 359 个，沿海防护林体系建设工程 165 个。

国有林场是我国重要的水源涵养地。我国主要江河流域的森林是以国有林场为主体的，黄河流域森林面积的 65% 由国有林场管理，长江流域为 30%，辽河流域为 38%，海河流域为 26%，珠江流域为 11%。有 1100 多个国有林场以涵养水源的功能被纳入国家重点生态功能区，有 223 个国有林场分布在大型水库周围，不仅是当地重要的水源涵养地，也是国家重要江河的源头。据不完全统计，全国国有林场年涵养水源 1000 亿立方米，年固土量 18 亿吨，年保肥量 1 亿吨。

国有林场是我国生物多样性保护的重要场所。截至 2013 年年底，有 1300 个国有林场建立了自然保护区，占全国已建各级野生动植物类型自然保护区的 60%，包括了从热带到寒温带等多种气候带，以及森林、草原、湿地和沙漠等多种自然生态系统，具有丰富的野生动植物种类资源，对保护生物多样性具有不可替代的重要作用。

国有林场居于森林生态系统的核心部分，构筑我国最重要的绿色生态屏障，加强防护林体系建设，在生态系统修复、自然环境保护、生态安全维护、水源涵养、生物多样性保护等方面发挥着主力军的作用。

（三）保障和改善民生福祉

国有林场森林资源质量高、景色优美，是社会公众休闲游憩和度假养生的理想场所。有 2570 个国有林场建立了森林公园，占全国森林公园总数的 90%，有 242 个国有林场建立了湿地公园，占全国湿地公园总数的 50%，许多著名的国家风景名胜区和世界自然历史文化遗产，如黄山、泰山、九寨沟、张家界等也都坐落在国有林场的经营区内。随着经济社会的快速发展和人民生活水平的不断提高，森林以其降解污染、改善小气候、增加森林景观、美化生活环境等方面的独特功能，得到人们的普遍认同，走进森林、享受自然成为人们新的生活方式。每年到国有林场旅游休闲的游客高达数亿人次，且呈快速增长态势。国有林场以其山清水碧、气爽天蓝、优美宜居的优越生态环境为公众健康养生、观光游览、科普考察提供了便利条件，林区周边发展与居住环境得到优化。

经过七十多年的建设，国有林场形成的山岭相连、面积在百万亩以上的商品用材林基地 120 多个，培育速生丰产林 8000 多万亩。随着国有林场森林资源的增加，木材生产能力不断提高。年均木材产量从 20 世纪 70 年代的 400 万立方米上升到 20 世纪 90 年代的 1000 万立方米，累计生产木材 2 亿多立方米。为调整木材生产布局，缓解木材供需矛盾，减少老林区的资源消耗，支援国民经济建设，做出了重要贡献。进入 21 世纪以后，我国加强对生态环境的保护，大部分国有林场都停止了对森林资源的采伐，木材生产能力维持在 1000 万立方米左右。国有林场对增加就业、营造经济林生产林产品，增加粮食产量和带动地方经济发展做出了巨大贡献；对涵养水源、保持水土、改善人民居住环境、加快区域农村产业结构调整、促进区域经济社会可持续发展发挥了非常重要的作用。

（四）应对气候变化的重要战略途径

应对气候变化是国际社会面临的重大问题和共同责任。森林通过光合作用，吸收大气中的二氧化碳，释放氧气，维护着地球碳平衡和人类生存，是陆地上最大的碳储库和最经济的吸碳器，减少森林损毁、增加森林碳汇作为应对气候变化的有效途径，已经纳入国际规则。国有林场是我国森林资源培育中最稳定的阵地、国家重要的森林资源战略储备和森林资源精华之所在，也是增加森林碳汇的重点和潜力所在。据初步测算，国有林场平均每公顷森林蓄积量为88立方米，全国国有林场森林植被碳储量达20多亿吨，占全国森林植被总碳储量的1/4以上，固碳释氧作用巨大。

进入21世纪以来，保护和改善生态环境是我们面临的重要任务。国有林场是我国林业和生态建设的骨干，每年可吸收二氧化碳4亿多吨，释放氧气近13亿吨，年吸收大气污染物量800万吨，年滞尘量13亿吨，是林业应对气候变化的骨干，特别是一些城郊林场，在对抗城市污染、改善城市局部小气候等方面发挥着特殊功能。

（五）艰难环境中铸就伟大的林业精神

国有林场大多兴办在偏远、交通不便的生态环境脆弱和恶劣地区，生产生活条件十分艰苦，特别是建场初期，没有任何家底可言，都是白手起家。广大国有林场职工艰苦创业，开荒造林，用自己辛勤的汗水染绿了祖国座座荒山，涌现出了王有德、孙建博、郑培宏等一大批受到党和国家肯定的英雄模范人物，铸就了伟大的林业精神，例如"艰苦创业、科学求实、无私奉献、开拓创新、爱岗敬业"的塞罕坝精神，"特别能吃苦、特别能战斗、特别能忍耐、特别能奉献"和"一家人、一起吃苦、一起干活、一起过日子、一起奔小康、一起为国家做贡献"的原山精神。

（六）成为林业科研的重要阵地

林业科研工作是推动林业生产力发展的动力，国有林场作为我国林业科研、生产试验、教学实习、良种繁育和新技术推广的重要阵地，许多林业先进技术，特别是森林培育技术的研究和推广应用多是从国有林场开始。例如，我国于2005年开始进行珍稀树种培育示范基地的建设工作，截至2010年年底，国家累计投入11140万元，其中示范基地建设包括250多个县（场、局），开展珍稀树种培育建设规模达到2.87万公顷。选择培育了降香黄檀等红木类、檀香紫檀、楠木、水曲柳、核桃楸、黄波罗、榉木、刨花楠、红豆杉、任豆等87个树种。国有林场示范林的建设，对各地采取有效措施调整优化造林树种结构，提高林分质量和森林生态系统的稳定性，保护和发展种质资源，探索总结珍稀树种培育工作起到重要推动作用，对城乡绿化水平也起到了巨大的提升作用。

国有林场结合生产实践，在良种繁育、育苗、整地方法、造林密度、幼林抚育、人工林间伐、低产林改造、防火林带营造、树种引进等方面，进行了大量实验研究，摸索出一批切合实际、适用性强的先进技术，以多种形式向社会推广，取得了较好的效益。如福建省国有林场长期与南京林业大学、中国林业科学研究院、福建省林业科学研究院、福建农林大学等单位合作，开展了多方面试验研究，取得了丰硕的研究成果，推动了林业科技不断进步。

第二节 管理体制和经营机制

一、国有林场的管理体制

自新中国成立至今，国务院林业主管部门发生了多次变化。林垦部→林业部→林业部、森工部→林业部→农林部→国家林业总局→林业部→国家林业局→国家林业和草原局。随着林业主管部门的变化，国有林场的管理机构也发生多次改变：林业部经营局→保护司→国营林场管理总局→造林司→国有林场和林木种苗工作总站→国有林场和种苗管理司。

（一）管理体制的变迁

国有林场管理体制的沿革经历了三个阶段。第一阶段是计划经济时期，国有林场由国家统一管理；第二阶段是由计划经济向市场经济过渡时期，国有林场由省、市、县三级管理；第三阶段是在社会主义市场经济体制下，国有林场推行分级管理。

我国国有林场的前身为国营林场。1993年3月29日，为适应建立社会主义市场经济体制的要求，第八届全国人民代表大会第一次会议通过《中华人民共和国宪法修正案》，将"国营经济"改为"国有经济"，"国营企业"改为"国有企业"。随后，国营林场除极少数仍保留采育场、林管局、森防所、森工林场等名称外，绝大多数林场统一更名为国有林场。国有林场的性质并没有改变，管理和经营的森林资源属国有资产。

1.计划经济时期的国有林场管理体制

新中国成立后，人民政府接管了旧中国各级政府、教育界、资本家建立的林场，改为国营林场。同时，为加快新中国林业的发展，提高国有林业的比重，国家在国有宜林荒山面积较大的无林、少林地区陆续试办了一批以造林为主的国营林场；在天然次生林区建立了一批护林站、森林抚育站、森林经营所。20世纪50年代中期，各地在试办的基础上，兴办了新中国第一批国营林场。当时，国营林场属于全民所有制事业单位，管理体制是国家投资、统一管理，林场的森林资源属于国家所有，其生产资料和生产产品都是国家财产，林场的造林等建设经费由国家按计划投资，林场干部职工享受国家事业单位职工待遇，工资由财政统一负担，管理干部由组织部门选派。国营林场的主要任务是在无林、少林地区进行大规模造林，逐步向集中连片、规模经营方向发展，扩大森林面积，提高森林质量，充分发挥林地生产潜力；同时还承担着治理国土、改善生态环境、培育后备用材资源的任务。国营林场和职工在社会中的地位比较高，许多部队干部转业到林场。因此，各地发展国营林场的积极性都比较高，全国国营林场的数量和规模实现快速增长，国有森林资源得到快速发展。从20世纪60年代初，国营林场实行由省（自治区、直辖市）统一领导，省、地、县分级管理，促进了林场的快速发展。"文化大革命"时期，国营林场被层层下放到社队，改变了林场隶属关系，致使山林纠纷达到严重程度，资源遭到严重破坏。"文化大革命"结束后，通过拨乱反正，明确规定国营林场应由县以上林业部门管理，国营林场逐步恢复并进入了稳定发展的新时期。这个阶段，国有林场管理体制的变化主要体现在林场主管部门的变化。

1949—1953 年，我国林业的管理权和经营权主要集中在各大行政区的林业主管部门。

1954 年，大行政区撤销后，东北、内蒙古、西南、西北等国有林区的林业企业、木材加工厂、林产化工厂及木材公司收归林业部管理和经营；南方集体林区的森林工业局由省（自治区）林业厅管理和经营。

1958 年，党中央和国务院决定把林业部直属林业企业全部下放给省（自治区、直辖市）管理和经营。同时，将木材采运、加工和营林三个部门合并在一起，实行企业利润留成。有的省（自治区）将国有林场全部下放到地、县管理。

1962 年，党中央和国务院决定，由林业部成立东北林业总局，并把东北、内蒙古林区的林业企业全部归该局管理和经营。

1963 年，林业部成立国营林场管理总局，将 37 个国营林场改为实验林场，其中 32 个由林业部、省林业厅双重领导，5 个机械造林林场由林业部直接管理。各省（自治区、直辖市）林业厅相继成立国营林场管理机构，将国营林场收归省林业厅管理。截至 1965 年年底，全国形成部、省、市（地区）、县四级管理格局，国营林场达到 3564 个，其中部、省管理的国营林场占林场经营总面积的 50% 以上。

1964 年，国家建立了维持者生产基金和企业奖励基金制度，并实行抚育采伐利润留成，生产次材、小材亏损补贴，职工家庭取暖和做饭以煤代木补贴等办法，使林业生产和建设获得了新的发展。

"文化大革命"期间，除山西省外，其他各省（自治区、直辖市）的国营林场管理机构均被撤并，83% 的国营林场被下放到县、公社或大队，一些大型国营林场被肢解成若干个小型国营林场。1967 年，林业部国营林场管理总局被撤销，将林业部所属东北、内蒙古林区全部林业企业及国营林场、森林调查设计和林业科研单位、林业院校逐级下放地方管理和经营。

1978 年，党的十一届三中全会召开后，森林调查设计和林业科研单位、重点林业院校以及一部分林业企业收归林业部管理，并开始进行林业管理体制改革。各省（自治区、直辖市）在农林分家中，重新恢复或成立国营林场管理局（处），一批大型、重点的国营林场再次收归省（自治区、直辖市）林业主管部门直接领导。经过调整后的国营林场隶属关系，77.9% 由县管，12.3% 由地区管，9.8% 由省（自治区、直辖市）管。

从新中国成立到党的十一届三中全会，我国采取单一的计划经济体制，是一种高度集中、依靠行政管理的集权型体制，推动了国营林场的发展。我国国营林场在计划经济时期的建设与发展，虽然经历了几次较大的变革，但没有从根本上改变政府经营和管理林业的集权型模式。由政府统一经营和管理具有生态效益、经济效益和社会效益为一体的林业。

2. 过渡时期的国有林场管理体制

20 世纪 70 年代末至 1993 年是我国由计划经济向市场经济过渡的历史时期，我国经济改革取得巨大成就。1979 年，第五届全国人大常委会第六次会议通过《中国人民共和国森林法（试行）》，为林业发展确立了法律保障。1981 年 3 月，中共中央、国务院发布《关于保护森林发展林业若干问题的决定》，作出如下规定：一是国家所有、集体所有的山林树木，或个人所有的林木和使用的林地，以及其他部门、单位的林木，凡是权属清楚的，都应予以承认，由县或者县级以上人民政府颁发林权证，保障所有权不变；二是要根据群众的需要，划给社员自留山（或荒沙荒滩），由社员植树种草，长期使用；三是要求国营林场和社队要按照中央《关于进一步加强和完善农业生产责任制的几个问题的通知》精神，结合林业生产的特点，认真落实林业生产责任制。要根据各尽所能、按劳分配的原则，切实把责任和报酬、整体利益和个人利益紧密地联系起来。从此确立了以"稳定山权林权，划定自留山，确定林业生产责任制"为主要内容的林业"三定"政策，打破了长期以来"一大二公"体制的束缚，调动了农民经营山林的积极性；1981年12月13日，在邓小平同志的亲自倡导下，第五届全国人大第四次会议审议通过《关于开展全民义务植树运动的决议》；1982年2月27日，国务院常务会议通过《关于开展全民义务植树运动的实施办法》，全民义务植树运动蓬勃开展起来；1984年9月《森林法》颁布。同时，国家相继启动实施了一批林业重点生态工程，加快造林步伐；实施森林采伐限额管理制度，从"七五"开始，执行年用材林的消耗量低于生长量，森林采伐管理由木材生产计划管理转入森林采伐限额管理。

上述法律、政策和措施有力地促进了全国的造林、营林和资源保护，林业建设呈现出良好的发展态势。第四次全国森林资源清查结果显示，从1993年起，我国的森林资源的总生长量开始大于总消耗量，消灭了森林资源"赤字"，扭转了长期以来森林蓄积量持续下降的局面，林业发展进入了一个新的发展时期。然而，在改革的关键时期，由于对国有森林资源管理、国有林场经营重视不够和缺乏深入系统研究，国有林场管理体制改革机械地、被动地套用了国有企业经济管理体制改革模式，忽视了林业特殊的自然属性，影响了国有林场的管理和经营。

一是财政政策调整。由于国家财政政策发生变化，1980年起，国家改变原来中央集中"统收统支"的财政管理体制，试行"分灶吃饭"的财政管理体制。20世纪80年代初，在政策变化的影响下，国营林场的管理体制进行了一次比较大的调整，调整的核心内容是实行自收自支的企业化管理模式。把国营林场的事业费直接切块核定到林场隶属的地方政府，国营林场的管理由"条条"变为"块块"。中央对地方管理的国营林场，除了为发展多种经营项目提供信贷投资外，没有其他投资，加之当时地方财力有限，国营林场的事业费、森林资源管护费和基本建设投资等经费大幅度下降，有些林场甚至没有事业费。国营林场依靠采伐木材和开展多种经营以解决经费短缺的问题。

二是改革放缓。改革开放初期，林业改革的中心任务是调整林业生产关系，促进林业生产力发展，调动广大农民经营山林的积极性。1981年3月，中共中央、国务院发布的《关于保护森林发展林业若干问题的决定》，林业"三定"政策出台，提出社队集体林业，应当推广专业承包、联产计酬责任制，可以包到组、包到户、包到劳力。造林营林成果，实行合理计酬，超产奖励或收益比例分成。1984年3月，中共中央、国务院发出《关于深入扎实地开展绿化祖国运动的指示》，提出要扩大自留山的面积，承包集体的荒山荒滩可以不限面积，承包期可以延长到30～50年，承包权可以继承转让。1985年1月，中共中央、国务院又出台了《关于进一步活跃农村经济的十项政策》，在集体林区实行了"取消木材统购，开放木材市场，允许农林和集体的木材自由上市，实行议购议销"，形成对林业生产经营的利益驱动。由于山林承包责任到户以后，林业配套政策和森林资源管理措施没有及时跟上，木材市场一开放，我国南方集体林区出现了乱砍滥伐的严重局面。针对这种严峻局面，1987年6月，中共中央、国务院下发了《关于加强南方集体林区森林资源管理坚决制止乱砍滥伐的指示》，及时调整和明确了有关政策措施。强化执行年森林采伐限额制度；坚决依法保护国有山林权属不受侵犯；集体所有集中成片的用材林不得再分户经营。受其影响，林业经济体制改革放缓，国营林场改革放缓。

这一时期，国营林场的主管部门没有发生大的变化，国营林场实行省、市、县三级管理，各省情况不一致，大部分省（自治区、直辖市）的林场多为县属，由县林业主管部门管理，少部分林场归地级和省级直管。林场管理体制最大的变化是参照森工企业的管理模式，推行企业化经营管理。即事业单位的性质不变，而事业单位要按企业经营管理的方式，从事事业经营和发展，充分利用自己的资源、设备、人才，"以林为主，多种经营，综合利用，以短养长"，在完成主业的基础上，广开生产门路，积极组织创收，并按企业管理的要求，加强经济核算。这一变化，把国营林场变成了既不是真正的企业单位，又不是真正的事业单位，林场干部职工既不是真正意义上的国家干部职工，又与农民有一定的区别；有些国营林场不是一级政府，又代管乡镇或村庄，具有一定的行政管理职能。实践证明，国有林场在当时的经济社会条件下，不适合推行事业单位企业化管理的模式，这也是后来林场被边缘化的一个重要原因。

3. 市场经济时期的国有林场管理体制

1993年，党的十四届三中全会作出了《关于建立社会主义市场经济体制若干问题的决定》（以下简称《决定》），以此为纲领，加快了市场化进程。《决定》具有里程碑意义，是历史性的大转折，标志着我国单一计划经济体制时代的结束和实行社会主义市场经济体制的开始。根据《决定》的精神，林业系统积极探索建立与社会主义市场经济体制相适应的林业经济体制和发展模式。1995年8月，国家经济体制改革委员会和林业部联合颁布了《林业经济体制改革总体纲要》（以下简称《纲要》），其根本目的是尽快建立既适应社会主义市场经济要求，又反映林业特点的林业经济体制。《纲要》提出林业改革的主要任务是建立分类经营、科学管理的营林体制；调整林业产业结构，完善林业政策；建立森林资源林政管理和森林资源监管、运营并重的管理体制；推进森林资源资产化管理，建立现代林业企业制度；建立布局合理、规则健全、管理有序的林业市场体系；建立经济、法律、行政手段相结合的林业宏观调控体系。《纲要》是林业行业第一次专门对林业改革进行总体部署和规划的重要文件，在一定时期内指引了林业改革的方向，为林业发展目标的确定奠定了坚实的理论和政策依据。

根据《纲要》的总体部署，结合国有林场实际，1996年，林业部出台了《关于国有林场深化改革加快发展若干问题的决定》，明确提出：国有林场要坚持"以林为本，合理开发，综合经营，全面发展"的办场方针，实行分类经营，分类管理，尽快建立起符合社会主义市场经济规律并体现国有林场特点的管理体制和经营机制，以森林分类经营为基础，综合考虑区域自然、社会、经济状况，按照不同的生产经营目的，将国有林场划分为商品经营型、生态公益型和混合经营型三类。该文件的出台，表明了国有林场事业单位企业化管理体制是不适应新形势国有林场建设和发展要求的，标志着国有林场开始向分类经营，分级管理体制迈进。此后，各省（自治区、直辖市）从不同的方面，对国有林场实行分类经营，分级管理体制改革做了许多探索。

1997年，河北省林业厅《关于进一步加快国有林场改革与发展意见的报告》明确提出：国有林场是国家培育森林资源的基地，按照森林的用途和生产经营目的，将国有林场划分为商品经营型、生态公益型和混合经营型三类，实施分类经营、分级管理。商品经营型林场以经营商品林为主，实行企业化管理。各级政府按基础设施产业给予扶持，林场原有的投入渠道和国家给予的优惠政策不变；商品用材林基地、基础设施、林产工业以及多种经营项目列入基础性建设项目管理，实行政策性投入、收入分配实行工资总额与经济效益挂钩。生态公益型林场以涵养水源、保持水土、防风固沙、物种保护、美化环境等为主要经营目的，投资上维持原有投资渠道。稳定和完善现有扶持政策，社会性设施和基础设施建设投入，按事权划分原则，根据林场的级别，纳入同级地方政府预算内非经营性基础建设计划。林场的事业性支出，由所属政府财政预算安排。混合经营型林场内部可实行独立核算，原有投入渠道和优惠政策不变，财政应给予定额或定项补助，林场所发挥的生态效益按政策规定享有经济补偿，同时，林场要大力培育森林资源，积极发展二、三产业，增强自我积累、自我发展能力。国有林场划分，县属的由县人民政府划定和管理，经市人民政府批准，报省林业厅备案；市属的由市人民政府划定并负责管理，报省林业厅批准并备案；省属的由省林业厅划定、批准，并负责管理。

1998 年 2 月，山东省开展国有林场分类经营改革。要求各地根据国有林场森林的用途和生产经营目的，结合其自然、经济和社会状况，将国有林场划分为商品经营型、生态公益型和混合经营型三种类型，按照县（市、区）属地由县（市、区）人民政府划定和管理，经市人民政府批准，报省人民政府备案；市地属的由市人民政府划定和管理，报省人民政府批准；省属的由省人民政府划定并负责管理。明确规定生态公益型林场为社会公益性事业单位，按事权、财权划分原则，林场的基础设施和造林、营林、护林等建设项目，纳入同级预算内基本建设计划，事业性支出，纳入同级财政预算安排。商品经营型林场实行自主经营，自负盈亏。到 1999 年 3 月，山东省 154 处国有林场完成了类型划定工作，1999 年，山东省国有林场增加事业费 2000 多万元，稳定了国有林场干部职工队伍。同年 12 月 7 ～ 9 日，全国国有林场分类经营改革现场会在山东省泰安市召开。会议总结了近年来各地实施国有林场分类经营改革的经验，推广了山东省通过政府行为，对国有林场实行分类经营、分级管理的科学运营机制的经验，并对今后一个时期国有林场分类经营工作的基本思路、工作目标和任务进行了研究部署。

1999 年 8 月，湖南省人民政府批准湖南省林业厅《关于加快国有林场改革与发展的意见》。该文件提出以森林分类经营为基础，综合考虑区域自然、社会、经济状况，将国有林场划分为生态公益型、商品经营型、混合经营型等三类，实行分类经营管理。生态公益型林场属社会公益性事业单位，林场基础设施建设资金和事业性支出，在稳定有关扶持政策、维持原有投入渠道的同时，根据国家有关规定，按照财权、事权划分的原则，通过逐步增加财政预算安排、建立森林生态效益补偿制度和社会多方筹集资金等多途径解决。商品经营型林场属生产性事业单位，以经营商品林为主，实行自主经营，自负盈亏，政府按基础产业给予扶持。混合经营型林场属生产性事业单位，按照企业经营管理的要求，实行政策优惠。

2003 年 6 月，中共中央、国务院出台《关于加快林业发展的决定》，进一步明确：深化国有林场改革，逐步将其分别界定为生态公益型林场和商品经营型林场，对其内部结构和运营机制作出相应调整。生态公益型林场要以保护和培育森林资源为主要任务，按从事公益事业单位管理，所需资金按行政隶属关系由同级政府承担。商品经营型林场和国有苗圃要全面推行企业化管理，按市场机制运作，自主经营，自负盈亏，在保护和培育森林资源、发挥生态和社会效益的同时，实行灵活多样的经营形式，积极发展多种经营，最大限度地挖掘生产经营潜力，增强发展活力。随后，各省（自治区、直辖市）按照文件要求，迅速开展了国有林场的分类经营改革，到 2008 年年底，全国所有省（自治区、直辖市）都基本完成了国有林场的类型划分工作。2012 年 10 月 29 日，国家林业局发布《关于加强国有林场森林资源管理保障国有林场改革顺利进行的意见》，提出建立国家所有、省级管理、林场保护与经营的国有林场森林资源管理体制。国有林场经营范围内的国有森林资源属于国家所有，由省级林业主管部门负责管理，国有林场依法进行保护与经营。国家林业局对全国国有林场森林资源管理进行指导和监督。国有林场的森林资源管理要严格执行国家相关法律法规和政策。

2015年3月，中共中央、国务院印发《国有林场改革方案》，明确提出推进国有林场政事分开、事企分开。国有林场政事分开包括三方面的工作，一是明确各级林业主管部门要减少对国有林场的微观管理和直接管理，加强发展战略、规划、政策、标准等制定和实施，落实国有林场法人自主权；二是明确在稳定现行隶属关系的基础上，综合考虑区位、规模和生态建设需要等因素，合理优化国有林场管理层级。对同一区域内规模过小、分布零散的林场，可根据机构精简和规模经营原则整合为较大林场；三是科学核定事业编制，用于聘用管理人员、专业技术人员和骨干林业技能人员，经费纳入同级政府财政预算。事业单位新进人员，原则上都实行公开招聘。国有林场事企分开包括两项工作，一是要加快分离林场的办社会职能，将林场所办学校、医疗机构等移交属地管理，使林场专心保护和培育森林资源。各地可根据实际情况，逐步理顺国有林场与代管乡镇、村的关系。二是明确林场要分离办企业。要根据事业单位管理要求，将经营性业务从林场剥离出去，成立自主经营、自负盈亏的企业，林场履行出资人职责，享有所有者权益。对于一些与国有林场森林资源密不可分、难以分开的经营性业务，如商品林采伐、林业特色产业和森林旅游，可暂不分开，但要严格实行"收支两条线"管理。

（二）管理体制的分类

从全国来看，国有林场管理实行国家、省（自治区、直辖市）、市、县四级管理体制，国有林场的主管部门分别属于省、市、县林业局。在人事上，国有林场主要按事业单位管理；在森林资源管理上，由各级林业主管部门共同监督管理，建立分级管理的森林资源监管体制，按照林地性质、生态区位、面积大小、监管事项、对社会全局利益影响的程度等因素由国家、省、市三级分级监管。管理体制按照不同的标准，有以下不同的分类。

1. 按隶属关系分类

国有林场按隶属关系分为省属国有林场、地（市）属国有林场和县（市、区）属国有林场。省属国有林场，一般是由省级林业主管部门提出建场申请书，报省级人民政府审批。地（市）属国有林场，一般是由设立国有林场所在地的地（市）林业主管部门或人民政府提出建场申请书，报省级林业主管部门审核或审批。省级林业主管部门审核或审批新设立的国有林场后，报国家林业和草原局国有林场和林木种苗司备案，由国家林业局对外公布国有林场名单。县属国有林场，一般是由设立国有林场所在地的县林业主管部门或县人民政府提出建场申请书，经地（市）林业主管部门或人民政府审查后，报省级林业主管部门审核或审批。

全国4297个国有林场中，省属林场占10%，地（市）属国有林场占15%，县（市、区）属林场占75%。隶属县级人民政府的国有林场个数和经营面积占全国国有林场总数和总经营面积的3/4。

2. 按财政投资形式分类

国有林场按财政投资形式分为全额拨款事业单位性质的国有林场、差额拨款事业单位性质的国有林场、自收自支事业单位性质的国有林场和企业性质的国有林场。

全额拨款的国有林场按社会公益性事业单位管理，其人员工资等事业费纳入同级政府财政预算，实行收支两条线制度，按照年初核定指标全额拨付经费，单位产生的收益全额上缴。差额拨款的国有林场按照差额拨款事业单位对林场进行管理，林场职工工资部分列入地方财政，单位实行收支两条线制度，按照年初核定的指标拨付部分经费，单位通过生产经营活动，产生的收益除按照比例上缴外，剩余部分自留。各地差额拨款的程度不同，少的不到10%，多的达到90%。自收自支商品经营型林场按生产性事业单位管理，资金由自己筹集，对林场实行市场化经营，干部任用双轨制，职工劳动合同制。这类林场在我国的数目极少，全额拨款和差额拨款事业单位性质的国有林场为我国林场的主要类型。企业性质的国有林场没有政府拨款，但可以承担国家和地方政府项目，以政府购买服务的形式支付费用。

3. 按管理方式分类

国有林场按管理方式主要分为两类，一类是由林业主管部门直接管理，另一类是由林业主管部门组建的国有林场管理局管理。国有林场管理局是指在国有林场数量较多的地区，依法设立的统一组织国有林场生产经营的独立的事业单位。国有林场管理局级别是副厅级或正处级。

二、国有林场的经营机制

（一）经营机制的变迁

计划经济时期，国有林场是在国家指令性计划和行政命令直接控制下，以采伐木材为主要目的的单一产品单一所有制的经济模式。国有林场为完成指令性计划，往往造成过量采伐、采育比例严重失调，从而导致资源和经济危困。在分配上，国有林场靠吃国家的"大锅饭"过日子，国有林场内部职工吃国有林场的"大锅饭"，因而不能激发国有林场竞争行为的内在动力，不能充分发挥职工的积极性。在集中管理体制下，国有林场的经济活动均在政府直接干预下进行，政府的行为决定了国有林场的行为，国有林场缺乏经营自主权，缺乏自我改造、自我发展的能力。

改革开放后，国有林场同其他行业一样，在经营机制方面进行了多方面改革探索，从改革开放至今，国有林场经营机制改革大致可划分为三个阶段：

第一阶段：改革开放至20世纪90年代初期。这一阶段的改革，主要是围绕着国有林场内部经营管理展开的。改革的主要内容包括全面推行场长负责制，确立场长在生产、经营、管理中的中心地位，明确权力与责任。建立多种形式的承包经营责任制，使权利和义务有机结合起来，以调动广大职工的积极性。缩小经济核算单位，推行一级管理两级核算或两级管理三级核算，以提高经济效益。1981年3月，中共中央、国务院发布《关于保护森林发展林业若干问题的决定》，提出林场要以林为主，多种经营，综合利用，以短养长。国营林场在抚育期间，收入不上缴，以林养林。许多林场充分利用自身资源优势，广开生产门路，兴办多种产业，改变了长期以来主要是单一营林生产的格局。由于当时处于物资短缺时期，国有林场通过开展多种经营生产的各类初级产品不愁没有市场，取得了较好的经济效益，收入显著增加，经济实力明显增强。

第二阶段：20世纪90年代初期至后期。这一阶段改革围绕着强化内部管理，转换经营机制，适应市场经济体制要求展开。重点改革内容：一是推行人事、劳动、分配"三项制度"改革。在人事制度上，打破干部与工人的界线，推行干部聘任制；在劳动制度上，推行全员劳动合同制；在分配制度上，实行按劳分配为主，推行多种形式的分配方式，按照效率优先、兼顾公平原则，根据岗位技能和实际劳动贡献确定职工的收入。二是强化内部管理，转换经营机制。按照精简、效能的原则，合理设置内部管理机构，压缩非生产人员，充实生产第一线，建立和完善了各种岗位责任制、生产责任制和经济责任制，从生产经营的各个环节入手，规范内部管理，形成了有效的竞争机制、激励机制和约束机制，提高管理水平和管理效益。三是实行统分结合的双层经营机制改革。山东省重点推广应用了两种形式的承包：一是集体经营，个人承包，目标管理。即把林场的林地和经营项目承包给职工，由职工看护或经营，签订合同，明确权利和义务，严格考核，兑现奖惩，全省绝大多数林场采用了这种经营管理方式。这种经营方式正确处理了个人和集体的关系，既富了职工，又壮大了集体经济。二是实行统分结合的"两田制"。即将一定数量的土地承包给职工，作为责任田（工资田），各林场由于林地面积及职工人数不等，工资田面积大小不等，多在 0.5 公顷左右，另一部分土地由集体经营管理，收入用于扩大再生产、离退休职工的工资等，这种形式主要在平原地区林场。山区林场主要采取划分"两山"的办法，即责任山、自留山。责任山是将林地划定给职工管护，自留山是将立地条件较好的低山丘陵地包给职工，发展经济林，其收入作为职工的工资或部分工资，这种承包经营形式达到以山下的经济林保山上防护林的目的。1992 年，浙江省进一步完善"统""分"结合的双层经营机制。对于主要生产经营项目，要发挥"统"的优越性，对于零星小型的生产经营项目，可承包到组或职工个人。大部分国有林场采取将经济林、苗圃地、部分用材林等分解到人、组，实行承包经营，将需要经营集中的用材林由林场统一经营。临海市林场在与分场签订经营承包合同时，实行"五定""三保""挂钩"的承包方式，即定人员岗位、定经济收入、定上缴利润、定营林任务、定采伐限额；保森林资源增长、保经济效益提高、保职工收入增加；经营状况与管理人员工资挂钩。由于多种形式的经营承包责任制在国有林场中广泛采用，在一定程度上减轻了林场的经济负担，也使国有林场的内部管理得到加强，经营机制得到明显改善。但是，随着市场竞争的日益激烈，国有林场多种经营生产的初级产品的市场竞争力下降，经济效益下滑，林场经济危困局面开始显现。

第三阶段：20 世纪 90 年代后期至今。这一阶段的改革，主要是围绕着国有林场如何摆脱困境，建立健康发展的长效机制进行了积极探索。随着国家经济社会的快速发展和综合实力的增强，人民的物质生活水平不断提高，精神文化需求日益增加，对林业的主导需求也发生了根本性的变化。国家对林业的指导思想进行了及时调整，提出了以生态建设为主的林业发展战略，林业工作的重点从以木材生产为主转向了以生态建设为主。为适应新形势，国家从 20 世纪 90 年代后期开始实施天然林资源保护工程、退耕还林工程等林业重点生态工程，在加大对林业投入的同时，调减木材产量，特别是地处长江上游、黄河中上游的省区实行了禁伐。国有林场以木材收入为主要经济来源，受此影响，国有林场的经济危困加剧。国有林场面临的困难和问题，引起了社会的广泛关注，国务院领导同志对解决林场困难和问题作出了重要批示。各级政府和林业主管部门就如何解决国有林场面临的困难问题、建立国有林场稳定健康发展的长效机制，进行了多方面的积极探索。在林场内部实行承包经营责任制，发展林场职工自营经济；对外采取国有林场经营权整体对外承包、国有林场的森林旅游经营权整体对外转让、国有林场部分林区经营权对外转让、国有林场单个经营项目的经营权对外转让等形式。国有林场转让经营权这种改革形式，有利有弊。有利之处是增加了林场的基础建设投资，加快了林场（森林公园）的建设，安置了部分职工就业，促进了林场的经济发展，提高了经济收入；其弊端是林场在很长时间内，失去全部或部分经营权，有些合作经营单位补偿费不能及时足额支付，合作经营没有达到预期的发展目标。

经过 2011 年国有林场改革试点、2015 年国有林场全面改革，国有林场经营机制也发生了巨大的变化。国有林场根据生态区位、资源禀赋、生态建设需要等因素，科学确定发展目标和任务，因地制宜、分类施策，积极创新经营管理体制，增强发展动力；对经营管理范围内的森林等自然资源资产进行统一经营管理，按照山水林田湖草沙系统治理的理念，组织开展造林绿化和生态修复工作、森林资源管护、森林防火和有害生物防治工作。国有林场建立健全森林资源保护、培育、利用和人、财、物等各项管理制度，提升经营管理水平，实行职工绩效考核制度。国有林场应当按照《国有林场职工绩效考核办法》规定，因地制宜制定职工绩效考核的具体办法。鼓励国有林场建立职工绩效考核结果与薪酬分配挂钩制度，探索经营收入、社会服务收入在扣除成本和按规定提取各项基金后用于职工奖励的措施。国有林场可以合理利用经营管理的林地资源和森林景观资源，开展林下经济、森林旅游和自然教育等活动，引导支持社会资本与国有林场合作利用森林资源。

（二）经营机制的分类

国有林场现行经营机制按照管理方式可划分为以下三类：

1. 统一经营

国有林场通过设立管理机构，对林场的林地以及各类资源资产进行统一管理。管理职责包括拟定、贯彻实施国有林场相关法律法规；协调编制国有林场发展规划；组织编制并会同资源管理部门审批国有林场森林经营方案和国有林场森林采伐、抚育作业设计；审核国有林场的设立、变更、分立、合并和撤销等事项；受委托对国有林场森林资源资产进行监管；受委托对国有林场森林资源资产评估进行核准或备案；指导和检查考核国有林场生产经营活动等。

2. 承包经营

国有林场提供林地或资源资产，并给予扶持、引导和帮助，由职工承包，职工自己投入，自主经营，自担风险，是林场职工发展自营经济的一种方式，属于落实承包责任制的手段。林场通过支持和鼓励职工发展家庭自营经济，逐步形成了以公有制为主，多种经济共同发展的经济结构，促进了经济结构的调整。一部分林场基本实现了主业与副业的转换，形成了种、养、采、加、商、服多种经营共同发展的新格局，职工纷纷将发展自营经济作为从木材产业转岗后就业主渠道和家庭致富的主要项目积极发展起来，为林场经济发展注入了新的活力，也使林区经济在加快产业产品结构调整过程中得到了复苏和振兴。

3. 合作经营

在国家林业投资有限，农民缺乏资金的情况下，实行国有林场和农民合作经营，使林场的资金、技术与农村的劳力优势得到充分发挥，把各种分散的生产要素聚集起来，可以扬长避短，互相补充，形成新的生产力，使国有林场得到巩固发展，加快荒山绿化步伐，给乡村经济注入新的活力。而且，山区的农民比较贫困，有一部分温饱问题还没有解决，合作之后，坚持

"投资有偿，谁承包谁受益"。农民可以从营林、木材分成和林副产品等方面得到实惠，开辟了治穷致富的途径。例如1997年，江西省大力推广国有林场与乡村联营合作造林，联营面积达494万亩，占江西省国有林场森林面积的66.4%，不但扩展了国有林场的生存空间，而且带动了集体林业的快速发展。林场和农民的合作形式是多种多样的。一是以场带乡，林场投资，农民承包国有山林。这种形式是在所有制不变的情况下，将深入林场内部和与林场相邻的一些乡村，划归林场代管，统一行政领导，统一林区建设规划。国有林场的山林，除职工承包外，其余由农民承包。二是集体或农民出山，林场投资，农民承包。这种形式是林场在行政上不代管周围乡村，只在林业生产上进行合作。三是集体出山，林场经营。乡村将无力经营和管理的边远地区荒山出租给林场造林，由林场进行经营和管理。木材采伐后，林场支付租金。四是林场聘用附近的农民管护林地，林场支付管护费。

第三节　相关法律与政策

一、国有林场相关法律

（一）法律

我国目前没有专门针对国有林场制定法律，国有林场适用现有法律中的相关规定。

宪法是国家的根本法。在内容上，宪法规定国家的性质、国家政权的组织形式、公民的基本权利和义务、国家机构的组织及其职权等重要的问题；在法律效力上，宪法的法律效力最高，在国家的法律体系中居于最高的法律地位；在制定和修改的程序上，宪法比其他法律更加严格。1982年12月4日，第五届全国人民代表大会第五次会议通过，1982年12月4日，全国人民代表大会公告公布施行。根据1988年4月12日第七届全国人民代表大会第一次会议通过的《中华人民共和国宪法修正案》、1993年3月29日第八届全国人民代表大会第一次会议通过的《中华人民共和国宪法修正案》、1999年3月15日第九届全国人民代表大会第二次会议通过的《中华人民共和国宪法修正案》、2004年3月14日第十届全国人民代表大会第二次会议通过的《中华人民共和国宪法修正案》和2018年3月11日第十三届全国人民代表大会第一次会议通过的《中华人民共和国宪法修正案》修正。我国《宪法》第九条规定，矿藏、水流、森林、山岭、草原、荒地、滩涂等自然资源，都属于国家所有，即全民所有；由法律规定属于集体所有的森林和山岭、草原、荒地、滩涂除外。国家保障自然资源的合理利用，保护珍贵的动物和植物。禁止任何组织或者个人用任何手段侵占或者破坏自然资源。由此可见，国有林场范围内的森林资源属于国家所有，国有林场行使管理权和经营权。我国《宪法》第二十六条规定，国家保护和改善生活环境和生态环境，防治污染和其他公害。国家组织和鼓励植树造林，保护林木。国有林场依法植树造林、保护林木。

2020年5月28日，第十三届全国人民代表大会第三次会议通过《中华人民共和国民法典》，自2021年1月1日起施行。我国《民法典》第二百五十条和二百五十一条明确森林、山岭、草原、荒地、滩涂等自然资源，属于国家所有，但是法律规定集体所有的除外。法律规定属于国家所有的野生动植物资源属于国家所有。

1979 年 2 月 23 日，第五届全国人民代表大会常务委员会第六次会议通过《中华人民共和国森林法（试行）》，填补了森林立法的空白。1984 年 9 月，第六届全国人大常委会第七次会议审议通过《森林法》，并于 1985 年 1 月 1 日起施行，标志着我国林业正式走上了依法治林的轨道，林业管理从过去单纯依靠行政手段，向同时运用行政和法律手段调整、规范、促进和保障林业健康发展的转变，《森林法》为国有林场的持续健康发展提供了法律保障。2019 年 12 月 28 日，第十三届全国人大常委会第十五次会议表决通过了新修订的《森林法》，在 2020 年 7 月 1 日起施行。新修订的《森林法》适应我国森林功能定位转变和林业发展的需要，充分吸收集体林权改革、国有林场和国有林区改革等林业改革发展的实践经验，建立森林分类经营管理制度，完善森林权属制度和林木采伐等管理制度，加大森林资源保护和造林绿化力度，有利于保护、培育和合理利用森林资源，发挥森林多种功能，保障森林生态安全，实现人与自然和谐共生。《森林法》与国有林场密切相关，根据《森林法》第十六条、四十一条、五十三条、七十二条的规定，国有林场依法取得国有林地和林地上的森林和林木的使用权，经批准可以转让、出租、作价出资等。具体办法由国务院制定，并且应当履行保护、培育森林资源的义务，保证国有森林资源稳定增长，提高森林生态功能。国有林场应当加强森林管护，应当加大投入，加强森林防火、林业有害生物防治，预防和制止破坏森林资源的行为。国有林场应当编制森林经营方案，明确森林培育和管护的经营措施，报县级以上人民政府林业主管部门批准后实施。国有林场未履行保护培育森林资源义务、未编制森林经营方案或者未按照批准的森林经营方案开展森林经营活动的，由县级以上人民政府林业主管部门责令限期改正，对直接负责的主管人员和其他直接责任人员依法给予处分。

2007 年 3 月 16 日，第十届全国人民代表大会第五次会议通过《中华人民共和国物权法》，自 2007 年 10 月 1 日起施行。《物权法》第九条规定，依法属于国家所有的自然资源，所有权可以不登记。第四十八条规定，森林、山岭、草原、荒地、滩涂等自然资源，属于国家所有，但法律规定属于集体所有的除外。第四十九条规定，法律规定属于国家所有的野生动植物资源，属于国家所有。《物权法》重申森林等自然资源、野生动植物属于国家所有。

除此之外，与国有林场相关的法律还包括我国《土地管理法》《农村土地承包经营法》《农业法》《农业技术推广法》《农民专业合作社法》《种子法》《防沙治沙法》《野生动物保护法》等。

（二）行政法规

我国目前没有专门针对国有林场制定行政法规，国有林场适用现有行政法规中的相关规定。

1963 年 5 月 20 日，国务院全体会议第 131 次会议通过《森林保护条例》，1963 年 5 月 27 日国务院发布施行。该条例对森林经营管理、森林保护、植树造林、森林采伐以及法律责任等方面做了较为详细的规定，对规范国有林场管理具有指导意义。其中第十一条规定，国有林由国营林场负责经营，分散小片的森林，不便于建立国营林场经营的，可以由当地林业行政部门包给人民公社的生产队经营，或者包给人民公社、生产大队经营。第十二条规定，国有森林按照《国有林主伐试行规程》和有关规定采伐。国有林采伐后，由国家规定的单位负责更新。

1982 年 2 月 27 日，经国务院常务会议通过《关于开展全民义务植树运动的实施办法》。《办法》说明，此项义务劳动限于用在本县、本市所辖范围，营造国有林和集体林。义务植树的地段或参加绿化劳动的项目，各地要经过周密的调查研究，作出统一规划和安排。城市要优先搞好风景游览区、名胜古迹和主要街道等公共场所的绿化。农村要尽快搞好"四旁"绿化和农田防护林建设。机关、团体、企业、学校等单位和居民区，都要大力植树、种草、栽花，美化环境。使用义务劳动，在国有土地上栽植的树木，林权归现在经营管理这些土地的单位所有。为确保义务植树所需苗木，各地应当努力办好现有的国营苗圃和集体苗圃，并安排必需数量的土地和专业人员，扩建和新建苗木基地，培育良种壮苗。林木所有的单位或承担管护义务的单位，应当根据情况组织林场、专业队或确定专人负责管护。该办法有效推动了全国国有林场的造林绿化，也促进了国营苗圃的发展。

1985年6月21日，国务院批准《森林和野生动物类型自然保护区管理办法》，1985年7月6日林业部公布施行。该办法对国营林场建立自然保护区具有指导意义。其中第五条规定，具有下列条件之一者，可以建立自然保护区：不同自然地带的典型森林生态系统的地区；珍贵稀有或者有特殊保护价值的动植物种的主要生存繁殖地区；其他有特殊保护价值的林区。

1989年1月20日，国务院通过《中华人民共和国种子管理条例》，1989年5月1日施行。该条例对种植资源管理、品种选育与审定、种子生产、种子经营、种子检验和检疫、种子储备和罚则等作出规定，林木种苗事业迈入了法治化建设和管理的轨道。

1989年11月17日，国务院第五十次常务会议通过《森林病虫害防治条例》，1989年12月18日国务院令第46号发布施行。其中第三条规定，森林病虫害防治实行"预防为主，综合治理"的方针。第十条规定，全民所有的森林和林木，由国营林业局、国营林场或者其他经营单位组织森林病虫害情况调查。

1983年1月3日，国务院发布《植物检疫条例》，并根据1992年5月13日国务院《关于修改〈植物检疫条例〉的决定》修订。修订后的《植物检疫条例》第七条规定：调运植物和植物产品，属于下列情况的，必须经过检疫：列入应施检疫的植物、植物产品名单的，运出发生疫情的县级行政区域之前，必须经过检疫；凡种子、苗木和其他繁殖材料，不论是否列入应施检疫的植物、植物产品名单和运往何地，在调运之前，都必须经过检疫。第十二条规定：从国外引进种子、苗木，引进单位应当向所在地的省、自治区、直辖市植物检疫机构提出申请，办理检疫审批手续。但是，国务院有关部门所属的在京单位从国外引进种子、苗木，应当向国务院农业主管部门、林业主管部门所属的植物检疫机构提出申请，办理检疫审批手续。具体办法由国务院农业主管部门、林业主管部门制定。从国外引进、可能潜伏有危险性病、虫的种子、苗木和其他繁殖材料，必须隔离试种，植物检疫机构应进行调查、观察和检疫，证明确实不带危险性病、虫的，方可分散种植。

1996年9月30日，国务院令第204号发布《中华人民共和国野生植物保护条例》，自1997年1月1日施行。该条例规定了野生动物保护、野生植物管理和法律责任等内容，是国有林场野生植物保护与管理的依据。其中第十一条规定：在国家重点保护野生植物物种和地方重点保护野生植物物种的天然集中分布区域，应当依照有关法律、行政法规的规定，建立自然保护区；在其他区域，县级以上地方人民政府野生植物行政主管部门和其他有关部门可以根据实际情况建立国家重点保护野生植物和地方重点保护野生植物的保护点或者设立保护标志。禁止破坏国家重点保护野生植物和地方重点保护野生植物的保护点的保护设施和保护标志。

2006 年 9 月 6 日，国务院第 149 次常务会议通过《风景名胜区条例》，2006 年 9 月 19 日公布，自 2006 年 12 月 1 日起施行。1985 年 6 月 7 日，国务院发布的《风景名胜区管理暂行条例》同时废止。该条例规定了风景名胜区的设立、规划、保护、利用和管理、法律责任等内容，对国有林场内设立风景名胜区具有指导意义。其中第七条规定：设立风景名胜区，应当有利于保护和合理利用风景名胜资源。新设立的风景名胜区与自然保护区不得重合或者交叉；已设立的风景名胜区与自然保护区重合或者交叉的，风景名胜区规划与自然保护区规划应当相协调。

1988 年 1 月 16 日，国务院发布《森林防火条例》，2008 年 11 月 19 日，国务院第 36 次常务会议通过修订。修订后的《森林防火条例》规定了森林火险的预防、扑救、灾后处理等内容，指导国有林场火险的预防和扑救工作。其中第六条规定，森林、林木、林地的经营单位和个人，在其经营范围内承担森林防火责任。

1987 年 8 月 25 日国务院批准《森林采伐更新管理办法》，1987 年 9 月 10 日，林业部发布并施行。该办法共五章二十七条，并有"用材林主要树种主伐年龄表""林木采伐许可证格式""更新验收合格证格式"附后。2010 年 12 月 29 日，国务院第 138 次常务会议通过《国务院关于废止和修改部分行政法规的决定》，对本办法部分条款予以修正，于 2011 年 1 月 8 日发布施行。该办法主要规定了森林采伐、森林更新以及罚则等内容，指导了国有林场森林采伐限额制度的实施。

1994 年 10 月 9 日，国务院令第 167 号发布《中华人民共和国自然保护区条例》，并根据 2011 年 1 月 8 日国务院《关于废止和修改部分行政法规的决定》修订。该条例规定了自然保护区的建设、管理和法律责任等内容，对国有林场内建设自然保护区具有指导意义。其中第八条规定：国家对自然保护区实行综合管理与分部门管理相结合的管理体制。国务院环境保护行政主管部门负责全国自然保护区的综合管理。国务院林业、农业、地质矿产、水利、海洋等有关行政主管部门在各自的职责范围内，主管有关的自然保护区。

2000 年 1 月 29 日，国务院令第 278 号发布并施行《中华人民共和国森林法实施条例》，并根据 2011 年 1 月 8 日国务院《关于废止和修改部分行政法规的决定》修订。该实施条例规定了森林经营管理、森林保护、植树造林、森林采伐、法律责任等内容。其中第二十八条规定：国家所有的森林和林木以国有林业企业事业单位、农场、厂矿为单位。第三十二条规定：除《森林法》已有明确规定的外，林木采伐许可证按照下列规定权限核发：县属国有林场，由所在地的县级人民政府林业主管部门核发；省、自治区、直辖市和设区的市、自治州所属的国有林业企业事业单位、其他国有企业事业单位，由所在地的省、自治区、直辖市人民政府林业主管部门核发。

1997 年 3 月 20 日，国务院令第 213 号公布《中华人民共和国植物新品种保护条例》，自 1997 年 10 月 1 日施行。根据 2013 年 1 月 31 日国务院令第 635 号《国务院关于修改〈中华人民共和国植物新品种保护条例〉的决定》修订。该条例规定了品种权的内容和归属、授予品种权的条件、品种权的申请和受理、品种权的审查与批准以及品种权期限、终止和无效及罚则等，对国有林场培育植物新品种和保护植物新品种权具有指导意义。

除此之外，与国有林场相关的行政法规还包括《森林病虫害防治条例》《植物检疫条例》《退耕还林条例》《陆生野生动物保护实施条例》《野生植物保护条例》《濒危野生动植物进出口管理条例》《重大动物疫情应急条例》《森林和野生动物类型自然保护区管理办法》《植物新品种保护条例》《血吸虫病防治条例》等。

(三) 部门规章

从 20 世纪 50 年代开始，林业主管部门制定了一系列关于国有林场的部门规章。

1957 年 1 月 26 日，林业部颁布《国营林场经营管理试行办法》。

1962 年 5 月 11 日，林业部颁布《国营林场经营管理狩猎事业的几项规定》。

1973 年 10 月 10 日，农林部颁布《森林采伐更新规程》。该规程分总则、森林采伐、森林更新、采伐更新管理、附则，共五章二十四条。

1985 年 6 月 8 日，林业部颁布《制定年森林采伐限额暂行规定》。从此，我国森林采伐管理由木材生产计划管理转入森林采伐限额管理。其中第一条规定年森林采伐限额实施范围，除《森林法》规定的严禁采伐的森林和林木外，包括对所有林种森林和林木的主伐、抚育伐、卫生伐、林分改造等各种采伐消耗的总额。

1985 年 6 月 10 日，林业部颁布《森林资源档案管理办法》。规定了建立森林资源档案的原则与要求、森林资源档案管理、森林资源档案数据更新、森林资源统计管理等，对国营林场森林资源档案的管理工作具有指导作用。

1990 年 9 月 25 日，林业部部务会议审议通过《林木种子检验管理办法》，1990 年 11 月 19 日林业部颁布。其中第二条规定：国营、集体单位或者个人生产、经营和使用林木种子的检验适用本办法。第五条规定：林业部林木种子检验机构指导监督全国林木种子检验工作，负责对全国生产、经营和使用的林木种子进行抽检，负责林木种子检验的业务咨询和技术培训，负责进出口林木种子检验和省、自治区、直辖市之间的林木种子质量仲裁检验。承担林木种子检验技术、检验仪器设备及测试手段的科学研究。

1990 年 11 月 1 日，林业部发布《木材检查站管理办法》，对木材检查站的职责、检查注意事项等作出规定。

1990 年 11 月 1 日，林业部发布《木材运输检查监督办法》，为保护森林资源，方便流通，维护木材经营的正常秩序，制止非法运输木材的行为及对木材运输的证件等作出规定。

1993 年 8 月 30 日，林业部发布《林地管理暂行办法》，对林地权属管理、林地保护和开发利用管理、占用征用林地管理等作出了规定。其中第二条规定：国营林业局、国营林场、国营采育场、国营伐木场、森林经营局（所）、国营苗圃、自然保护区、森林公园等国营林业单位经营范围内的其他土地的保护、管理和利用也适用本办法。

1993 年 12 月 11 日，林业部令第 3 号公布并施行《森林公园管理办法》。此《办法》的出台为加强森林公园管理，合理利用森林风景资源，发展森林旅游提供了坚实的法制基础。其中第四条规定：在国有林业局、国有林场、国有苗圃、集体林场等单位经营范围内建立森林公园的，应当依法设立经营管理机构；在国有林场、国有苗圃经营范围内建立森林公园的，国有林场、国有苗圃经营管理机构也是森林公园的经营管理机构，仍属事业单位。

为了适应当时社会主义市场经济发展的需要，规范国有林场、苗圃的财政行为，1994 年 11 月 23 日，财政部公布并施行《国有林场与苗圃财务制度（暂行）》。该规定主要目标是加强财务管理和经济核算，不断提高生态效益、社会效益和经济效益，促进公平竞争；鼓励场圃发扬自力更生、勤俭办事业的精神，发展多种经营和综合利用，增加场圃收入，提高场圃自我发展能力；确定"统一领导、分级管理"的发展原则，鼓励场圃建立与管理体制相适应的内部财务管理和会计核算体制。该制度对于国有场圃的资金筹集、流动资产、固定资产、林木资产的管理以及对外投资、成本费用、收入、利润等各个方面进行了详细的规定。国有场圃的财务管理制度得以基本完善。

为了公正、及时地处理林木、林地权属争议，维护当事人的合法权益，保障社会安定团结，促进林业发展，1996 年 10 月 14 日，林业部令第 10 号公布并施行《林木林地权属争议处理办法》。规定了处理依据、处理程序、奖励和惩罚等内容，为及时协商解决国有林场的林木、林地权属争议提供了法律依据。其中第五条规定：林权争议发生后，当事人所在地林权争议处理机构应当及时向所在地人民政府报告，并采取有效措施防止事态扩大。在林权争议解决以前，任何单位和个人不得采伐有争议的林木，不得在有争议的林地上从事基本建设或者其他生产活动。

为了进一步规范和加强国有森林资源资产的管理，充分发挥森林资源的经济、生态、社会效益，实现森林资源的永续利用，1996 年 10 月 24 日，林业部、国家国有资产管理局联合制定《国有森林资源资产管理监督实施办法（试行）》，为国有林场森林资源资产的管理监督提供指导。其中第七条规定：林业部、国家国有资产管理局联合设立的森林资源资产督查委员会在对国有森林资源资产履行督查职责时，不干涉企业的经营权。

2000 年 11 月 2 日，国家林业局第 3 次局务会议审议通过《林木和林地权属登记管理办法》，2000 年 12 月 31 日发布并施行，规范了国有林场森林、林木和林地的所有权或者使用权登记工作。

2005 年 5 月 13 日，国家林业局局务会议审议通过《国家级森林公园设立、撤销、合并、改变经营范围或者变更隶属关系审批管理办法》，2005 年 6 月 16 日公布，自 2005 年 7 月 20 日起施行。该《办法》规定了国家级森林公园的申请条件、申请提交材料等内容，对在国有林场内建立国家级森林公园具有指导作用。其中第二条规定：由国家林业局实施国家级森林公园设立、撤销、合并、改变经营范围或者变更隶属关系审批的行政许可事项的办理，应当遵守本办法。第二十条规定：在国家级森林公园经营管理范围内，不得再建立自然保护区、风景名胜区、地质公园等。确有必要的，必须经国家林业局批准后方可建立。

2005 年 7 月 4 日，财政部、国家林业局印发并施行《国有贫困林场扶贫资金管理办法》，其中第八条规定：各省（自治区、直辖市）林业主管部门根据中央财政补助的林场扶贫资金额度，会同财政部门共同审核确定本省的年度林场扶贫资金项目及补助金额。《国有贫困林场扶贫资金管理办法》颁布后，各省份分别根据本省市实际情况制定了具体的资金分配制度，规范了扶贫基金的使用，对国有贫困林场的扶贫工作具有重要意义。

2006 年 7 月 1 日，国家林业局令第 20 号公布并施行《开展林木转基因工程活动审批管理办法》。该《办法》对林木转基因工程活动的安全等级、研究试验的条件、从境外引进转基因林木的申请、行政许可决定等作出规定，对国有林场林木的转基因工程活动具有指导意义。

2006 年 12 月 25 日，财政部、国家林业局印发《森林资源资产评估管理暂行规定》，自 2007 年 1 月 1 日起施行。对森林资源资产的评估范围、评估机构和人员、核准与备案、监督与管理等作出规定，并附《森林资源资产评估项目核准申请表》和《森林资源资产评估项目备案申请表》。其中第五条规定：国有森林资源资产评估项目，实行核准制和备案制。东北、内蒙古重点国有林区森林资源资产评估项目，实行核准制，由国务院林业主管部门核准或授权核准。其他地区国有森林资源资产评估项目，涉及国家重点公益林的，实行核准制，由国务院林业主管部门核准或授权核准。对其他国有森林资源资产评估项目，实行核准制或备案制，由省级林业主管部门规定。对其中实行核准制的评估项目，由省级林业主管部门核准或授权核准。

2007 年 9 月 8 日，国家林业局令第 22 号公布《林木种质资源管理办法》，2007 年 11 月 1 日施行。该《办法》对林木种质资源的利用、保存、引进、出口等作出规定，对国有林场管理林木种质资源具有意义。

为进一步规范国家级公益林区划界定工作，加强对国家级公益林的保护、经营和管理，2009 年 9 月 27 日，国家林业局、财政部对《重点公益林区划界定办法》进行修订，形成《国家级公益林区划界定办法》。对国家级公益林区划范围和标准、区划界定、区划调整、建档与核查等作出规定，有利于国有林场对林场范围内的国家级公益林进行确认。

2011 年 11 月 11 日，为了加强国有林场管理，维护国有林场合法权益，保障国有林场改革顺利进行，促进国有林场科学发展，根据《森林法》和其他有关法律法规，国家林业局印发《国有林场管理办法》，自公布之日起实施。《国有林场管理办法》共六章四十八条，主要内容包括：一是明确国有林场性质，规定国有林场办场方针和主要任务；二是规定国有林场管理机构主要职责；三是规范国有林场设立、变更和撤销；四是加强国有森林资源资产管理；五是规定国有林场权利和义务；六是规定国有林场组织机构。《办法》的实施，为保护我国珍贵的国有森林资源提供重要依据，成为国有林场改革顺利推进的有效保障。2021 年 10 月 9 日，为进一步规范和加强国有林场管理，促进国有林场高质量发展，国家林业和草原局组织修订了《国有林场管理办法》，此次修订是根据国有林场改革和发展的需要，坚持生态导向，保护优先的基本原则，增加了森林资源监管、培育和保障措施等内容，健全了责任明确、分级管理的森林资源监管体制。

为了规范和加强国有林场档案管理，有效保护和利用国有林场档案，发挥其在保护森林资源、生态修复建设和提供生态服务中的重要作用，国家林业和草原局根据我国《森林法》《档案法》《档案法实施办法》等有关法律法规以及国有林场管理的相关规定，制定《国有林场档案管理办法》，并于 2021 年 2 月 1 日起施行。

除此之外，有关国有林场的部门规章还包括《占用征用林地审核审批管理办法》《林业行政执法监督办法》《森林资源监督工作管理办法》《森林公园管理办法》《林木种子生产经营许可证管理办法》等。

二、国有林场相关政策

围绕国有林场不同发展时期的目标和任务，我国制定了不同的林业政策。国有林场坚持以促进森林资源增长、提高森林质量、改善人民生活质量和生存环境为核心，在发展中与时俱进，不断探索、完善，积累了丰富的经验，有力地保证了国有林场朝着健康、可持续发展的方向前进。

（一）中共中央、国务院出台的政策

1949 年以来，为加强国有林场森林资源管理，加快国有林场发展，中共中央、国务院出

台了一系列政策。

1950 年 5 月 16 日，中央人民政府政务院发布《关于全国林业工作的指示》，明确规定林业建设的方针是普遍护林，选择重点有计划地造林，并大量采种育苗；合理采伐，节约木材，进行重点的林野调查；及时培养干部。同时，还对林业机构设置等问题作了规定。

1953 年 7 月 9 日，政务院第 185 次政务会议通过《关于发动群众开展造林、育林、护林工作的指示》，1953 年 9 月 30 日发布，对开展群众造林工作、林木抚育、保护现有林木、禁止滥伐林木行为作出了具体的规定，指导了国营林场开展造林、育林工作。

1958 年 4 月 7 日，中共中央、国务院发布《关于在全国大规模造林的指示》。指示的主要内容包括：一是做好规划；二是坚持依靠合作社造林为主，同时坚持发展国营林场的方针；三是努力提高造林质量；四是做好更新和护林工作。

1961 年 6 月 26 日，中共中央发布《关于确定林权、保护山林和发展林业的若干政策规定》，主要内容包括：一是确定和保障山林的所有权。天然的森林资源和在人民公社化以前已经划归国有的山林，仍然归国家所有；人民公社化以来和今后新造的各种林木，都必须坚持"谁种谁有"的原则，国造国有，社造社有，队造队有，社员个人种植的零星树木，归社员个人所有；原来划归国有的山林当中，有些分散小片的，国家不便专设机构经营，归公社、生产大队、生产队经营，对于山林的保护和发展更为有利的，可以划归附近的社、队所有，或者包给他们经营。二是山林的经营管理和收益分配。对于国有的山林，应该建立国营林场，认真管理好，保护好。一方面，要恢复和严格执行山林管理制度，严禁乱砍滥伐；另一方面，又必须切实照顾附近群众生产和生活的实际需要，允许他们在严格遵守护林规定的条件下，进山打猎，挖药材，采集林副产品，砍取零星用材，以便调动他们护林的积极性，依靠他们，护林育林。三是关于木材的采伐和收购。采伐木材的时候，无论是国有森林和集体所有的森林，也无论是国家采伐和社队自己采伐，都必须按照林木生长的规律，在不破坏水土保持，不影响森林更新的条件下，进行采伐。采伐的数量不能过大，也不能过分集中。

1962 年 9 月 14 日，国务院发布《关于积极保护和合理利用野生动物资源的指示》，对国营林场保护野生动物资源具有重要作用。提出近期不少地区对于野生动物偏重猎取，不注意保护，甚至把许多不应该列为害鸟害兽的，也列为害鸟害兽而加以消灭，致使野生动物资源遭到了严重的破坏。为了迅速改变这种严重情况，把野生动物资源的保护和合理利用工作全面地开展起来，特作如下指示：一是野生动物资源是国家的自然财富，各级人民委员会必须切实保护，在保护的基础上加以合理利用。当前首先要做好保护工作，要责成各地林场和所有有狩猎动物资源的人民公社、农场、农垦场、牧场，将所辖范围内的这项资源保护、管理起来。目前野生动物资源贫乏和破坏比较严重的地区，应该像封山育林那样，建立禁猎区，停猎一个时期。资源未遭到破坏的地区，也应该在不影响狩猎动物资源继续增长的前提下，确定合理的猎取量，有计划地组织利用。没有主管部门发给的狩猎证，任何人不得进行狩猎。到猎场、林场、农场、农垦场、牧场、人民公社管区内打猎的狩猎队和个人还应该得到上述单位的同意。严禁在禁猎区狩猎。禁猎区由各省（自治区、直辖市）自行规定，报林业部备案。二是各省（自治区、直辖市）人民委员会应该加强狩猎生产的组织管理工作。三是保护和合理利用野生动物资源，是一项新的群众性的工作，各地在做好组织管理工作的同时，还必须做好宣传教育工作，充分利用报纸、杂志、广播电台、宣传画等形式，广泛开展宣传活动。四是对于珍贵、稀有或特产的鸟兽，如大熊猫、东北虎、野象、野牛、野骆驼、野马、藏羚、鬣羚、金丝猴、长臂猿、丹顶鹤、犀鸟等，严禁猎捕，并在其主要栖息、繁殖地区，建立自然保护区，加以保护。如因特殊需要，一定要猎捕上述动物时，必须经过林业部批准。五是禁止采用破坏野生动物资源和危害人畜安全的狩猎工具和方法，如地弓、地枪、毒药、炸药等。早在1958年，国务院即决定将狩猎事业交由林业部门统一管理。几年来林业部门在这方面做了许多工作，取得了一定成绩。目前各地主管这项工作的部门不一致，做法也不同，以致在工作上引起了许多不应有的混乱和困难。为了在全国范围内，切实保护野生动物资源和正确开展狩猎事业，各地应该迅速将这一工作统一交由林业部门管理，并加强有关管理机构。

1965年8月31日，中共中央、国务院发布《关于解决农村烧柴问题的指示》，指出广泛发动群众结合农村绿化大搞植树造林运动，是解决农村烧柴不足的根本途径。秸秆还田是种田养田增加有机肥料培养地力的重要措施之一。封山育林是恢复土地植被、保持水土、绿化山区的重要措施；但是必须使长远利益和当地群众眼前利益结合起来。有煤炭资源的地方，特别是一些小矿区，在不影响保护资源的原则下，可以由国家统一规划，指定一定的矿区，由地方或集体进行开采。

1967年9月23日，中共中央、国务院颁布《关于加强山林保护管理、制止破坏山林树木的通知》，指出要认真执行国务院发布的《森林保护条例》，积极做好护林宣传教育工作，加强山林管理，同一切破坏森林的行为作斗争。国营和集体的林权，绝对不容侵犯，不准将国有山林划归集体，不准将集体山林划给个人。

1971年3月25日，国务院、中央军委发出《关于加强护林防火工作的通知》，要求与森林毗连的省、地、县之间加强联防工作，坚持联防制度；切实加强对护林防火工作的领导，建立和健全各级护林防火组织，确定专人负责。

1979年1月15日，国务院发布《关于保护森林制止乱砍滥伐的布告》，指出近些年来，许多国有山林被非法侵占、砍伐，不少单位擅自进入林区收购木材和木竹制品。相当多的地方滥砍滥伐，毁林开荒，毁林搞副业。《布告》的主要内容包括：一是坚决维护国家和集体的森林所有权。国有林统一由国家林业单位经营，集体林由社队经营。不准将国有林划归集体或非林业单位，不准将集体林划归个人。任何机关、部队、厂矿、企业、农牧场、社队以及个人，都不得以任何借口侵占、砍伐国有林木。已经侵占的，必须限期退还。抢砍盗伐林木和抢劫木材的，要追回赃物，赔偿损失，情节严重的要依法惩处；二是严禁乱砍滥伐、以木易物、搞非法协作。林区县所需要的木材，要经过省、自治区计划委员会批准，纳入国家计划，按国家计划组织生产，不得在计划外向国营林业单位和社队下达木材生产任务，更不准在国营林业单位的经营区内建立采伐点，已经建立的必须立即停止采伐，限期撤出；三是严禁毁林开荒、毁林搞副业；四是加强市场管理，严禁非法贩运木材，坚决打击投机倒把活动；五是健全护林防火组织和制度，设立林区公安派出所，整顿林区社会治安，清理盲目流入人员；六是大力提倡植树造林，实行谁种谁管谁有的政策；七是毁林者罚。毁坏林木者，毁一棵要栽活三棵，并处以罚款；八是开展爱林护林教育，表彰、奖励护林有功人员和单位，严肃处理破坏山林、树木的案件；九是各级林业部门和林业单位，必须模范地执行国家林业政策法令，坚持合理采伐，及时更新迹地，切实纠正重采轻造的错误做法；十是各级革命委员会加强对林业工作的领导，认真发动群众造林护林。凡所辖地区发生重大森林火灾和毁林案件，使森林资源遭受严重损失的，要追究领导责任。

1980年3月5日，中共中央、国务院发布《关于大力开展植树造林的指示》，主要内容包括：一是提出大规模地开展植树造林，加速绿化祖国，是摆在我们面前的一项重大战略任务；二是要实行大地园林化；三是贯彻依靠社队集体造林为主，积极发展国营造林，并鼓励社员个人植树的方针，国家、集体、个人都来兴办林业。工厂、矿山、机关、学校等单位驻地和部队营区，以及农场、牧场经营的地区，由各主管单位植树种草，自造自有。铁路、公路、河渠两侧，水库周围，由这些单位自造自有；也可以与社队合作造林，比例分成；或者由附近社队造林，林木归社队所有。城市附近的国有荒山荒地，要在统一规划下，实行机关、团体、学校、部队等单位分段包干，义务造林，由林业部门组织管护，或者谁造谁管谁有。也可以组织待业青年专业队，参加城市和郊区的绿化工作；四是国营林场要努力提高科学管理水平，充分发挥示范作用。国营林场和社队林场，都要坚决贯彻"以林为主，多种经营，长短结合，以短养长"的方针，搞好经济核算，努力增加收入，逐年扩大再生产；五是实行科学造林、育林，切实加强技术指导，纠正植树造林只求数量、不顾质量的偏向。要建立布局合理的种子生产基地，努力实现种子生产专业化、质量标准化、造林良种化。国营苗圃要繁殖、推广优良树种，指导社队育苗；六是要加强领导，养成人人植树爱林的良好社会风气。

1981年3月8日，中共中央、国务院发布了《关于保护森林发展林业若干问题的决定》，提出稳定山权林权，落实林业生产责任制；对木材实行集中统一管理；对林业进行经济扶持；木材综合利用和节约代用；抓紧林区的恢复和建设；大力造林育林；发展林业科学技术和教育；加强党和政府对林业的领导。依据该《决定》，林业"三定"政策在全国国营林场开展。

1982年10月20日，国务院发布《关于制止乱砍滥伐森林的紧急指示》，提出无论任何单位或个人，利用任何手段侵占和破坏国有的和集体所有的山林，都必须彻底追查，依法惩办。对于破坏森林的任何单位或者个人，要分别情况，该退赔的必须退赔，该罚款的必须罚款，该判刑的要依法判刑。抓紧进行林业"三定"工作。凡是没有完成林业"三定"的地方，除国家计划规定的木材生产任务以外，其他采伐暂时一律冻结。

1985年1月1日，中共中央、国务院发布《关于进一步活跃农村经济的十项政策》，决定进一步放宽山区、林区政策。山区25度以上的坡耕地要有计划有步骤地退耕还林还牧；集体林区取消牧场统购，开放牧场市场，允许林农和集体的牧场自由上市，实行议购议销；国营林场，也可实行职工家庭承包或与附近农民联营。但是，由于相应的林业配套政策和森林资源管理措施的空缺，导致南方集体林区出现乱砍滥伐局面。

1987年6月30日，中共中央、国务院下发了《关于加强南方集体林区森林资源管理坚决制止乱砍滥伐的指示》，提出国营林场和自然保护区经营管理的山场、林木、任何单位和个人都不得以任何借口侵占、破坏。哄抢、盗伐国有林木是违法犯罪行为，必须坚决依法处理，该判刑的要判刑，绝不能手软。对煽动群众哄抢破坏森林、伤害护林人员的犯罪分子，必须从速从重依法惩办。

1987年8月15日，国务院发布《关于坚决制止乱捕滥猎和倒卖、走私珍稀野生动物的紧急通知》，提出各级人民政府应切实加强对包括大熊猫在内的野生动物资源保护管理工作的领导。要组织力量对1985年以来乱捕滥猎和倒卖、走私、出口珍稀野生动物及其产品的情况进行一次彻底清查。严禁猎捕珍稀野生动物。加强野生动物及其产品经销和出口管理。严格狩猎枪支、弹具生产、销售和使用的管理。该紧急通知对于加强国营林场内的珍贵野生动物保护具有重要意义。

1989 年 3 月 15 日，国务院颁布《关于当前产业政策要点的决定》，明确林业为重点支持的产业。为了更好地贯彻执行国务院当前产业政策要点，搞好治理整顿和深化林业改革，推进林业产业结构调整。根据国民经济发展的基本原则和方向，结合林业产业的现状和特点，总结出林业产业当前发展重点，其中第七点提出加强国有林区和国营林场的保护、恢复和合理开发利用。一方面，加快新林区开发，搞好林业局新建工程和国营林场建设，尽快形成木材生产能力，调整老林业局的森林过量采伐，满足国家重点建设对木材的需求；另一方面，加强老林区的更新造林和森林经营，对老林区恢复专项投资，加快林区恢复工作，增强老林区的活力。

1990 年 12 月 5 日，国务院发布《关于各省、自治区、直辖市"八五"期间年森林采伐限额审核意见报告的通知》，要求各省（自治区、直辖市）要从实际情况出发，对不同类型的森林资源采伐消耗，制定切实可行的管理办法。提出要认真编制和执行森林经营方案，各级林业主管部门要加强领导，组织力量，突出重点，分类指导，首先完成国营林业企业、国营林场和重点产材县编制森林经营方案的工作。经过科学论证和审批的森林经营方案，必须认真组织实施。

1998 年 8 月 5 日，国务院发布《关于保护森林资源制止毁林开垦和乱占林地的通知》，提出近几年来，一些地方以各种名义毁林开垦或乱占滥用林地搞开发区、房地产和其他工程建设等，对林地化整为零，少批多占，不批也占，占而不补，造成林地的大量流失和森林资源的严重破坏。要求各级政府要把保护和培育森林资源作为改善生态环境的重要任务来抓，对已经发生的毁林开垦行为进行全面清查，切实做好退耕还林工作，依法严厉打击毁林开垦的违法犯罪行为，严格实施林地用途管制，加强对林地保护工作的组织领导。要立即停止一切毁林开垦行为。

1999 年 7 月 30 日，国务院办公厅发出《关于继续冻结各项建设工程征占林地的通知》。通知规定，从 1999 年 8 月 5 日起至《森林法实施条例》颁布实施之前，继续冻结各项建设工程征占用林地。对未经批准擅自占用林地或越权批准的，要依法追究有关责任人员的责任，严肃查处。

2002 年 4 月 12 日，国务院办公厅发布《关于进一步加强松材线虫病预防和除治工作的通知》，指出我国松材线虫病发生危害的形势异常严峻，新疫点不断出现，发病面积不断扩大，危害程度不断加重，已直接威胁到我国 5 亿多亩松林和一批世界自然文化遗产、国家重点风景名胜区及重点生态区的安全。为保护我国森林资源安全和造林绿化成果，促进我国经济和生态建设稳步发展，坚决遏制松材线虫病严重发生和扩散蔓延的势头，从六个方面对松材线虫病的预防和除治工作提出意见。

2003 年 6 月 23 日，中共中央、国务院颁布《关于加快林业发展的决定》。主要内容包括：一是提出加强林业建设是经济社会可持续发展的迫切要求。我国林业正处在一个重要的变革和转折时期，正经历着由以木材生产为主向以生态建设为主的历史性转变。从整体上讲，我国仍然是一个林业资源缺乏的国家，森林资源总量严重不足，森林生态系统的整体功能还非常脆弱，与社会需求之间的矛盾日益尖锐，林业改革和发展的任务比以往任何时候都更加繁重；二是提出加快林业发展的指导思想、基本方针和主要任务；三是提出抓好重点工程，推动生态建设；四是提出优化林业结构，促进产业发展；五是深化林业体制改革，增强林业发展活力；六是加强政策扶持，保障林业长期稳定发展；七是强化科教兴林，坚持依法治林；八是切实加强对林业工作的领导。

2006 年 3 月 31 日，国务院办公厅发布《关于深化国有农场税费改革的意见》。明确将国有林场纳入农村税费改革和国有农场税费改革范围，免除国有农场、林场职工承担的类似"乡镇五项统筹"（即义务教育、计划生育、优抚、民兵训练和乡村道路建设等五项）的收费，中央和地方财政对国有农场、林场等单位因免除类似"乡镇五项统筹"收费而减少的收入，参照农村税费改革财政转移支付有关政策给予适当补助，其中国有林场中央财政转移支付资金测算系数为 0.8。

2015 年 2 月 8 日，中共中央、国务院印发《国有林场改革方案》和《国有林区改革指导意见》。《国有林场改革方案》针对长期以来过度采伐和制约国有林业发展的体制机制性障碍，对国有林场改革进行了全面部署。明确国有林场的战略地位、功能定位，确定国有林场改革的总体要求、基本底线、主要内容和政策支持，彻底改变了长期以来向森林过度索取，把国有林场作为木材生产主体的传统认识和做法，真正将森林和林场、林区摆在了建设生态文明、维护生态安全的突出地位，具有重要的历史意义。

（二）国务院部委出台的政策

新中国成立七十多年以来，国务院各部委出台一系列政策，有力推进国有林场的发展与改革。

1975 年 12 月 10 日，农林部发布《关于保护、发展和合理利用珍贵树种的通知》，首次列出了国家重点保护的一、二类树种的名单。

1976 年 8 月 21 日，农林部发布《关于福建省部分地区发生大规模破坏森林事件的调查报告》，提出 1976 年 4 月以来，福建全省 106 个国营林场 70 个遭抢砍滥伐，林木损失 1070 万株，4.3 万亩山林被砍光。全省被破坏山林 80 万亩，损失林木 80 万立方米，打伤护林员 400 多人。

1980 年 8 月 4 日，林业部发布《关于风景名胜区国营林场保护山林和开展旅游事业的通知》，提出凡涉及国营林场的领导关系的变更，山林所有权的变动，以及外单位在林场管辖范围内，修建旅游设施，都应征得林场同意，报经省、自治区、直辖市林业（农林）厅（局）批准。任何单位都不得随意改变、占用。风景名胜区的国营林场和有条件的自然保护区，可以根据具体情况，报请本省、自治区、直辖市林业（农林）厅（局）批准，采取不同形式积极开展旅游事业。无论外单位或本单位在风景名胜区的国营林场和自然保护区内开展旅游活动，如修建房屋、开辟林道、建立设施等，都要合理区划，节约用地，并严禁毁坏山林，破坏自然景观。搞设施，造型一定要讲究艺术，施工要符合景观的要求。

1982 年 7 月 30 日，林业部发出《关于国营林场、苗圃进行全面整顿的通知》，要求根据中共中央、国务院《关于国营工业企业进行全面整顿的决定》精神，对国营林场、苗圃进行全面整顿。

1985 年 5 月 13 日，最高人民检察院、最高人民法院和公安部联合发出《关于盗伐滥伐森林案件改由公安机关管辖的通知》，提出为了及时、有力地打击盗伐滥伐森林的违法犯罪活动，保护和促进林业的发展，从 1985 年 7 月 1 日起，盗伐滥伐森林案件由公安机关立案侦查。

1988 年 4 月 18 日，林业部发布《关于加强国有林林地权属管理几个问题的通知》。主要内容包括：一是提出由林业部门管理的国营林业局、国营林场、国营苗圃和保护区（系指森林和野生动物类型自然保护区）等林业单位（下称国营林业单位），任何其他部门或单位都不得擅自改变其隶属关系。二是国营林业单位的山林，凡是目前权属清楚但尚未发出林权证书的，要按照国家有关法律规定，争取在 1988 年内结束发证工作。个别国营林业单位的山林确实存在权属争议的，也要根据具体情况抓紧处理，尽快确权发证，不能久拖不决。三是国营林业单位对自己经营范围内的各类土地、野生动植物和其他自然资源，要切实加强保护管理，任何单位或个人都不能随意占用、破坏。如确实需要占用国有林地进行勘察设计、修筑工作设施、开采矿藏（包括采砂、采石等），以及从事其他生产经营活动时，必须依据国家有关法律规定，严格履行审批手续，并向国营林业单位支付林地、林木补偿费和植被恢复费。四是国营林业局、国营林场、国营苗圃和自然保护区内有条件开放的地方，经林业部或省、自治区、直辖市林业主管部门批准，可以在规定的范围内开展旅游活动或建立森林公园。要求旅游业务由国营林业单位统一管理，所得收入实行"以林养林"，用以改善生产建设条件和扩大森林资源等。五是保护国有林地权属不受侵犯，是保证林业改革与发展的必要条件。各省（自治区、直辖市）林业主管部门应当遵照我国《森林法》和有关法规赋予的职权，认真做好林业法规、政策的宣传教育工作，采取有效措施，切实加强林地权属的管理。各省（自治区、直辖市）林业主管部门要将每年国有林地权属的变动情况，如实统计上报林业部。

1988 年 6 月 13 日，林业部颁布《关于加强森林资源管理若干问题的规定的通知》。提出国营林业局、国营林场、国营苗圃的林业用地，必须严格按照批准的规划设计文件使用。如需改变用途，必须经省级林业主管部门审批。国营林业局、国营林场要在现有资源管理机构和人员的基础上进一步加强机构、充实人员。为了严格执行年森林采伐限额，控制森林资源消耗，应对国营林场和集体林分开下达年森林采伐限额，不得互相挤占。在幼、中龄林多的地方，首先在批准的限额内优先安排抚育、低产林改造的采伐指标。

1988 年 10 月 29 日，林业部发布《关于加快森林经营方案编制进度的通知》。要求国有林区林业局、国营林场、有木材生产任务或需要人为采伐消耗林木资源的县，在 1990 年年底以前完成编制森林经营方案的工作。

1989 年 5 月 31 日，林业部印发《关于加强林木采伐许可证管理的通知》，提出凡采伐林木（包括以生产竹材为主要目的的竹林），按《森林法》的规定，必须申请林木采伐许可证，实行凭证采伐，严禁无证采伐。由此开始实行全国统一的林木采伐许可证制度。

1991 年 7 月 8 日，林业部发布《关于进一步加强林地管理的通知》。要求国营林业单位必须把林地管理作为资源和林政管理的一项重要内容，设置专人，负责林地的管理工作。建立健全林地管理的工作制度。按期填报《征占林业用地统计表》。林业用地面积的变化，要纳入每年的森林资源消耗量调查。对权属、地类、经营总面积、被征占情况等要详细进行调查。认真执行林业部、国家土地管理局《关于加强林地保护和管理的通知》，严格按照规定程序办理征占林地事宜。各级林业主管部门在审核征占林业用地时，必须要求用地单位出示符合国家基本建设程序规定的主管部门批准的计划任务书或其他批准文件，以及征占林地和采伐林木设计书、林地林木补偿协议书，并认真进行审核。审核意见需以正式书面意见报送同级土地管理部门，同时报上级林业主管部门。凡未经林业主管部门同意，被征占林地单位有权抵制，拒绝划拨。凡擅自划拨林地的，上级主管部门要责成划地单位限期收回，对直接责任人员给予严肃处理。认真查处侵占林地的行为。各级林业主管部门要在 1991 年年底以前，对《森林法》公布以来，侵占林地以及未依法经有关部门批准而变更国有林地权属或改变国营林业单位隶属关系的，进行一次清理，并将清理情况和查处意见报人民政府。清理和查处的情况，由省级林业主管部门汇总，于 1992 年 2 月以前报送林业部。自 1992 年起，每年都要进行清理检查，建立清理检查制度。继续积极协助各级人民政府做好颁发国有林权证工作。因林地林木权属存在争议，不能申请发证的，发证领导小组要立即将争议情况报告人民政府，请政府尽快给予解决。各级林业主管部门要继续认真贯彻执行《关于加强国有林地权属管理几个问题的通知》，要求各地加强国有林地权属管理，切实维护国营林业生产单位的合法权益。

1993 年 5 月 27 日，国家国有资产管理局、林业部发布《关于加强国有森林资源产权管理的通知》，指出我国国有林地面积和林木蓄积量约占全国林地总面积和林木总蓄积量的二分之一，是国家的重要资源与资产，也是自然环境的重要组成部分。为有效制止乱砍滥伐国有森林、乱占林地、严重破坏林业资源的行为，制止国有森林资产大量流失，切实保护和合理利用好现有林地资源，增加林地资产效益，必须加强对国有林地和森林的产权管理。国有森林资源（包括国有林地、林木）是国有资产的组成部分，其产权归属、产权登记和经营范围的确定，以县以上地方人民政府和国务院授权部门核发的《国有林权证》（或《山林权证》）为准。因国家建设、勘察设计、修筑工程设施、开采矿藏占用国有林地，致使林地产权发生变更，且林地变为非林地的，经林业主管部门同意后，由土地管理部门办理土地使用权变更手续，核发《国有土地使用证》。国有林地、林木资产登记、定级、估价以及林地使用情况复核所需费用，由林业主管部门按照有关规定收取。

1996 年 9 月 13 日，林业部发布《关于国有林场深化改革加快发展若干问题的决定》，主要内容包括：一是明确国有林场工作的指导思想。国有林场是我国林业的重要组成部分，承担着后备森林资源培育和生态环境建设的双重任务，在我国林业建设中起着示范和骨干作用。1996—2010 年，国有林场工作的指导思想是：以培育森林资源为重点，以建立比较完备的林业生态体系和比较发达的林业产业体系为目标，以提高综合效益为中心，坚持"以林为本，合理开发，综合经营，全面发展"的办场方针，实行分类经营，分类管理，尽快建立起符合社会主义市场经济规律并体现国有林场特点的管理体制和经营机制，逐步形成一、二、三产业协调发展的国有林场经济新格局，充分发挥国有林场在森林资源培育和生态环境建设中的重要作用。二是要求科学划分国有林场类型，实行分类经营。根据《林业经济体制改革总体纲要》，以森林分类经营为基础，综合考虑区域自然、社会、经济状况，按照不同的生产经营目的，将国有林场划分为商品经营型、生态公益型和混合经营型三类，实行分类经营，分类管理。三是稳定推进国有林场组织结构调整，鼓励多种经济成分共同发展。国有林场组织结构调整要与其产业布局相协调；国有林场在坚持以公有制经济为主体的同时，应积极引导个体、私营、股份合作等多种经济成分的发展。四是转换经营机制，强化内部管理，提高经营水平。积极探索与不同类型国有林场特点相适应的内部经营机制和管理制度。五是加速森林资源培育，科学合理利用森林资源。森林资源是国有林场稳定、发展的基础。努力提高国有林场的林分质量和林地生产力。按照《林业经济体制改革总体纲要》和森林经营方案，在严格执行森林限额采伐制度、控制森林资源消耗的前提下，科学合理地确定国有林场的森林采伐限额。六是优化产业结构，办好绿色产业，增强经济实力。国有林场的产业发展，必须坚持因地制宜、立体开发的原则、适度规模经营的原则、科学决策、科学管理的原则以及多渠道、多层次、多形式发展的原则。七是依靠科技进步，推进科教兴场。国有林场的发展必须依靠科技进步和提高劳动者素质。切实抓好人才的培养、引进和使用。八是维护国有林场合法权益。九是全面落实经济扶持政策，为国有林场发展创造良好的外部环境。十是切实加强对国有林场工作的领导。

1998年，国家林业局、财政部发布《贫困国有林场扶贫资金管理办法》，对贫困国有林场扶贫基金的筹集、用途和管理等内容作出规定，促进了林场扶贫工作的开展。

1999年3月30日，国家林业局发布《关于切实维护国有林场合法权益的通知》，提出坚决纠正和制止强令国有林场提供贷款担保等违法行为，维护国有林场的合法权益和国有森林资源资产的完整性。对于国有林场要通过出让、合资、股份经营、委托经营、抵押等方式改变国有森林资源产权关系的，必须依法经省级以上林业主管部门审批或登记，未经审批或登记的变动一律无效。除依法和中央、省级政府规定的收费项目外，各级林业主管部门要支持国有林场坚决抵制乱摊派、乱集资和乱收费等违法行为，国有林场应主动向政府有关部门反映情况，维护自身的合法权益。各级政府和林业主管部门要认真履行《森林法》赋予的职权，对非法划拨、侵占、吞食国有森林资源，随意改变国有林场隶属关系和经营性质，强令国有林场提供贷款担保等行为，林业主管部门要坚持原则，予以抵制，并通过行政和法律手段，坚决予以制止和纠正。同年，国家林业局发布《关于开展全国森林分类区划界定工作的通知》，指导国有林场完成森林分类区划界定工作。

2004年7月1日，国家林业局发布《关于加强国有林场林地管理的通知》，提出随着国家对城镇建设中基本农田使用的严格限制，一些地方为解决工业及城镇建设用地问题，把征占用地的主要方向转向林地特别是国有林场用地。要求各级林业主管部门应积极协调有关部门，在新一轮土地利用总体规划修编过程中，将国有林场经营管理的各类土地，明确为国家重要的生态建设基本用地，并按具体用途落实到山头地块，严格实行用途管制。进一步明确林地权属，保持国有林场经营范围的长期稳定。各地要坚决防止借调整城镇发展规划之机，随意肢解分割甚至将国有林场大量林业用地划为非林业建设用地。对各类建设项目确需征占用国有林场经营范围内土地的，必须按照法定权限，严格依法办理有关征占用手续，坚决杜绝化整为零、越权审批。加强对国有林场林地使用权流转的监管，严禁未经批准和不进行资产评估低价甚至无偿转让国有林地使用权。国有林场使用的土地是重要的国家资产，各级林业主管部门必须严格按照有关规定，监督林场切实履行好保护、管理和合理利用的责任，未经依法批准并办理相关出让手续，任何单位和个人无权擅自做出包括使用权流转在内的任何处置决定。

2004年7月12日，交通部发布《关于印发农村公路建设指导意见的通知》，提出农村公路建设应坚持"因地制宜、量力而行、节约土地、保护环境、保证质量、注重安全"的原则，为改善国有林场公路建设作出了较为详细的指导。

2007年2月8日，国家林业局印发《关于进一步加强和规范林权登记发证管理工作的通知》，对国有林场的林权登记发证工作具有指导作用。

2007年5月18日，国家林业局办公室发布《关于建立国有林场改革联系点的通知》，从国有林场的地理分布、管理机构、区域特点、经济社会发展水平、改革难易程度等方面综合考虑，确定山西、辽宁、福建、江西、湖南、重庆、宁夏为国有林场改革联系点，并对联系点开展工作提出要求。各地按照国家林业局部署，结合本地实际，对国有林场改革中涉及的主要问题进行分析测算。如湖南省按照分类经营改革的设想，对全省国有林场改革成本进行测算，形成《湖南省国有林场改革成本测算报告》和《湖南省国有林场债务情况报告》。江西省结合实际，对全省国有林场职工进行社保、分流人员安置等改革一次性成本进行了测算。宁夏回族自治区各国有林场按自治区林业局的统一要求，对林场的森林资源、职工人数、职工参加社会保险、年度投入及收支等情况进行认真调查，并对林场改革成本进行初步的测算。山西省林业厅认真开展全省国有林场情况调查摸底，积极搞好国有林场改革的各项基础工作，完成国有林场简介和国有林场综合情况调查表的收集、汇总工作。同时，有关省、自治区、直辖市积极开展先行改革和试点工作。如湖南省拟定《湖南省集体林区制度改革试点县国有林场改革指导意见》，具体指导武冈林场和靖州排牙山国有林场制定林场改革试点方案。重庆市决定在万州区铁峰山林场、渝北区玉峰山林场、永川区林场、南川区乐村林场、璧山县东风林场、丰都县七跃山林场、开州区马云林场、酉阳县青华林场等8个国有林场开展林场改革与发展试点，出台《重庆市国有林场改革试点方案》，支持国有林场改革。辽宁省制定《辽宁省国有林场改革试点工作方案》和《本溪县深化国有林场改革实施方案》。河北省确定塞罕坝机械林场为全省国有林场改革试点，组建塞罕坝森林生态旅游股份有限公司。

2008年3月6日，国家林业局印发《关于加强国有林场灾后恢复重建工作的通知》，提出2008年发生在我国南方的低温雨雪冰冻灾害，不仅给受灾地区广大林农群众造成重大损失，而且也广泛波及国有林场。由于大多数国有林场地处高寒、高海拔的山区、林区，损失十分惨重，森林资源大面积损毁，基础设施遭到严重破坏，职工生活受到严重影响，灾后恢复重建工作任务重，难度大，就加强国有林场灾后恢复重建工作提出深入排查，做好国有林场灾情评估，科学规划，精心指导国有林场灾后恢复重建工作等要求。

2008年5月21日，国家林业局印发《关于社会主义现代国有林场建设标准及指标体系参考提要的通知》，提出国有林场是我国林业建设的重要阵地与根基。建设现代国有林场，对实现国家林业现代化，建设生态文明，以及示范、带动乡村和区域现代林业的发展都有着极其重要的意义和作用。参考提要中规定了现代林场建设标准及指标体系的指导思想与原则和现代林场建设标准及指标体系的基本内容和主要要求。

2009年6月9日，国家林业局、国家发展和改革委员会、住房城乡建设部发布《关于做好国有林场危旧房改造有关工作的通知》，提出林业部门要积极会同发改委、建设部门抓紧开展入户调查。调查工作要覆盖到每户职工，确保不遗漏一户。要坚持实事求是原则，杜绝弄虚作假，确保调查数据真实可信。严格界定危旧房改造对象，凡列入危旧房改造对象的住户，各地一律要张榜公示，确保公开、公平、公正。除中央投资和省级配套资金外，国有林场危旧房改造所需资金的不足部分中，按照国有林场隶属关系，地方政府应按照每户不少于5000元的标准给予补助，其余不足部分由国有林场和职工个人负担。

2011年1月19日，根据国务院2010年第111次常务会议精神和《国家发展改革委办公厅关于印发国有林场和国有林区改革工作会议纪要的通知》要求，为规范开展国有林场改革试点工作，保障国有林场改革试点顺利进行，国家林业局提出《关于开展国有林场改革试点的指导意见》，为探索国有林场管理体制和经营机制，工作小组决定选择部分地区国有林场进行改革试点，以改革国有林场管理体制，创新经营机制，完善政策体系和现代林业发展要求的国有林场管理体制和经营机制，明确指导思想、基本原则、试点内容、试点地区的确定和组织领导。

2012年7月24日，国家林业局发布《国有林场森林经营方案编制和实施工作的指导意见》，提出充分认识国有林场森林经营方案编制和实施的重要意义，国有林场森林经营方案编制的指导思想、基本原则和总体目标；国有林场森林经营方案编制重点内容和要求，完善国有林场森林经营方案编制和实施的保障措施。

2012年10月29日，国家林业局发布《关于加强国有林场森林资源管理保障国有林场改革顺利进行的意见》，提出建立国家所有、省级管理、林场保护与经营的国有林场森林资源管理体制；从严管理国有林场林地。国有林场林地是国家重要的生态建设基本用地，在国有林场改革中必须保持林地性质的稳定；加强林木采伐管理。提出国有林场的采伐限额，依据依法批准的森林经营方案确定的合理年采伐量确定，严禁国有林场森林资源流转。提出在国有林场改革期间，不得以筹集改革资金等为借口以国有林场森林资源对外作价入股、合资合作、租赁、抵押、担保和转让，防止国有林场森林资源流失；切实做好国有林场林权证的核发工作。目前尚未取得林权证的国有林场，应尽快依法向省级林业主管部门申请国有林地使用权登记，由省级人民政府核准后颁发林权证；建立健全国有林场森林资源动态监测体系。各省级林业主管部门要以国有林场为单位，查清国有林场森林资源的种类、数量、质量与分布及其消长变化，建立森林资源档案，健全森林资源动态监测体系，掌握森林资源发展变化情况，为国有林场森林资源管理和国有林场改革奠定基础；切实强化对国有林场森林资源的监管。要加快完善国有林场森林资源管理政策法规体系，制定国有林场森林资源管理考核办法，把森林资源数量消长、质量变化和保护管理情况等作为考核国有林场的重要内容和国有林场改革验收的重要指标。要建立信息畅通、操作规范、覆盖全面的国有林场森林资源监管工作体系，对违法违规问题及时处理和纠正；加强对国有林场森林资源管理的组织领导。森林资源管理机构对国有林场森林资源实施综合管理，国有林场管理机构对国有林场森林资源实施具体管理。

2015年3月14日，国家林业局《关于深入学习宣传贯彻中央6号文件精神的通知》提出，充分认识推进国有林场和国有林区改革的战略意义；准确把握国有林场和国有林区改革的基本要求；切实抓好当前几项重点工作。

2015年3月25日，交通运输部《关于贯彻落实中发〔2015〕6号文件促进国有林场（区）道路持续健康发展的通知》提出，提高认识，积极适应国有林场（区）改革带来的新变化、新需求；属性归位，将国有林场（区）道路纳入相关公路网规划；狠抓落实，提升国有林场（区）道路基础设施的服务质量和水平；细化方案，做好各项工作的组织管理。

2015年6月25日，人力资源和社会保障部、国家林业局《关于国有林场岗位设置管理的指导意见》的通知，明确岗位类别设置，岗位等级设置，专业技术岗位名称及岗位等级和组织实施。

2015年6月25日，国家发展和改革委员会办公厅和国家林业局办公室印发《国有林场改革试点验收办法》，规定评估验收对象、评估验收依据、评估验收原则、评估验收内容、评估验收结果评定、组织实施和评估验收结果运用。

第四节　权益保障概况

一、国有林场权益保障基本情况

（一）国有林场权益保障的发展状况

国有林场初建试办阶段（1949—1957年）和快速发展阶段（1958—1965年）。在这两个阶段，国有林场属于全额拨款事业单位，条件艰苦，发展迅速，国有林场的管理与经营受到高度重视，权益保障问题没有显现。

挫折动荡阶段（1966—1976年）。林业部国营林场管理总局被撤销，地方国营林场管理机构被撤并，国营林场被下放到县、公社或大队，管理混乱，随意侵占国有林地、滥砍滥伐现象严重，国营林场经营面积萎缩，林场权益难以得到保障。

恢复稳定阶段（1977—1997年）和改革发展阶段（1998—2020年）。随着经济发展，城镇化建设的推进，土地价值不断增长，林地被侵占的情况时有发生，林地流失现象突出，权益保障问题日益严重；2012年，国有林场改革试点启动，2015年，中共中央、国务院印发《国有林场改革方案》，95.5%国有林场被定性为公益性事业单位，进一步明确国有林场保护培育森林资源、维护国家生态安全的功能定位，林场权益保障问题受到关注。

（二）国有林场权益保障存在的主要问题

1.国有林场林地被侵占现象严重

国有林场多位于边远山区，交通不便，与周边集体林地犬牙交错。周边村民以种植庄稼、经济作物、逐步蚕食等各种形式非法侵占，形成林权纠纷。因此，国有林场林地被周边群众非法侵占经营，林地流失严重，是全国各地长期普遍存在的突出问题，严重影响国有林场的生存发展和生产经营、森林资源培育和生态文明建设。例如，某自治区国有林场被侵占林地达209.9万亩，占场内经营面积的12.8%。林地坡度平缓、使用价值高、人口密度较大的地区被侵占更为严重。某市10家国有林场被侵占林地30.1万亩，占国有林场面积的28.3%。该自治区被侵占国有林地以农林开发为主，种植桉、杉、松和果树160.8万亩，占被侵占林地面积的76.6%；种植甘蔗、玉米、木薯等农作物38.7万亩，占被侵占林地面积的18.4%；非法建筑面积6.5万亩，占被侵占林地的3%；其他用途面积为4.1万亩，占被侵占林地面积的2%。被侵占国有林地时间较长，多在10年以上，累计面积有144.9万亩，占被侵占林地的69%。国有林场林地被侵占多发生在农业集中开发时期，被侵占时间多在2000年前后，这一时期，地方政府出台政策鼓励农村大力发展甘蔗、水果、速丰桉等，由于农村集体土地有限，受利益驱使，一些群众纷纷开始蚕食国有林场林地，进而发展到大面积侵占林地种植甘蔗、水果和桉树等。

国有林场林地被侵占方式多种多样，林场周边群众以要回祖宗山、放牛地、纠纷土地为借口，或采用拔苗、建房、毁林等方式逐步蚕食，参与人多，难以控制。国有林场与周边群众林地纠纷情况较为复杂、涉及面较广，相关部门往往担心引起群体性事件，导致一些问题迟迟未能解决。

2. 林地权属争议难以解决

国有林场与周边集体林地相互交织，权属争议严重。有的林场所处区域同时存在草地和林地，同一区域由两个部门登记管理，分别颁发不同证书，给森林经营造成困难，牲畜啃食树苗，难以育林。有的地方，树木归林场所有，林下经济作物归村集体所有，林场的经营管理十分不便，权属争议不断。产生权属争议的重要原因在于1981—1983年林业"三定"（稳定山权林权、划定自留山、确定林业生产责任制）时期，地方山林林权证发放不规范，出现了林地发证重叠现象。随着经济发展，土地升值，林木价格上涨，农民经营山林的积极性高涨。由于历史原因和现实利益导致的林权纠纷问题普遍存在，1996年施行的《林木林地权属争议处理办法》也很难解决现实复杂的问题，有的林场和集体的林地权属争议长期处于困扰之中，难以解决。长时间的拉锯战耗费林场的多种资源，给林场正常管理和经营带来极大的困难。

3. 国有林场对外合作中合法权益难以保障

国有林场对外合作经验不足，自主性不强，合法权益难以得到保障。比如有的国有林场将林地对外出租，签订长达20年的租赁合同，租金难以收回。有的国有林场和社会企业签订合作协议，共同成立有限责任经营公司开发旅游项目，资源被项目公司长期无偿使用，林场享受不到相应的权益，想去维权却无从下手。有的地方搞开发占用国有林场的林地，当地政府常常根据经济发展需要做决定，很少考虑国有林场的利益，而国有林场受当地政府的领导和管理，依靠地方财政拨款，林场的对外合作常常受当地政府的影响，林场地位比较低，权益保障难以实现。

4. 劳动用工方面风险防控不到位

国有林场既是事业单位又是经营生产单位，既有占国家事业编制的工作人员，又有社会招聘的签订劳动合同的工人，有的还有劳务人员，用工比较复杂。不同的用工形式都有相应的法律法规进行调整，并且政策性强。国有林场在经营活动过程中，面对复杂的用工模式，可能会因法律意识淡薄违反法律而被诉诸仲裁或引起诉讼。因此，规范劳动用工是国有林场面临的一个重要课题。

5. 国有林场对刑事风险重视不够

国有林场作为公益性事业单位，承担着对森林资源的经营管理和保护的职能。一些国有林场因为存在内部管理上的漏洞而给工作人员可乘之机，出现铤而走险，实施贪污、受贿、玩忽职守、侵占、挪用特定款物等犯罪行为。有些国有林场面临复杂的社会环境，由于监管不到位，可能出现侵占林地、盗伐林木、危害珍贵、濒危野生动物等犯罪行为。如何规避上述刑事风险，成为国有林场不可忽视的问题。

二、国有林场权益受侵害的成因分析

国有林场权益受侵害的成因复杂，主要包括以下几个方面。

（一）经济利益驱动

随着经济发展，人口逐步增加，耕地日益减少，林地经济效益的不断提高，国有林场林地保护与周边群众脱贫致富的矛盾十分突出，林场周边的群众往往以"祖宗山""祖宗地"为由强占林地，一些地方受利益驱动，村民想方设法侵占、蚕食国有林地，有组织、有计划地强行侵占国有林地，行为极为恶劣。

（二）群众法律意识淡薄

林场周边群众多数文化程度不高、法律意识淡薄、守法观念不强，无视国家法律法规和林地的法律权属，甚至拒不执行法院的林地归属判决。有的地方群众抱着"法不责众"的心理，由老年人或妇女带头，以全村或家族抱团对抗国有林场，强砍强种，动辄集体上访或公开对抗，性质恶劣。有的依靠地方势力和宗族势力长期霸占国有林地。

（三）历史原因造成林地权属不清

大部分国有林场成立于20世纪五六十年代，虽然都有林权证，但受当时社会环境的限制，部分林场建场批准文件缺失、建场版图不全，建场时接管的各个县办林场相关资料缺失；林场与有关大队、生产队签订的划分山界协议书没有附图，存在文字表述四至界线模糊不清、规划图纸模糊的情况；与集体群众签订划分山界协议时只有少数村组干部参与，群众往往以此作为理由质疑林场建场的合法性、权属材料的准确性。另外，在集体林权制度改革过程中，一些县、乡工作不细致，将部分涉及国有林地作为集体林地重发林权证，导致林权证错发重发现象。

（四）毁林占地违法行为查处难

占地群众采取"蚕食"侵占，宗地面积小、侵占行为隐蔽，违法人难以确定，导致毁林案件取证难、查处难。占地群众不配合，相互包庇，给案件查办造成很大阻力。尚不构成犯罪的侵占林地种植林木行为，属于民事侵权行为，属于民法调整范畴，而作为侵权案到法院起诉，则会陷入申请法院维权—村民提出纠纷—县人民政府调处确权—市人民政府行政复议—法院审理的循环，难以处理。对于阻挠林场生产经营行为，由于取证困难，即使抓到作案人，往往因社会危害性不大而不被批准逮捕，作案人没受到应有惩处，被放回后更加嚣张，形成恶性循环。

（五）国有林场经营管理不到位

一是国有林场经济困难时期，对林地保护重视不够，林地保护管理不到位，部分宜林荒山、采伐迹地、边远林地和疏残林无法及时改造更新，群众侵占林地有机可乘。二是由于管护林地面积较大，且林地多在距离城市较远、交通生活不便的山区，林场难以实现24小时管护监控，林地容易受到周边村民非法侵占。三是林场的护林专业队员人数有限，工作条件艰苦，且部分为非在编职工，工资待遇低，很难保持一支较为稳定且经验丰富的护林队伍，林地管护力量未能满足要求。

（六）地方政府重视不够和问责不力

一是一些地方政府对国有林场林地保护不够重视，把国有林场林地当作"唐僧肉"随意分割，认为国有林场林地那么多分给农民也无妨。二是调处不及时，部分林场发生林地被严重侵占现象后，虽然向当地政府汇报并要求调处，但地方政府以中心工作多为由，一拖再拖，农民认为侵占得逞，继续扩大侵占面积。三是打击不力。地方政府在处置国有林地被侵占案件时，怕出现群众上访影响稳定，往往偏向群众，不采取坚决措施处置或拖延处置，久拖不决，使侵占林地情况愈演愈烈、林地越占越多、时间越来越长；有的法院判决林地属于林场，但执行受阻，群众继续长期非法侵占。四是在国有林地被侵占过程中，有关管理部门、司法机关执法不力，造成被侵占事实后，有关责任人也没有受到应有问责。

三、国有林场权益保障措施

（一）国有林场法人治理与合规建设

从国有林场的设立入手，完善国有林场法人制度，奠定国有林场的独立法人地位；完善国有林场组织机构建设，实现党委领导下的国有林场场长负责制，完善国有林场决策机制；实现以聘用制度和岗位管理制度为主要内容的事业单位人事管理制度，实行以岗位绩效工资为基础的收入分配制度；建立健全国有林场档案制度，完善综合管理类、森林资源类和森林经营类等档案材料，确保国有林场档案真实、完整、规范、安全。

合规使企业的经营活动与法律法规、内部规章制度和行业准则等保持一致。合规建设是现代企业的一个新的命题，国有林场由于具备经营管理职能，从某种角度来说是一种特殊的生产单位，同样需要建立国有林场的合规体系。

（二）国有林场劳动用工风险防控

国有林场用工以劳动人事聘用（合同）制与劳动合同制两种用工模式为主，以劳务派遣、劳务（雇佣）用工为辅。

针对劳动人事用工中的风险，注意做好以下工作：按法律流程要求做好人员招录、聘用合同签订及人员录用档案的保管工作；聘用合同解除按照法律规定进行，重点关注解除的理由、程序是否合规，并留存相关证据；职工发生工伤事故的，及时为受伤职工申请工伤认定；依法为职工代扣代缴个人所得税。

对于国有林场实行劳动合同制用工中容易出现的风险防范，建议重点关注如下工作：人员聘任环节，在用工档案中注意妥善留存相关招录资料；劳动合同签订环节，应及时签订书面的劳动合同并交付给劳动者；劳动用工环节，需注意加班费问题；劳动合同终止环节，注意支付补偿金问题以及解除劳动合同通知的有效送达问题。

针对采用劳务派遣用工中的风险，国有林场作为用工单位，对被派遣的劳动者仍承担着一定的管理职责及义务。用工单位与用人单位因劳务派遣出现争议的，不需要先进行劳动仲裁，可直接通过诉讼解决。

针对临时性雇佣用工经常出现的法律风险，用工单位应履行管理者责任，即使将管理责任及用工风险以合同方式约定交由包工负责人承担，仍不能免除用工单位的法律责任；做好必要的用工责任风险防范工作。

（三）国有林场合同风险控制

合同在国有林场经营管理活动中有着十分重要的作用。国有林场应充分重视合同签订、合同管理以及合同纠纷等方面的问题。

在合同签订时注意内容的完备。虽然我国《民法典》规定合同的内容由当事人约定，但是应具备以下基本条款：①当事人的姓名或者名称和住所；②标的；③数量；④质量；⑤价款或者报酬；⑥履行期限、地点和方式；⑦违约责任；⑧解决争议的方法。在签订合同过程中还要遵循一定的流程：合同立项、尽职调查、草拟（审查）合同文本、合同谈判、合同的签订。针对需要走招投标程序的合同，要严格按照《中华人民共和国招投标法》规定的流程进行，即招标、投标、开标、评标、定标及订立合同等。

国有林场的合同管理主要体现在合同签订时的风险管理、合同履行的动态控制和合同变更解除的风险控制。合同签署阶段的管理，体现在要准确识别相对方的主体是否适格、合同签订人是否有授权，合同相对方是否有履约能力。充分考虑到合同履行过程中可能出现的情况，尽可能地将相关情况出现的处理方式及法律后果通过合同条款予以明确规定。国有林场要指派专门人员对合同履行情况进行动态实时监控、对合同的履行进行节点控制。一旦发现相对方有违反合同的情形，要根据《民法典》的相关规定及时主张合同权利，或采取补救措施，维护国有林场一方的合法权益。在合同履行过程中，当发生特殊情形，需要变更或解除合同时，需要依据合同的约定采取合理的措施规避和化解风险。合同补救的方法是多种多样的，主要包括签订补充协议、变更合同条款、解除合同等，这些都是履行合同阶段合同风险管理的重要内容。

合同履行发生纠纷后，如果通过协商、调解等方式不能解决，要及时向人民法院提起诉讼或者依据仲裁条款向仲裁委员会提出仲裁申请。针对对方的起诉或者仲裁请求，国有林场可以根据合同的实际履行情况积极应诉。在诉讼或仲裁前应充分全面收集合同履行过程中的有力证据。在诉讼中及时提出管辖异议、申请回避及司法鉴定等。

（四）国有林场刑事风险防控

国有林场刑事风险包括内部刑事风险和外部刑事风险，内部刑事风险主要是指国有林场或者其工作人员涉嫌的犯罪行为，包括贪污罪、受贿罪、玩忽职守罪、职务侵占罪、挪用资金罪、挪用特定款物罪、串通招投标罪等。外部刑事风险主要是指国有林场外部社会人员针对国有林场的犯罪，包括盗伐林木罪、失火罪、危害国家重点保护植物罪、危害珍贵、濒危野生动物罪、非法占用农用地、林地罪等。

为避免刑事风险的发生，可以从以下几个方面采取措施：建立国有林场廉洁风险防控机制、建立国有林场刑事风险联防联控机制、加强执法队伍建设等。

（五）处理国有林场林权纠纷中的权益保障

发生林权纠纷，应该首先向人民政府申请行政确权。单位之间发生的林木、林地所有权和使用权争议，由县级以上人民政府依法处理。个人之间、个人与单位之间发生的林木所有权和林地使用权争议，由乡镇人民政府或者县级以上人民政府依法处理。由此可见，行使权属确权职能的有关人民政府应当是处理林权争议的机关。当事人向人民政府提起林木、林地行政确权行政处理程序，应提交林木林地权属争议处理申请书，并且应该具备法定的形式要件，有明确的请求事项及事实理由。行政机关按照行政处理程序进行处理后，作出行政处理决定。当事人对有关人民政府的处理决定不服的，可以自接到处理通知之日起三十日内，向人民法院起诉。

在处理林权纠纷中充分重视以下几个方面的问题：

林权争议处理原则。尊重历史和现实情况，有利于安定团结，有利于保护、培育和合理利用森林资源，有利于国有林场生产和周边群众生活。发生争议后，如果有林权证，能够确定权属，但当事人双方对权属认定认识不一致，比较有效的解决办法是由当事人互谅互让、自行协商解决。若协商不成，向有关人民政府申请处理。

权属争议处理程序。首先，提交权属争议处理的书面申请，内容主要包括：当事人的名称（或姓名）、地址及法定代表人的姓名、职务；争议基本情况（面积、蓄积量、所在区域位置四至和附图）；争议事由（原因和时间）；当事人协商情况。其次，当事人主张及其证据（林权证、土地证等权属证明）；不能出具证据的，不影响权属争议处理机关依照规定和证据认定争议的事实。再次，权属争议处理机关先进行调解，经调解达成协议的，当事人应当在协议上签字或盖章，并由调解人员署名，加盖权属争议处理机关的印章，并报同级人民政府备案；经调解未达成协议的，权属争议处理机关应当制作处理意见书，由人民政府作出决定。处理意见书应当载明当事人的名称（或姓名）、地址及其法定代表人的姓名、职务；争议的事由。

权属争议的诉讼程序。当事人对有关人民政府作出的处理决定不服的，可以在接到通知之日起三十日内，向人民法院起诉。由此可见，由人民政府对权属争议作出处理决定，是解决权属争议的法定程序。只有当事人对人民政府作出的处理决定不服时，才可以向人民法院提起诉讼。当事人对于权属争议，不能直接向人民法院提起诉讼，也不能通过合同约定由人民法院直接解决权属争议。

权属争议林木的处置。为了保护国有林场的合法权益，确保对权属争议的妥善解决，制止滥砍滥伐行为，争议的林木、林地在争议处理过程中，应当保持现状，任何一方不得砍伐有争议的林木。一般而言，由于林权纠纷处理需要较长时间，要协调好国家、集体、个人等多方利益，因森林防火、林业有害生物防治、国家重大基础设施等需要，可以砍伐有争议的林木或改变林地现状。

需要说明的是，在解决权属争议的过程中，国有林场应注意收集与权属争议相关的证据。林权纠纷的法定证据种类包括书证、物证、视听资料、证人证言、当事人陈述、鉴定结论、勘验笔录和现场笔录等。既要从历史资料中寻找证据，也要收集现有证据，包括制作平面图、勘察图、航拍图等。

第二章
国有林场治理与合规建设

第一节　法人类型

一、关于法人的一般规定

（一）法人的概念与特征

根据《民法典》规定，法人是具有民事权利能力和民事行为能力，依法独立享有民事权利和承担民事义务的组织。简言之，法人是能够独立享有权利和承担义务的组织。法人是现代市场经济的主导者和参与者，是市场经济最为重要的组成部分。

法人的特征：

（1）法人是社会组织。法人是相对于自然人而言的，属于社会组织的一种。法律赋予该组织一种人格，又称拟制人格。法人具有法律人格后，在社会交往中作为一种独立的主体，参与社会经济活动交往。

（2）法人具有民事权利能力和民事行为能力。法人作为独立的主体，可以像自然人一样享有一定的民事权利，可以以自己的名义，通过自身的行为享有和行使民事权利，设定和承担民事义务。法人的权利能力和行为能力从法人成立时产生，到法人终止时消灭。

（3）法人依法独立享有民事权利、承担民事义务。法人依法独立享有民事权利，并且当权利受到侵犯时可以依法获得救济。同时，法人以自己的名义承担相应的义务。如果法人违反义务，由法人独立承担相应的民事责任，承担责任的范围是法人的全部财产。

（二）法人的分类

法人分为营利法人、非营利法人和特别法人，此外还有非法人组织。

（1）营利法人是指以取得利润并分配给股东等出资人为目的成立的法人。营利法人包括有限责任公司、股份有限公司和其他企业法人等。

（2）非营利法人是指为公益目的或者其他非营利目的成立，不向出资人、设立人或者会员分配所取得利润的法人。非营利法人包括事业单位、社会团体、基金会、社会服务机构等。公益性事业单位国有林场属于非营利法人。

（3）特别法人包括机关法人、农村集体经济组织法人、城镇农村的合作经济组织法人、基层群众性自治组织法人。

（4）非法人组织是不具有法人资格，但是能够依法以自己的名义从事民事活动的组织。非法人组织包括个人独资企业、合伙企业、不具有法人资格的专业服务机构等。

（三）法人成立的条件

1. 法人应当依法成立

依法成立是指法人要依照法律规定而成立。依法成立是法人获得法律人格的必要条件，只有经过依法成立的法人组织才能取得在社会活动中交往的资格，才能受到法律的保护。首先，法人的设立要合法，其设立目的、宗旨要符合国家和社会公共利益的要求，其设立方式、设立宗旨、组织机构、经营范围、经营方式等要符合法律的要求；其次，法人的成立要依照法律法规规定的条件和程序进行。

2. 法人有自己的名称、组织机构和场所

法人应该有自己的名称，名称是法人区别于其他法律主体的重要标志，法人的名称权受到法律的保护。根据国务院 1991 年通过的《企业名称登记管理规定》（2020 年 12 月 14 日修订，自 2021 年 3 月 1 日起施行），该规定第二条规定，企业名称由行政区划名称、字号、行业或者经营特点、组织形式组成。跨省、自治区、直辖市经营的企业，其名称可以不含行政区划名称；跨行业综合经营的企业，其名称可以不含行业或者经营特点。

法人是社会组织。法人的意思表示需要通过组织机构来完成，每个法人都应该有自己的组织机构。该组织机构在不同的法人有不同的架构和称谓。如有限责任公司的组织机构由董事会或执行董事、经理、监事会或监事组成。

法人还需要有自己的住所。住所地是法人的登记地、办公地。作为法人的住所，可以是自有产权，也可以是租赁办公。

3. 法人有自己的章程

章程是规定法人的组织机构、活动范围以及内部成员之间的权利义务等问题的书面文件。内容可分为绝对必要记载事项和任意记载事项。前者是指法律规定在章程中必须具备的内容，包括法人名称、住所、宗旨和经营范围、注册资金、投资者的姓名和住所、投资者的权利义务、法人的组织机构和解散条件、利润分配和亏损承担、章程的修改程序等。后者则不是由法律规定的不可缺少的事项。章程一经登记就具有法律效力，成为法人的行为准则。章程要经法人主管机关甚至有关国家机关审批才能在工商管理部门登记。

4. 法人有必要的财产或者经费

法人作为独立的民事主体需要有自己的财产和经费。这种财产和经费可以是国家拨给的，也可以是其他组织或公民个人提供的，还可以是集资得来的。但不管来自何种途径，这些财产和经费应由社会团体独立支配使用，并能以之来承担民事责任。法人以自己所有的财产和经费对外承担责任。

（四）法人的机关

1. 法定代表人

依照法律或者章程的规定，代表法人从事民事活动的负责人为法人的法定代表人。在不同的法人组织，法定代表人的称谓有所不同，如在有限责任公司，董事长、执行董事或者经理都可以担任，国有林场的法定代表人为场长，学校法人的法定代表人称为校长，等等。总的来说，法人的法定代表人，是代表法人活动的自然人。

根据《民法典》第六十二条的规定，法定代表人因执行职务造成他人损害的，由法人承担民事责任。法人承担民事责任后，依照法律或者法人章程的规定，可以向有过错的法定代表人追偿。

2. 法人代表

法人代表是比较通俗的说法。顾名思义，就是能代表法人的人。这里面既包括法定代表人，也包括特殊场合特殊情形下，法人授权法定代表人之外能够代表法人进行民事活动的人。后者可以是法定代表人之外的一般职工。在对外民事活动中，法定代表人无须授权即可代表法人，法人代表需要专门授权。

（五）法人的变更

法人的变更是指法人在性质、组织机构、经营范围、财产状况以及名称、住所等方面的重大变更。这些事项的变更，可依法人意思自主决定，法人只要做相应的变更登记，即可发生变更效力。

法人的分立或合并属于法人变更的特殊形式，因为涉及法人与相对交易人的债权债务关系的变动，为了维护交易秩序和相对人的信赖利益，法律对分立或合并后法人的债权债务转移，做了强制性规定。《民法典》第六十七条规定，法人合并的，其权利和义务由合并后的法人享有和承担。法人分立的，其权利和义务由分立后的法人享有连带债权，承担连带债务，但是债权人和债务人另有约定的除外。

（六）法人的终止

法人的终止是指法人丧失民事主体资格，不再具有民事权利能力和民事行为能力。法人终止后，其民事权利能力和民事行为能力消灭，民事主体资格丧失，不能再以法人的名义对外从事民事活动。

1. 法人终止的原因

（1）法人解散

法人终止的主要原因是法人解散。法人解散包括五种情形：法人章程规定的存续期间届满或者法人章程规定的其他解散事由出现；法人的权力机构决议解散；因法人合并或者分立需要解散；法人依法被吊销营业执照、登记证书，被责令关闭或者被撤销；法律规定的其他情形。例如成立特定法人是为完成特定的目的，当目的实现后，该法人没有必要继续存在时，法人应当解散；当已经确定目的无法实现，法人也应当解散。

（2）法人破产

法人被宣告破产的，依法进行破产清算并完成法人注销登记时，法人终止。法人在其全部资产不足以清偿到期债务时，经法人的法定代表人、主管部门或者债权人等提出申请，由人民法院宣告法人破产。法人被宣告破产后，应当由清算组依照破产清算程序，进行破产清算。清算组负责清理破产法人的财产、债权和债务，变卖法人财产清偿债务。破产法人完成清算后，应当进行法人注销登记，完成注销登记后，法人资格终止。

2. 依法完成清算

清算是指法人在终止前，应当对其财产进行清理，对债权债务关系进行了结的行为。法人清算有两种形式，一是依破产程序进行清算，二是非依破产程序进行清算。

清算的主体包括清算法人、清算组织和清算义务人。清算法人是指在清算期间的只具有部分民事权利能力的法人，不得从事与清算无关的活动。清算组织是指在法人清算中专门从事清算工作的机构，如清算委员会、清算小组等。清算义务人包括法人的董事、理事等执行机构或者决策机构的成员。清算期间法人存续，但是不得从事与清算无关的活动。法人清算后的剩余财产，按照法人章程的规定或者法人权力机构的决议处理。法律另有规定的，依照其规定。

二、非营利法人类型国有林场

（一）非营利法人的一般规定

1. 概念和特征

非营利法人是为公益目的或者其他非营利目的成立，不向出资人、设立人或者会员分配所取得利润的法人。非营利法人具有以下两个特征：

一是成立目的的非营利性。公益目的，是指法人所从事的活动属于社会公益事业。根据《公益事业捐赠法》第三条的规定，公益事业是指非营利的下列事项：①救助灾害、救济贫困、扶助残疾人等困难的社会群体和个人的活动；②教育、科学、文化、卫生、体育事业；③环境保护、社会公共设施建设；④促进社会发展和进步的其他社会公共和福利事业。为了从事或完成上述活动的法人均为非营利法人。除了公益目的外，为其他非营利目的而成立法人也属于非营利法人。比如行业协会，属于同一行业的企业自我协调、自我监督、自我保护的自律性组织，也属于非营利法人。

二是不分配利润。非营利法人虽然从事经营活动，也能取得利润，比如国有林场开展经营活动取得的收入，医院从事医疗活动取得的治疗费、学校开展教育活动取得的学费，行业协会收取会员的会费、基金会利用基金进行投资获得的利润等。但非营利法人取得的利润不向出资人、设立人或者成员（会员）进行分配。

2. 非营利法人的分类

（1）事业单位

事业单位是指国家为了社会公益目的，由国家机关举办或者其他组织利用国有资产举办的，从事教育、科技、文化、卫生等活动的社会服务组织。如政府开办的学校、医院、科研院所等。根据《中共中央 国务院关于分类推进事业单位改革的指导意见》精神，按照社会功能，现有事业单位可划分为承担行政职能、从事生产经营活动和从事公益服务三个类别。第一类是承担行政职能的事业单位，即承担行政决策、行政执行、行政监督等职能的事业单位。认定行政职能的主要依据是国家有关法律法规和中央有关政策规定，这类单位逐步将行政职能划归行政机构，或转为行政机构，今后，不再批准设立承担行政职能的事业单位。第二类是从事生产经营活动的事业单位，即所提供的产品或服务可以由市场配置资源、不承担公益服务职责的事业单位。这类单位要逐步转为企业或撤销。第三类是从事公益服务的事业单位，即面向社会提供公益服务和为机关行使职能提供支持保障的事业单位。其中，公益一类事业单位是指承担义务教育、基础性科研、公共文化、公共卫生及基层的基本医疗服务等基本公益服务，不能或不宜由市场配置资源的事业单位。公益一类事业单位不得从事经营活动。公益二类事业单位是指承担高等教育、非营利医疗等公益服务，可部分由市场配置资源的事业单位。公益二类事业单位在确保公益目标的前提下，可依据相关法律法规提供与主业相关的服务。

（2）社会团体

社会团体是指中国公民自愿组成，为实现会员共同意愿，按照其章程开展活动的非营利性社会组织，包括行业协会，以及科技、文化、艺术、慈善事业等社会群众团体。成立社会团体，应当经其业务主管单位审查同意，并依照《社会团体登记管理条例》的规定进行登记。

（3）基金会

基金会是指利用自然人、法人或者其他组织捐赠的财产，以从事公益事业为目的，依法成立的非营利性法人。基金会分为面向公众募捐的基金会和不得面向公众募捐的基金会。面向公众募捐的基金会，即公募基金会按照募捐的地域范围，分为全国性公募基金会和地方性公募基金会。根据《基金会管理条例》的规定，基金会应当在民政部门登记，就其性质而言是一种民间非营利组织。

（4）社会服务机构

社会服务机构，也称为民办非企业单位，是指自然人、法人或者其他组织为了提供社会服务，利用非国有资产设立的非营利性法人，如民办非营利学校、民办非营利医院等。《中华人民共和国民办教育促进法》规定，民办学校的举办者可以自主选择设立非营利性或者营利性民办学校，非营利性民办学校的举办者不得取得办学收益，学校的办学结余全部用于办学，非营利性民办学校即为非营利法人。成立社会服务机构，应当经其业务主管单位审查同意，并依法进行登记。社会服务机构不得从事营利性经营活动。

（二）事业单位国有林场法人特征

根据国家林业和草原局 2021 年 10 月 9 日发布的《国有林场管理办法》第二条规定，国有林场是指依法设立的从事森林资源保护、培育、利用的具有独立法人资格的公益性事业、企业单位。该规定表明了国有林场的法人资格属性，即国有林场是具有独立民事权利能力、民事行为能力的法人组织，国有林场分公益性事业单位和企业，即非营利法人类型国有林场和营利法人类型林场。《国有林场改革方案》明确界定国有林场生态责任和保护方式，将国有林场主要功能明确定位于保护培育森林资源、维护国家生态安全；合理界定国有林场属性，原为事业单位的国有林场，主要承担保护和培育森林资源等生态公益服务职责的，继续按从事公益服务事业单位管理，从严控制事业编制。这些非营利法人类型国有林场具有以下法律特征。

1. 具有独立法人资格的事业单位

国有林场依法成立，有自己的名称，有自己的组织机构和财产，能够以自己的名义开展民事活动，具有民事权利能力和民事行为能力，能够以自己的财产履行义务和承担责任。《国有林场改革方案》强调，林业行政主管部门要加快职能转变，创新管理方式，减少对国有林场的微观管理和直接管理，加强发展战略、规划、政策、标准等制定和实施，落实国有林场法人自主权。

2. 以公益为目的成立

2015年，中共中央、国务院印发的《国有林场改革方案》提出，"推动林业发展模式由木材生产为主转变为生态修复和建设为主、由利用森林获取经济利益为主转变为保护森林提供生态服务为主，建立有利于保护和发展森林资源、有利于改善生态和民生、有利于增强林业发展活力的国有林场新体制"，"将国有林场主要功能明确定位于保护培育森林资源、维护国家生态安全。"《国有林场管理办法》第二条明确规定了国有林场成立的目的，即从事森林资源保护、培育、利用。这一目的决定了国有林场的公益目的性，就是不以营利为目的。从历史上看，国有林场的功能和定位是有一定的发展变化的。

3. 国有林场的财产或者经费来源于国家财政拨款

《国有林场改革方案》规定，各级政府将国有林场基础设施建设纳入同级政府建设计划，按照支出责任和财务隶属关系，在现有专项资金渠道内，加大对林场供电、饮水安全、森林防火、管护站点用房、有害生物防治等基础设施建设的投入，将国有林场道路按属性纳入相关公路网规划。加快国有林场电网改造升级。《国有林场管理办法》第三十四条规定，国有林场经营管理范围内的道路、供电、供水、通讯、管护用房等基础设施和配套服务设施等，应当纳入同级人民政府国民经济和社会发展规划。

4. 国有林场不向设立人进行利润分配

作为公益性事业法人的国有林场，有的被划分为公益一类事业单位，有的被划分为公益二类事业单位。被列为公益一类事业单位的国有林场不从事经营性活动，林场的经费来源于财政拨款，因而不存在利润分配。被列为公益二类事业单位的国有林场，根据国家确定的公益目标，自主开展相关业务活动，并依法取得服务收入，其服务价格执行政府定价或政府指导价。在国有林场从事的经营活动要实行市场化运作，对商品林采伐、林业特色产业和森林旅游等暂不能分开的经营活动，服务收入和经营收入属于政府非税收入的按规定纳入财政管理，实行"收支两条线"，公益事业发展所需经费由财政根据不同情况予以相应补助。

三、营利法人类型国有林场

（一）营利法人的概念和特征

营利法人是指以取得利润并分配给股东等出资人为目的成立的法人，包括有限责任公司、股份有限公司和其他企业法人等。营利法人具有以下特征。

1. 以营利为目的

依法开展经营活动，营利法人只有通过经营才能营利，经营是手段，营利是目的。营利法人的经营是持续性的，而不是一时性。只有通过持续不断的经营活动，其营利目的才能得到实

现。营利法人以将其所获利润分配给股东等出资者为目的。

2. 必须具有独立财产

营利法人的开办人需为营利法人提供开办资金，对于股份制公司来说需要有注册资本，对于非公司制企业来说需要开办资金。一旦出资到位后，营利法人的财产是与其出资者的财产彼此分离的。营利法人的独立财产是其独立进行生产经营和独立承担民事责任的基础。

3. 依核准登记程序成立

营利法人是生产经营活动的主要参与者，为了规范经济秩序，其成立必须经过核准登记。如果是公司，需要按照《公司登记管理条例》进行登记，如果是非公司制企业，要按照《企业法人登记管理条例》进行登记。

（二）营利法人类型国有林场的特征

《国有林场改革方案》明确了营利法人类型国有林场的性质，"基本不承担保护和培育森林资源，主要从事市场化经营的，要推进转企改制，暂不具备转企改制条件的，要剥离企业经营性业务。目前已经转制为企业性质的国有林场，原则上保持企业性质不变，通过政府购买服务实现公益林管护，或者结合国有企业改革探索转型为公益性企业，确有特殊情况的，可以由地方政府根据本地实际合理确定其属性。鼓励优强林业企业参与兼并重组，通过规模化经营、市场化运作，切实提高企业性质国有林场的运营效率。"营利法人类型的国有林场具有以下法律特征。

1. 以营利性为目的，兼顾公益责任

营利法人国有林场是以营利为目的设立的。这类国有林场基于良好的资源优势和环境优势，在全国国有林场改革之前就已开展多种经营，在市场上具有良好的竞争力。改革后，进一步建立完善了现代化的企业管理制度，按照公司化运营。但是基于国有林场的本身属性，即使是营利法人，如果其经营范围内有国家或省级公益林，对于该部分仍应该执行国家公益林管护的政策，通过政府购买服务实现公益林管护，由中央财政和地方财政按照公益林核定等级安排管护资金。

2. 管理企业化

按照企业的管理方式建立完善法人治理结构。营利法人应按照法律的规定设立权力结构、执行机构和监督机构。权力机构行使修改法人章程、选举或更换执行机构、监督机构成员，以及法人章程规定的其他职权；执行机构行使召集权力机构会议，决定法人的经营计划和投资方案，决定法人内部管理机构的设置，以及法人章程规定的其他职权；监督机构旨在加强对法人执行机构的监督，防止公司执行机构滥用权力，维护法人和股东的财产安全，是加强法人内部治理的重要机制。

3. 经过企业法人登记

国有林场依据性质的差异履行不同的登记程序。非营利国有林场按照《事业单位登记管理暂行条例》的规定，在县级以上人民政府机构编制管理机关所属的事业单位登记管理机构进行登记，而营利法人类型国有林场则依据《公司法》《公司登记管理条例》或者《企业法人登记管理条例》的规定，在县级以上人民政府的市场监管部门进行登记，领取《企业法人营业执照》，未经登记的不得开展经营活动。

第二节　法人治理

当前，我国各类企业都在积极探索、研究、引进现代企业法人治理制度，总结法人治理经验，国家政策鼓励不断提升法人治理水平。国有林场作为加快森林资源保护、培育和改善生态环境，在无林、少林、荒山和荒地集中连片的地区，建立的以造林为主的林业基层公益性事业、企业单位，在法人治理领域也应与时俱进，不断提升国有林场法人治理水平。

一、非营利性国有林场法人治理

（一）目标与内容

非营利性国有林场法人治理的目标，应当充分体现并建立以公益目标为导向、内部激励机制完善、外部监管制度健全的治理结构和运行机制，在法人治理中践行实事求是、依法创新、规范操作的工作原则。

非营利性国有林场法人治理的内容，主要包括动态的和静态的法人治理制度建设两大方面。非营利性国有林场的决策层及其领导下的管理层建设，是非营利性国有林场法人治理结构的主要架构。而建立、健全决策监督机构，是非营利性国有林场法人治理的主要内容。

（二）应注意的问题

1. 继续完善现行管理模式

对于时机不成熟、条件不具备、历史遗留问题多，不宜建立法人治理结构的非营利性国有林场，要继续完善现行管理模式。我国国有林场现行管理模式实行的是岗位管理制度。根据国家林业和草原局《国有林场管理办法》、人力资源和社会保障部、国家林业局《关于国有林场岗位设置管理的指导意见》等有关规定，国有林场设置管理岗位、专业技术岗位、工勤技能岗位三类工作岗位。国有林场管理岗位指担负国有林场领导职责或管理任务的工作岗位。其中，国有林场管理岗位的设置，要适应增强国有林场运转效能、提高工作效率、提升管理水平的需要。专业技术岗位指主要从事森林培育、保护和利用等专业技术工作，具有相应专业技术水平和能力要求的工作岗位。专业技术岗位的设置要符合国有林场工作特点和事业发展的需要。国有林场工勤技能岗位指主要从事森林管护等林业技能操作和维护、后勤保障、服务等职责的工作岗位。工勤技能岗位的设置要适应森林资源管护以及提高操作维护技能、提升服务水平的要求，满足国有林场工作的实际需要。国有林场现行法人治理中，应积极探索国有林场后勤服务社会化改革，已经实现社会化服务的一般性劳务工作，不再设置相应的工勤技能岗位。

2. 建立健全决策监督机构

对有条件的非营利性国有林场，法人治理的主要内容是建立、健全国有林场决策、监督机构。非营利性国有林场决策监督机构的主要组织形式，可以是理事会，也可探索董事会、管委会等多种形式。理事会作为事业单位国有林场的决策和监督机构，依照法律法规、国家有关政策和本单位章程开展工作，接受政府或业务主管部门的监管和社会监督。

（1）国有林场理事会组成

国有林场理事会一般由政府有关部门、主管单位、服务对象和其他有关方面的代表组成。直接关系人民群众切身利益的事业单位国有林场，本单位以外人员担任的理事要占多数。根据事业单位的规模、职责任务和服务对象等特点，兼顾代表性和效率，合理确定理事会的构成和规模。结合理事所代表的不同方面，采取相应的理事产生方式，代表政府部门或相关组织的理事一般由政府部门或相关组织委派，代表服务对象和其他利益相关方的理事原则上推选产生，事业单位国有林场行政负责人及其他有关职位的负责人可以确定为理事。

（2）明确理事会职责

国有林场理事会负责本单位的发展规划、财务预决算、重大业务、章程拟订和修订等决策事项，按照有关规定履行人事管理方面的职责，并监督本单位的运行。

（3）明确管理层权责

国有林场管理层作为理事会的执行机构，由事业单位国有林场行政负责人及其他主要管理人员组成。国有林场管理层对理事会负责，按照理事会决议履行日常业务管理、财务资产管理和一般工作人员管理等职责，定期向理事会报告工作。事业单位行政负责人由理事会任命或提名，并按照人事管理权限报有关部门备案或批准。事业单位其他主要管理人员的任命和提名，根据不同情况可以采取不同的方式。

（4）完善国有林场章程

国有林场章程是法人治理结构的制度载体和理事会、管理层的运行规则，也是有关部门对事业单位进行监管的重要依据。事业单位章程的修订完善，应当明确理事会和管理层的关系，包括理事会的职责、构成、会议制度，理事的产生方式和任期，管理层的职责和产生方式等。公益性事业国有林场的章程草案由理事会通过，并经主管单位同意后，报登记管理机关核准备案。

国有林场如设立监事会的，监事会中应有职工代表，职工代表的比例不得低于1/3，由事业单位职工通过职工（代表）大会或者其他形式民主选举产生。

国有林场议事规则与工作制度，是国有林场章程的操作细则。根据国有林场的实际情况，林场在法人制度建设中，需要建立健全理事会议事规则、管理层工作制度等法人制度。

探索建立理事会并将其作为国有林场决策监督机构的国有林场，应将有关设立理事会的改革文件及新的国有林场章程、相关资料向业务主管部门及有关政府报批，取得上级有关部门的批准后方可实施，并将实施情况报有关主管部门备案。

（三）制度建设

国有林场法人治理制度建设，主要包括但不限于企业劳动人事用工管理制度、档案管理制度等规范性制度建设等。

1.国有林场劳动用工制度

（1）聘用制度

基于大部分国有林场公益事业单位的属性，国有林场实行聘用（合同）与任命相结合的人事管理制度。即一部分面向社会公开招聘或者事业单位内部产生岗位人选，一部分来源于国家政策性人员安置，以及按照人事管理权限由上级任命、指派等。

对于实行企业化管理的国有林场，则由国有林场自主招聘工作人员。

（2）岗位管理制度

国有林场应当按照《关于国有林场岗位设置管理的指导意见》要求，科学合理设置管理、专业技术、林业技能、工勤技能等岗位，制定岗位工作职责和管理措施。

（3）绩效考核制度

国有林场应当建立职工绩效考核结果与薪酬分配挂钩制度，探索经营收入、社会服务收入在扣除成本和按规定提取各项基金后用于职工奖励的措施。

根据国家林业和草原局、人力资源和社会保障部制定的《国有林场职工绩效考核办法》，国有林场应成立职工绩效考核领导小组，负责组织实施职工绩效考核。职工绩效考核采取平时考核和年度考核相结合的方式进行，权重分别为 0.4、0.6。

职工绩效考核结果分为优秀、合格、基本合格和不合格 4 个档次，考核结果将作为晋升薪级工资、发放绩效工资以及续订聘用合同的依据。优秀档次应当按照有关规定正常晋升薪级工资、享受绩效工资，优先推荐参加各种评优评先活动，连续达到 3 次以上的，优先晋升岗位等级。合格档次应当按照有关规定正常晋升薪级工资、享受绩效工资。基本合格档次薪级工资不予晋升，2 年内不得晋升岗位等级，适当扣减绩效工资，连续 2 年被确定为基本合格档次的，降低岗位等级。不合格档次的薪级工资不予晋升，降低岗位等级，适当扣减绩效工资，进行批评教育，所在的工作班组不得评优评先，连续 2 年考核不合格的，可以按照有关规定解除聘用合同。

职工绩效考核结果应当在国有林场范围内公开，接受职工和社会监督。职工对涉及本人的绩效考核结果有异议的，可以按照有关规定向考核领导小组申请复核。若对复核意见不服，可以向国有林场主管部门提出申诉。

国有林场领导班子成员的绩效考核，按照干部人事管理权限，由国有林场主管部门参照该办法组织实施。国有林场临时聘用人员参照该办法执行。企业性质国有林场可选择参照该办法执行。

2. 国有林场档案管理制度

档案管理制度是国有林场管理的一项重要内容。国家林业和草原局、国家档案局于 2021 年 1 月 11 日联合印发了《国有林场档案管理办法》。国有林场应当完善综合管理类、森林资源类和森林经营类等档案材料，确保国有林场档案真实、完整、规范、安全。

（1）档案管理的原则及内容

档案管理的原则是统一领导、分级管理、集中保管。档案管理的工作包括：国有林场档案的收集、整理、保管、鉴定、编研、利用等各项业务工作。

（2）档案管理职责

国有林场档案机构和档案工作人员应当履行下列职责：①贯彻执行档案工作的法律法规、制度、标准，建立健全本单位档案工作管理制度并严格落实；②按照有关规范和标准，对本单位档案进行收集、整理、保管、鉴定、编目、统计，依法提供档案利用服务；③编制各类档案检索工具，开展档案信息化建设，做好档案数字化和电子档案管理；④采取档案保护技术措施，确保档案实体和信息安全；⑤对已达到保管期限的档案及时进行鉴定，按规定销毁已无保存价值的档案；⑥按照有关规定和要求做好档案移交工作。

（3）档案归档要求、整理标准

所有归档文件材料均应是原件，保证组件齐全、图文清晰、签章完备、标识完整；对于无法获取原件而只能用复印件或复制件归档的，规定要标明原件所在位置，并加盖档案证明章。

文件材料主要分为林场综合管理类、林场森林资源类、林场森林经营类三大类，综合管理类按照《文书档案案卷格式》和《归档文件整理规则》要求，以件为单位，在次年上半年完成上一年度文件材料的归档工作，一般按照"年度—机构（问题）—保管期限"进行整理。森林资源类和森林经营类均应按照科技档案管理要求，以卷为单位进行管理，在整理过程中要注意保持归档文件材料的成套性、完整性。其中，建设项目、林业科研档案一般按照"建设项目（科研项目）—年度或实施阶段（研究阶段）"进行分类整理。国有林场档案中的会计、照片、录音录像、实物等要符合《会计档案管理办法》《照片档案管理规范》《数码照片归档与管理规范》《录音录像档案管理规范》等对应门类的档案管理规定。电子文件按照《电子文件归档与电子档案管理规范》进行整理归档。

各类档案具体保管期限可参照《国有林场文件材料归档范围和档案保管期限表》确定。

（4）保管条件与档案信息化

国有林场应当设置专用档案库房集中保管档案，并配备相应设施设备确保档案安全。有条件的国有林场要实行档案库房、阅览室和档案工作人员办公用房三分开。档案管理人员要定期对纸质档案、电子档案进行保管状况检查，并形成安全检查记录。

国有林场应积极支持和加强档案信息化建设，配备能够满足电子档案管理需求的设施设备和技术力量，确保电子档案管理安全。有条件的国有林场应及时开展档案数字化、电子档案管理系统开发应用等信息化工作。

二、营利性国有林场法人治理

营利性国有林场的法人治理，应当充分体现"以公益目标为导向、以保护股东利益为基本价值取向"的公司治理理念，要理顺投资人与公司制国有林场之间的关系，根据本企业的文化背景、整体发展规划、股东需求、管理层与职工构成、企业所在地及所在产业的实际状况开展法人治理，在实事求是的基础上依法创新，同时加强公司治理制度建设。

（一）主要目标

一是要保障营利性国有林场的规范发展和防止公司僵局的出现；

二是要确保国有股东代表、管理层、职工及其他相关人员，按公司法的规定和市场经济的要求，理解与完善公司治理；

三是要确保控股与非控股股东的权利和利益达到有效平衡，在公司法框架下股东权益均得以有效保护，实现股东价值和长期投资回报最大化，增强投资者的信心；

四是要规范股东、董事、经理、监事、职工、债权人等公司参与各方的权利和义务，降低公司运作成本；

五是要建立风险管理的总体框架，在公司治理层面对公司的组织、资源、资产、投资和运作进行有效控制，对管理层、骨干职工的活动和业绩进行监督和保持必要的激励，提高公司整体运作效率。

（二）基本原则

1. 平衡发展原则

要根据国有林场的实际需求进行法人治理设计，在法律框架下，平衡国有林场参与各方的利益，保障国有林场稳定发展。

2. 有效沟通原则

要明确股东、董事、经理和监事的职责划分，公平对待所有股东，强化董事与股东之间的有效沟通机制。

3. 避免内部人控制原则

要强化单个董事及整个董事会的责任，包括完善董事会的结构与决策程序，确保董事会对国有林场的战略性指导和对管理人员的有效监督，并确保董事会对国有林场和股东会负责，使董事会的决策和运作真正符合全体股东的根本利益，避免内部人控制或大股东操纵。

4. 各司其职原则

要保持董事会应有的独立性，并可根据国有林场实际需要设计董事会下属各专业委员会，并明确其职责。

5. 激励原则

要强化对管理层、职工的业绩和行为的监督与考核机制，有效运用薪酬设计激发个人潜能，促进企业的长远发展。

（三）基本内容

根据国务院办公厅《关于进一步完善国有企业法人治理结构的指导意见》，营利性国有林场在法人治理中，可以参照该指导意见，着重健全以国有林场章程为核心的企业制度体系，充分发挥国有林场章程在企业治理中的基础作用，依照法律法规和国有林场章程，严格规范履行出资人职责的机构（以下简称出资人机构）、股东会（包括股东大会，下同）、董事会、经理层、监事会、党组织和职工代表大会的权责，强化权利责任对等，保障有效履职，完善符合市场经济规律和我国国情的国有企业法人治理结构，进一步提升国有林场运行效率。该指导意见为营利性国有林场法人治理指明了改革的方向。法人治理的基本内容包括以下几个方面：

1. 理顺出资人职责，转变监管方式

（1）股东会是营利性国有林场的权力机构。股东会主要依据法律法规和公司章程，通过委派或更换董事、监事（不含职工代表），审核批准董事会、监事会年度工作报告，批准公司财务预决算、利润分配方案等方式，对董事会、监事会以及董事、监事的履职情况进行评价和监督。出资人机构根据本级人民政府授权对国家出资企业依法享有股东权利。

（2）营利性国有独资林场不设股东会，由出资人机构依法行使股东会职权。出资人机构重点管好国有资本布局、规范资本运作、强化资本约束、提高资本回报、维护资本安全。对国有全资公司、国有控股企业，出资人机构主要依据股权份额通过参加股东会议、审核需由股东决定的事项、与其他股东协商作出决议等方式履行职责，除法律法规或公司章程另有规定外，不得干预企业自主经营活动。

（3）出资人机构依据法律法规和公司章程规定行使股东权利、履行股东义务，有关监管内

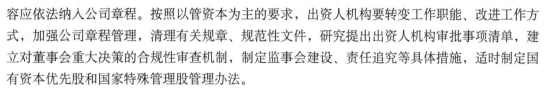

容应依法纳入公司章程。按照以管资本为主的要求，出资人机构要转变工作职能、改进工作方式，加强公司章程管理，清理有关规章、规范性文件，研究提出出资人机构审批事项清单，建立对董事会重大决策的合规性审查机制，制定监事会建设、责任追究等具体措施，适时制定国有资本优先股和国家特殊管理股管理办法。

2. 加强董事会建设，落实董事会职权

（1）发挥董事会的决策作用

董事会是营利性国有林场的决策机构，要对股东会负责，执行股东会决定，依照法定程序和国有林场章程授权决定国有林场重大事项，接受股东会、监事会监督，认真履行决策把关、内部管理、防范风险、深化改革等职责。国有林场要依法落实和维护董事会行使重大决策、选人用人、薪酬分配等权利，增强董事会的独立性和权威性，落实董事会年度工作报告制度；董事会应与党组织充分沟通，有序开展国有林场董事会选聘经理层试点，加强对经理层的管理和监督。

（2）优化董事会组成结构

国有林场的董事长、总经理原则上分设，应均为内部执行董事，定期向董事会报告工作。国有林场的董事长作为企业法定代表人，对企业改革发展负首要责任，要及时向董事会和国有股东报告重大经营问题和经营风险。国有独资公司的董事对出资人机构负责，接受出资人机构指导，其中外部董事人选由出资人机构提名，并按照法定程序任命。国有全资公司、国有控股企业的董事由相关股东依据股权份额推荐派出，由股东会选举或更换，国有股东派出的董事要积极维护国有资本权益；国有林场的外部董事人选由控股股东推荐，由股东会选举或更换；国有控股企业应有一定比例的外部董事，由股东会选举或更换。

（3）规范董事会议事规则

董事会要严格实行集体审议、独立表决、个人负责的决策制度，平等充分发表意见，一人一票表决，建立规范透明的重大事项信息公开和对外披露制度，保障董事会会议记录和提案资料的完整性，建立董事会决议跟踪落实及后评估制度，做好与其他治理主体的联系沟通。董事会应当设立提名委员会、薪酬与考核委员会、审计委员会等专门委员会，为董事会决策提供咨询，其中薪酬与考核委员会、审计委员会应由外部董事组成。改进董事会和董事评价办法，完善年度和任期考核制度，逐步形成符合企业特点的考核评价体系及激励机制。

（4）加强董事队伍建设

开展董事任前和任期培训，做好董事派出和任期管理工作。建立完善外部董事选聘和管理制度，严格资格认定和考试考察程序，拓宽外部董事来源渠道，扩大专职外部董事队伍，选聘一批现职国有企业负责人转任专职外部董事，定期报告外部董事履职情况。国有独资国有林场要健全外部董事召集人制度，召集人由外部董事定期推选产生。外部董事要与出资人机构加强沟通。

3. 维护国有林场的经营自主权，激发经理层活力

（1）经理层是营利性国有林场的执行机构，依法由董事会聘任或解聘，接受董事会管理和监事会监督。总经理对董事会负责，依法行使管理生产经营、组织实施董事会决议等职权，向董事会报告工作，董事会闭会期间向董事长报告工作。

（2）建立规范的经理层授权管理制度，对经理层成员实行与选任方式相匹配、与企业功能性质相适应、与经营业绩相挂钩的差异化薪酬分配制度。国有独资国有林场经理层逐步实行任期制和契约化管理。根据企业产权结构、市场化程度等不同情况，有序推进职业经理人制度建设，逐步扩大职业经理人队伍，有序实行市场化薪酬，探索完善中长期激励机制，研究出台相关指导意见。国有独资国有林场要积极探索推行职业经理人制度，实行内部培养和外部引进相结合，畅通企业经理层成员与职业经理人的身份转换通道。

4. 发挥监督作用，完善问责机制

（1）监事会是公司制国有林场的监督机构，依照有关法律法规和国有林场章程设立，对董事会、经理层成员的职务行为进行监督。要提高专职监事比例，增强监事会的独立性和权威性。对国有资产监管机构所出资企业依法实行外派监事会制度。外派监事会由政府派出，负责检查企业财务，监督企业重大决策和关键环节以及董事会、经理层履职情况，不参与、不干预企业经营管理活动。

（2）健全以职工代表大会为基本形式的企业民主管理制度，支持和保证职工代表大会依法行使职权，加强职工民主管理与监督，维护职工合法权益。国有独资、全资公司的董事会、监事会中须有职工董事和职工监事。建立国有企业重大事项信息公开和对外披露制度。

（3）强化责任意识，明确权责边界，建立与治理主体履职相适应的责任追究制度。董事、监事、经理层成员应当遵守法律法规和国有林场章程，对国有林场负有忠实义务和勤勉义务。董事应当出席董事会会议，对董事会决议承担责任；董事会决议违反法律法规或国有林场章程、股东会决议，致使国有林场遭受严重损失的，应依法追究有关董事责任。经理层成员违反法律法规或国有林场章程，致使国有林场遭受损失的，应依法追究有关经理层成员责任。执行董事和经理层成员未及时向董事会或国有股东报告重大经营问题和经营风险的，应依法追究相关人员责任。企业党组织成员履职过程中有重大失误和失职、渎职行为的，应按照党组织有关规定严格追究责任。按照"三个区分开来"的要求，建立必要的改革容错纠错机制，激励企业领导人员干事创业。

第三节　合规建设

合规是为应对企业风险而建立起来的防控体系。国务院国有资产监督管理委员会《中央企业合规管理办法》（2022 年 10 月 1 日实施，以下简称《办法》）规定的企业合规，是指企业及其员工的经营管理行为符合法律法规、党内法规、监管规定、行业准则和国际条约、规则、标准，以及企业章程、规章制度等要求。合规风险，是指企业及其员工因不合规行为，引发法律责任、受到相关处罚、造成经济或声誉损失以及其他负面影响的可能性及其后果。合规管理，是指以有效防控合规风险为目的，以提升依法合规经营管理水平为导向，以企业和员工经营管理行为为对象，开展包括制度制定、风险识别处置、合法合规性审查、合规风险应对、合规报告、合规评价、违规责任追究、合规培训等有组织、有计划的管理活动。

一、企事业单位合规建设模式

我国企事业单位初步形成了两种合规建设模式，一是日常性合规建设；二是应对危机的合规建设。

（一）日常性合规建设

日常性合规建设，是在没有外部监管压力，为了加强自我管理、提升企业层次的内在需要的动力下进行的合规建设所建立起来的内部治理体系，具有四个特征：一是以防控合规风险为目的的法人治理体系；二是为预防特定合规风险而建立起来的专项合规管理体系；三是需要融入法人治理体系中，成为法人治理结构的组成部分；四是能够在防范合规风险方面发挥有效作用。

合规建设主要包括以下内容：

1. 合规章程

这是宣示性规范，包括合规理念、基本原则、管理体系架构，相当于合规制度"总则性规定"。

2. 合规政策与员工手册

属于实体规范、行为规范，相当于"行为法"。

3. 合规组织体系

规定机构设置、人员组成等，相当于"组织法"。

4. 合规流程

规定防范、识别、应对合规风险的程序，相当于"程序法"。

从以上制度内容来看，日常性合规建设存在以下几方面的局限性：一是其应对的是可能的、潜在的、假想的风险，虽大而全，但是没有经历过"血与火的考验"；二是对于解决企业在"野蛮生长"中形成的积重难返的真正问题，难以彻底铲除；三是当合规管理与企业"追求利益最大化"的本性发生抵触时，难以得到坚决地贯彻执行；四是由于缺乏执法检查、行政处罚、司法追诉等外部压力，各项合规制度容易沦落为纸面上的东西，不能有效发挥作用，甚至形同虚设。

（二）应对危机的合规建设

行政执法部门、司法机关（包括国际组织和外国的执法、司法机关）对于那些已经出现违法、犯罪的企业，责令其建立、完善、执行合规管理体系，对于那些通过了整改考察、验收的企业（及其成员，下同），予以从轻、减轻、免除处罚、不起诉等处理。这是十分有效的激励机制，没有外部激励，或者说没有处罚的压力，很少有企业能够真正建立起行之有效的合规管理体系。从企业角度看，这是一种应对危机的合规建设。

二、建立国有林场合规建设中的防线

国有林场要建立完善的合规组织体系，明确党委（党组）、管理层（如董事会）、经理层的职责，将主要负责人作为合规建设的第一责任人，设立合规委员会和首席合规官，打造三道防线。

（一）第一道防线

国有林场各业务部门是合规管理责任主体，负责日常相关工作，其履行的职责是合规建设的"第一道防线"。主要包括：①按照合规要求完善本领域业务管理制度和流程，制定本领域合规管理指引及有关清单；②开展本领域合规风险识别和隐患排查，及时发布合规预警；③对本领域内制度、文件、合同及经营管理行为等进行合法合规性审查；④及时向合规管理牵头部门通报风险事项，组织或配合开展合规风险事件应对处置；⑤做好本领域合规培训和商业伙伴合规调查等工作；⑥组织或配合进行本领域合规评估、违规问题调查并及时整改；⑦向合规管理牵头部门报送本领域合规管理年度计划、工作总结；⑧国有林场章程等规定的其他职责。

国有林场业务部门应当设置合规管理员，由部门负责人兼任，负责本部门合规风险识别、评估、处置等工作，接受合规管理牵头部门业务指导和培训。

（二）第二道防线

国有林场合规管理牵头部门组织开展的日常工作，是合规建设的"第二道防线"。主要包括：①起草合规管理年度计划及工作报告、基本制度和具体制度规定等；②参与国有林场重大事项合法合规性审查，提出意见和建议；③组织开展合规风险识别和预警，组织做好重大合规风险应对；④组织开展合规评价与考核，督促违规行为整改和持续改进；⑤指导相关部门和分场合规管理工作；⑥受理职责范围内的违规举报，组织或参与对违规事件的调查，并提出处理建议；⑦组织或协助业务部门、人事部门开展合规培训；⑧国有林场章程等规定的其他职责。

合规管理牵头部门应当配备与企业经营规模、业务范围、风险水平相适应的专职人员，持续加强业务培训，不断提升合规管理队伍专业化水平。

（三）第三道防线

纪检监察机构和审计、巡视等部门在职权范围内履行"第三道防线"的职责。主要包括：①对国有林场的经营管理行为进行监督，为违规行为提出整改意见；②会同合规管理牵头部门、相关业务部门对合规管理工作开展全面检查或专项检查；③对国有林场和相关部门整改落实情况进行监督检查；④在职责范围内对违规事件进行调查，并结合违规事实、造成损失等追究相关部门和人员责任；⑤对完善国有林场合规管理体系提出意见和建议；⑥国有林场章程等规定的其他职责。

值得注意的是，企业法务部门、法律顾问面对的是一般的、常规的法律风险，其主要在咨询服务、合同管理、知识产权保护、劳动争议、民商事诉讼等传统法律服务领域发挥作用。而企业合规不是一般意义上的"法律风险防控"，应对的是企业系统性、战略性、影响企业生死存亡的重大合规风险。除了前面介绍的"日常性合规建设"与法务部门、法律顾问的工作比较接近以外，在专门针对行政机关处罚风险，刑事追诉风险和国际制裁风险建立起来的合规管理体系方面，合规工作人员发挥着独特的、不可替代的作用。

三、国有林场合规建设的主要内容

2018年11月2日，国务院国有资产监督管理委员会（以下简称"国务院国资委"）印发了《中央企业合规管理指引（试行）》（以下简称《指引》），可以作为国有林场进行合规建设的指南及参考。结合《指引》有关规定，国有林场在单位合规建设上，可以考虑从以下几个方面开展单位合规建设。

（一）明确合规管理职责

国有林场在单位合规建设中，应分别明确决策监督、管理、专业技术、工勤技能等岗位的合规管理职责。国有林场可以设立合规委员会，与国有林场法治建设领导小组或风险控制委员会等合署，承担合规管理的组织领导和统筹协调工作，定期召开会议，研究决定国有林场合规管理重大事项或提出意见建议，指导、监督和评价合规管理工作。

（二）做好日常合规工作

国有林场各业务部门负责本领域的日常合规管理工作，按照合规要求完善业务管理制度和流程，主动开展合规风险识别和隐患排查，发布合规预警，组织合规审查，及时向合规管理牵头部门通报风险事项，妥善应对合规风险事件，做好本领域合规培训和商业伙伴合规调查等工作，组织或配合进行违规问题调查并及时整改。监察、审计、法律、内控、风险管理、安全生产、质量环保等相关部门，在职权范围内履行合规管理职责。

（三）加强重点领域合规管理

国有林场可以根据外部环境变化，结合自身实际，在全面推进合规管理的基础上，突出重点领域、重点环节和重点人员，切实防范合规风险。国有林场需加强市场交易、安全环保、产品质量、劳动用工、财务税收、知识产权、商业伙伴及其他需要关注的重点领域的合规管理，加强在制度制定环节、经营决策环节、生产运营环节及其他需要重点关注环节的合规管理，加强对管理人员、重要风险岗位人员、海外人员及其他需要重点关注的人员等的合规管理。

（四）建立健全合规管理制度

国有林场在合规管理运行方面，需要建立健全合规管理制度，制定全员普遍遵守的合规行为规范，针对重点领域制定专项合规管理制度，并根据法律法规变化和监管动态，及时将外部有关合规要求转化为内部规章制度；建立合规风险识别预警机制，全面系统梳理经营管理活动中存在的合规风险，对风险发生的可能性、影响程度、潜在后果等进行系统分析，对于典型性、普遍性和可能产生较严重后果的风险及时发布预警；加强合规风险应对，针对发现的风险制定预案，采取有效措施，及时应对处置。对于重大合规风险事件，合规委员会统筹领导，合规管理负责人牵头，相关部门协同配合，最大限度化解风险、降低损失；建立健全合规审查机制，将合规审查作为规章制度制定、重大事项决策、重要合同签订、重大项目运营等经营管理行为的必经程序，及时对不合规的内容提出修改建议，未经合规审查不得实施；强化违规问责，完善违规行为处罚机制，明晰违规责任范围，细化惩处标准。畅通举报渠道，针对反映的问题和线索，及时开展调查，严肃追究违规人员责任；开展合规管理评估，定期对合规管理体系的有效性进行分析，对重大或反复出现的合规风险和违规问题，深入查找根源，完善相关制度，堵塞管理漏洞，强化过程管控，持续改进提升。

（五）加强合规考核考评

在合规管理保障上，国有林场应加强合规考核评价，把合规经营管理情况纳入对各部门和所属林场负责人的年度综合考核，细化评价指标。对所属单位和员工合规职责履行情况进行评价，并将结果作为员工考核、干部任用、评先选优等工作的重要依据；强化合规管理信息化建设，通过信息化手段优化管理流程，记录和保存相关信息。运用大数据等工具，加强对经营管理行为依法合规情况的实时在线监控和风险分析，实现信息集成与共享；建立专业化、高素质的合规管理队伍，根据业务规模、合规风险水平等因素配备合规管理人员，持续加强业务培训，提升队伍能力水平；重视合规培训，结合法治宣传教育，建立制度化、常态化培训机制，确保员工理解、遵循企业合规目标和要求；积极培育合规文化，通过制定发放合规手册、签订合规承诺书等方式，强化全员安全、质量、诚信和廉洁等意识，树立依法合规、守法诚信的价值观，筑牢合规经营的思想基础；建立合规报告制度，发生较大合规风险事件，合规管理牵头部门和相关部门应当及时向合规管理负责人、分管领导报告。重大合规风险事件应当向国有林场主管部门报告。

国有林场的法人治理与合规建设，在理论和实践上均是全新的研究领域。大多数国有林场是公益性事业单位，与一般的国有企业在许多方面存在重大差异，本章尝试在理论层面探讨国有林场法人治理与合规建设的内容，因此尚需国有林场管理人员在实践中探索出一条适合林业产业发展的可行路径。

第三章
国有林场劳动用工法律指南

第一节　劳动用工的类型与争议解决

《国有林场改革方案》将国有林场主要功能明确定位为保护培育森林资源、维护国家生态安全。与该功能定位相适应，提出明确森林资源保护的组织方式，合理界定国有林场属性的改革任务。根据该国有林场改革方案，改革后的国有林场属性，基本形成两大类独立法人组织，即事业单位国有林场（独立法人单位）、企业性质国有林场（独立法人单位）。其中，事业单位国有林场，主要承担保护和培育森林资源等生态公益服务职责，并根据不同情况及财政补贴比例，划分为公益一类事业单位国有林场与公益二类事业单位国有林场。事业单位与企业性质国有林场，在劳动用工方面有所差异。

一、劳动用工类型

事业单位国有林场用工以劳动人事聘用（合同）制和劳动合同制两种用工类型为主，以劳务（雇佣）用工为辅。

（一）劳动人事用工

事业单位国有林场按照人力资源和社会保障部、国家林业局《关于国有林场岗位设置管理的指导意见》进行岗位设置，对具有事业岗位编制的人员依据《事业单位人事管理条例》进行人事管理。事业单位聘用具有人事编制的人员，选任实行聘任（合同）与任命相结合的人事管理制度，一部分面向社会公开招聘或者事业单位内部产生岗位人选，一部分来源于国家政策性人员安置，以及按照人事管理权限由上级任命、指派等。

国有林场的管理人员、专业技术人员和工勤技能等特定人员，一般实行事业编制，实行定岗定编的劳动人事管理制度。事业单位与工作人员订立聘用合同，并根据聘用合同约定的岗位职责任务，全面考核工作人员的表现，重点考核工作绩效。工作人员考核分平时考核、年度考核、聘期考核，其中年度考核的结果分为优秀、合格、基本合格和不合格等档次，聘期考核结果分合格、不合格档次。考核结果作为调整事业单位工作人员岗位、工资以及续订聘任合同的依据。国有林场可以依据《事业单位人事管理条例》及单位规章制度等有关规定，对工作人员进行奖励和处分，工作人员薪酬按事业单位人员工资制度执行，养老保险、职业年金及退休制度按国家有关规定执行，所需资金由国家财政给予一定的补贴，另一部分来源于单位自筹解决。

实行聘任合同制的工作人员，调职调岗按照聘任合同及单位相关规章制度进行管理；因国家政策性人员安置、按照人事管理权限由上级任命、指派的工作人员，可按国家相关规定进行调职调岗。

（二）劳动合同制用工

事业单位国有林场，可根据生产经营管理需要，对单位编制人员以外的固定性工作岗位，需要相对长期性、稳定性劳动用工的，可通过社会招聘选定劳动人员或者吸收林场改革中分流的职工，双方通过劳动合同建立劳动关系，建立劳动合同制用工管理模式。

实行劳动合同制的人员，按照《中华人民共和国劳动法》及《中华人民共和国劳动合同法》的规定，通过用人单位与劳动者协商的方式，签订劳动合同明确双方的权利义务。国有林场通过劳动合同建立劳动合同关系后，职工的工资及待遇按照劳动合同约定执行，社会保险待遇按照国家有关规定办理，退休职工享受城镇企业职工保险待遇。劳动合同的变更及解除，应符合《劳动合同法》的规定。如果用人单位擅自变更或解除劳动合同的，将涉及支付赔偿金的责任。

（三）雇佣性劳务用工、劳动派遣用工与承揽合同用工

对于临时性工作和劳务，可采取临时性雇佣模式，或者通过劳务派遣方式，解决国有林场临时用工需求。有关各方可以签订雇佣合同，或者在事实上形成雇佣劳务用工关系。对于规模较大、相对用工时间较长的临时性劳务项目，也可通过与劳务派遣单位签订劳务派遣协议的方式，解决项目用工需求。在劳务派遣用工方式中，劳动者与用人单位（劳务派遣单位）之间形成劳动关系，应当遵守《劳动法》《劳动合同法》等相关法律；用人单位与用工单位（接受劳务派遣单位）形成劳务派遣合同法律关系，双方之间的权利义务受《劳务派遣协议》的约束，应当遵守《民法典》等有关法律。

国有林场将特定劳务项目发包给具备相应劳务承揽施工资质的企业单位完成的，双方就特定劳务可形成劳务承揽合同关系，应当履行《承揽合同》的约定及遵守《民法典》等有关法律的规定。

二、劳动用工争议解决

（一）劳动人事用工争议解决

大多数国有林场属于公益性事业单位，事业编制的工作人员与单位之间形成劳动人事法律关系。国有林场与其形成劳动人事关系的劳动者发生争议时，按照《事业单位人事管理条例》《事业单位领导人员管理暂行规定》《事业单位工作人员处分暂行规定》《事业单位工作人员考

核暂行规定》等有关规定处理。国有林场劳动人事用工发生争议的，需要到劳动人事争议仲裁委员会申请仲裁，对于仲裁裁决不服的，可以到人民法院提起诉讼。

（二）劳动合同制用工争议解决

由于事业编制是有限的，国有林场有事业编制的工作人员，也可能有劳动合同制的工作人员。劳动合同制用工模式下，国有林场与劳动者之间形成劳动合同关系，双方签订的劳动合同在不违反法律法规等强制性、禁止性规定的情况下受法律保护。对于劳动合同制人员的管理，受《劳动法》《劳动合同法》等法律法规的调整，不再适用《事业单位人事管理条例》《事业单位工作人员考核暂行规定》等规定。单位依法制定的规章制度对全体劳动者具有约束力。国有林场对于实行劳动合同制的专业技术人员，可由劳动者自行到劳动人事部门指定的职称评定机构申请评定，用人单位一般不承担职级、职称评审的职责。

国有林场与劳动者发生劳动争议，按照《劳动法》《劳动合同法》《中华人民共和国劳动争议仲裁调解法》等法律法规处理，适用劳动争议前置程序，即劳动者可向劳动争议仲裁委员会申请劳动仲裁，对于裁决不服的，可向当地人民法院提起诉讼。

（三）劳务派遣用工争议解决

《劳动合同法》规定了劳务派遣制度。劳务派遣作为一种特殊的劳动合同制用工方式，实际上是将用人单位与劳动者直接发生的劳动关系，变成了由用工单位与用人单位（劳务派遣单位）之间的劳务派遣合同关系、用工单位与被派遣劳动者之间的实际用工关系，以及被派遣劳动者与用人单位（劳务派遣单位）之间的劳务合同关系。与直接劳动关系相比，国有林场采用劳务派遣用工的，国有林场由用人单位变成用工单位，用工单位与劳务派遣单位通过签订《劳务派遣协议》建立劳务派遣关系；劳务派遣单位与被派遣劳动者订立《劳动合同》，双方形成劳动关系。劳务派遣单位为用人单位，需为职工缴纳基本养老、基本医疗、工伤等社会保险费用。劳务派遣单位通过与用人单位通过《劳务派遣协议》约定双方权利义务。在劳务派遣期间，被派遣劳动者的社会保险费用由用工单位承担支付至劳务派遣单位，再由劳务派遣单位为劳动者缴纳。

国有林场以劳动人事用工和劳动合同用工为基本用工形式，劳务派遣用工为补充形式，只能在企业临时性、辅助性或者替代性的工作岗位上实施。这里的临时性工作岗位是指存续时间不超过六个月的岗位；辅助性工作岗位是指为主营业务岗位提供服务的非主营业务岗位；替代性工作岗位是指用工单位的劳动者因脱产学习、休假等原因无法工作的一定期间内，可以由其他劳动者替代工作的岗位。

采用劳动派遣这种特殊的劳动合同用工方式，可以有效解决国有林场存在的大量临时性、辅助性岗位需求，其用工方式灵活，又可以有效避免劳务雇佣性用工可能存在的侵权责任风险，有利于从总体上减轻用工单位的人事管理负担和用人成本。国有林场用工中可以根据自身用工需要，尝试采用这种新的用工方式，逐步减少直接雇佣性劳务用工方式。

劳务派遣合同用工涉及两种法律关系，即劳务派遣合同关系与劳动合同关系，因劳务派遣发生争议的，需根据不同情况适用不同的法律程序：劳动者因劳务派遣合同产生劳动争议而起诉派遣单位的（争议内容涉及接受用工单位的，接受用工单位为共同被申请人或共同被告），适用劳动仲裁前置程序，即劳动者应向劳动争议仲裁委员会申请劳动仲裁；任何一方对于裁决不服的，可向当地人民法院提起诉讼。派遣单位或接受用工单位之间因履行双方《劳务派遣协议》发生争议而引起的纠纷，为普通民商事纠纷案件，双方协商不成的，可以依据《劳务派遣协议》中的争议解决条款选择诉讼或仲裁，没有约定争议解决方式的，当事人可直接向有管辖权的人民法院提起诉讼。

（四）临时劳务雇佣用工争议解决

雇佣用工是适应用工单位的临时、短期性工作任务需要而产生的一种用工方式。国有林场在经营管理过程中，对一些在林场营林生产、造林育林、森林管护等重要专项活动，如植树、护林、病虫害防治、低效林改造、生态疏伐，以及林业生态重大工程，如林场基础设施建设等领域所需临时用工，或者出现造林、育苗等季节性、临时性劳务的用工需求，可以通过雇佣的方式解决。雇佣劳务用工由用工单位与被雇佣的自然人直接建立雇佣关系。

相较于劳动关系来说，雇佣工的用工期限短，具有临时性、用工方式灵活、报酬即时结付、干完即走等特点，用工单位与被雇佣人之间不像劳动关系那样存在严格的人事管理及人身依附关系。

国有林场采取雇佣方式解决临时性劳务用工需求，被雇佣人向国有林场提供所需劳务，并获取相应的报酬。雇佣劳务用工过程中如出现被雇佣的自然人造成身体损害情形的，不属于工伤范畴，而属于人身损害赔偿的法律范畴，司法实践中一般按人身侵权法律关系处理，有关当事人可直接到法院通过诉讼方式解决。争议解决的法律依据是《民法典》（侵权责任编）、最高人民法院《关于审理人身损害赔偿案件适用法律若干问题的解释》（2020年修正），以及最高人民法院《关于确定民事侵权精神损害赔偿责任若干问题的解释》（2020年修正）的有关规定。

（五）劳务承揽与劳务发包争议解决

国有林场在实际的生产管理过程中，还存在一种特殊的用工方式，即项目外包（承揽）或者劳务承包（劳务发包）。劳务承揽是指将特定工作事项、劳务内容整体发包给具有相应承揽施工资质的单位完成；劳务发包是指国有林场将通过特定工作事项或者需临时雇佣劳务人员解决特定工作内容需要的劳务，外包给自然人承包负责完成，双方形成雇佣性劳务用工关系。

承揽施工这种用工方式，通过向社会购买服务解决用工需求问题，双方就外包工作事项形成承揽合同关系，国有林场为定作人，施工人为承揽人。在这种外包或者承揽合同用工方式中，国有林场不再与具体的劳动人员发生管理关系，而是与相关承揽单位形成承揽合同法律关系。有关外包、承揽用工出现的风险，可以通过合同条款进行约定，一般约定由承揽人自行承担。双方因承揽合同形成的纠纷，可由国有林场与承揽人依据承揽合同进行处理；发生纠纷难以解决的，可通过民事诉讼按照合同纠纷的途径进行解决。

国有林场以劳务承包的方式，将特定工作内容所需的劳务发包给个人承包负责完成，这种通过劳务承包合同的用工法律责任与风险，与承揽合同明显不同。因自然人不具备劳务承包及劳务派遣资质，国有林场如将特定工作内容外包给自然人进行承包处理完成，或者将相关劳务交由自然人进行劳务承包完成的，所签订的该类合同不是承揽（发包）合同，这种劳务承包合同一般仍被视为劳务雇佣关系。在劳动过程中承包人或者承包人雇佣的人员（该类人员与发包单位仍构成雇佣关系）发生意外伤害的法律责任与直接雇佣行为产生的法律责任基本相同。

第二节 常见的法律责任

国有林场用工过程中涉及的法律责任，从责任性质上看，主要有工伤赔偿责任、侵权责任与合同违约责任等。

一、工伤赔偿责任

国有林场劳动者因工伤发生的争议，主要发生在与单位存在劳动人事关系及劳动合同关系的职工这两种用工模式中。我国《工伤保险条例》所指的"职工"，是指与单位存在劳动关系的员工。国有林场作为事业制法人或者企业制法人单位，无论是实行劳动人事关系还是劳动合同用工制用工形式，其与职工之间均属于劳动关系，劳动者均属于《工伤保险条例》规定的"职工"范畴。职工被认定为工伤的，有权依法获得工伤医疗救治及经济补偿等工伤保险待遇。

我国《工伤保险条例规定》第二条规定，中华人民共和国境内的企业、事业单位、社会团体、民办非企业单位、基金会、律师事务所、会计师事务所等组织和有雇工的个体工商户应当依照本条例规定参加工伤保险，为本单位全部职工或者雇工缴纳工伤保险费。值得注意的是，工伤保险费由用人单位承担，职工个人不承担工伤保险费。用人单位为职工缴纳工伤社会保险费，是单位的强制性义务，单位不得以职工放弃缴纳为由而不缴或者主张免责。

关于工伤争议，主要有两大类，一是涉及工伤认定问题，即对工作期间发生事故，有关主体对"是否属于工伤"问题产生争议；二是在"因工受伤"之情形下，因未缴纳工伤保险费而发生的工伤赔偿争议。我国《工伤保险条例》对工伤的认定做了非常明确的规定，根据《工伤保险条例》第十四条规定，职工有下列情形之一的，应当认定为工伤：

（1）在工作时间和工作场所内，因工作原因受到事故伤害的；

（2）工作时间前后在工作场所内，从事与工作有关的预备性或者收尾性工作受到事故伤害的；

（3）在工作时间和工作场所内，因履行工作职责受到暴力等意外伤害的；

（4）患职业病的；

（5）因公外出期间，由于工作原因受到伤害或者发生事故下落不明的；

（6）在上下班途中，受到非本人主要责任的交通事故或者城市轨道交通、客运轮渡、火车事故伤害的；

（7）法律、行政法规规定应当认定为工伤的其他情形。

根据《工伤保险条例》第十五条规定，职工有下列情形之一的，视同工伤：

（1）在工作时间和工作岗位，突发疾病死亡或者在48小时之内经抢救无效死亡的；

（2）在抢险救灾等维护国家利益、公共利益活动中受到伤害的；

（3）职工原在军队服役，因战、因公负伤致残，已取得革命伤残军人证，到用人单位后旧伤复发的。

根据《工伤保险条例》第十六条规定，职工符合本条例第十四条、第十五条的规定，但是有下列情形之一的，不得认定为工伤或者视同工伤：

（1）故意犯罪的；

（2）醉酒或者吸毒的；

（3）自残或者自杀的。

由此可见，《工伤保险条例》确认的工伤是指职工在工作过程中遭受事故或者意外伤害的情形，对于职工故意犯罪、醉酒或者吸毒、自残或者自杀等情形出现的事故或者伤害，属于职工自身原因造成的伤害，依法不能被认定为工伤，不能享受工伤保险待遇。职工出现工伤事故被认定为工伤的，职工享受的工伤保险待遇所需资金由工伤保险基金统一支付，单位不再另行负担。如用人单位未为相关职工缴纳工伤保险，则该职工应享受的工伤保险待遇所需资金，全额由用人单位承担。因此，国有林场应依法为职工缴纳工伤保险，是分散或者化解国有林场劳动用工可能面临工伤风险的重要手段。依法应当参加工伤保险统筹的用人单位的劳动者，因工伤事故遭受人身损害，无论单位是否缴纳工伤保险费，均应按《工伤保险条例》的规定处理。

二、侵权责任

国有林场因用工出现的侵权责任，多发生在国有林场劳务雇佣用工关系或者劳务发包（合同）用工关系中，即被雇佣人员在提供工作（劳务）过程中发生的人身损害、伤残事故或者第三方侵权责任，从而形成侵权责任纠纷。

因工伤保险赔偿与人身损害赔偿计算的法律依据与标准不同，国有林场在用工过程中，可能会出现一种职工受伤害的情形，即在工作时间和工作场所内，因履行工作职责受到人身损害，导致健康权受到损害，可以在工伤保险待遇范围内寻求赔偿。如果职工人身安全受到第三人侵害，受伤职工不寻求工伤保险赔偿，也可直接向人民法院起诉第三人要求承担侵权法律责任，此种情形下，用工单位一般无须承担连带责任。但通过民事途径获赔之后又寻求工伤保险赔付的，一般难以得到支持。

三、合同违约责任

国有林场因劳务合同中违约而承担法律责任的，多发生在承揽合同或者非雇佣性劳务合同履行过程中，出现劳动者受伤害事故遭遇身体伤害的情形。在承揽合同关系中，因承揽人管理不到位，劳动者出现意外伤害的事故时有发生。此种情况下，承揽人与定做人即国有林场是平等主体之间的合同关系，承揽人交付工作成果。受伤人员与承揽人存在劳动或者劳务关系，在定做人无过错的情况下，国有林场不需承担赔偿责任。如果国有林场在选定承揽人过程中存在过错，国有林场需承担连带或者相应比例的赔偿责任。国有林场在发包过程中存在过错的情形，主要表现选择承包人存在过错，比如承揽人不具备相应工作内容的承揽施工资质、将相关劳务交由自然人承包或者交由不具有相关劳务资质的单位完成、外包工作内容违法等情形。

第三节　法律风险与防范

一、国有林场用工常见法律风险

（一）国有林场劳动人事用工常见的法律风险

国有林场与实行事业编制劳动人事制度的用工人员，建立劳动关系，一般实行人事聘任合同制、任命制，这类职工因一直有完善的人事管理、工资待遇及社会保障制度，并全额缴纳社会保险与工伤保险，在用工实践中一般极少出现争议问题或者法律风险。司法实践中最常见的法律风险，多发生在聘任合同的解除或者终止环节。

国有林场在聘用合同的解除过程中可能会出现法律风险，解除理由或者解除程序上不合法，均可能导致聘用合同解除行为无效，从而导致劳动人事关系不能依法终止的问题。

1. 解除聘用合同的事由

根据《事业单位人事管理条例》规定，事业单位解除与事业编制工作人员聘任合同的法定事由主要有如下四种情形：

（1）事业单位工作人员连续旷工超过 15 个工作日，或者 1 年内累计旷工超过 30 个工作日的，事业单位可以解除聘用合同；

（2）事业单位工作人员年度考核不合格且不同意调整工作岗位，或者连续两年年度考核不合格的，事业单位提前 30 日书面通知，可以解除聘用合同；

（3）事业单位工作人员提前 30 日书面通知事业单位，可以解除聘用合同。但是，双方对解除聘用合同另有约定的除外；

（4）事业单位工作人员受到开除处分的，解除聘用合同。自聘用合同依法解除、终止之日起，事业单位与被解除、终止聘用合同人员的人事关系终止。对聘任制劳动人事人员的考核、奖励与处分程序、聘任制人员的工资及相关福利待遇，依据《事业单位人事管理条例》等国家有关规定执行。

除上述四种法定事由外，单位不得依据其他理由解除事业编制工作人员的聘用合同，一旦发生劳动争议，均可能出现被认定为解除聘用合同无效的法律后果。

2. 解除聘用合同的程序

用人单位在解聘职工前，应通知工会。解除聘用合同的通知应送达给职工本人。解除聘用合同通知的送达时间，关系到劳动争议仲裁时效的时间起算点，如单位不能证明将解除通知送达给职工本人，则职工提起劳动仲裁的时效从其知道或者应当知道其权利被侵害时起算，这将使得解除聘用合同的行为存在重大的不确定性。

无论是解除聘用合同的理由违规，还是解除的程序不符合法律规定，均可导致聘用合同不能解除、人事关系不能终止的法律后果。人事关系未终止，意味着单位仍需要为职工缴纳基本的社会保险，对职工仍存在人事管理、支付工资、继续用工的法律义务。

（二）国有林场劳动合同制用工常见法律风险

国有林场在劳动合同用工方面存在的法律风险主要体现在以下几个方面。

1. 未签订或者逾期签订书面劳动合同的法律责任

根据《劳动合同法》的规定，用人单位自用工之日起即与劳动者建立劳动关系，并应当在建立劳动之日起一个月内订立书面劳动合同。实践中，由于国有林场的劳动规章制度不完善，或者执行规章不到位，不了解或者未正确理解劳动法律相关规定，与劳动者建立劳动关系后，未及时签订书面劳动合同，或者认为签订劳动合同对单位不利而不愿签订劳动合同，不重视签订劳动合同的作用，由此给国有林场造成极大的用工风险，可能给单位造成经济损失。

《劳动合同法》对签订劳动合同的时间及其法律后果做了明确规定。未签订劳动合同，或者逾期签订劳动合同，一旦发生劳动争议，将面临支付双倍工资的法律风险。按照《劳动合同法》第十条规定，建立劳动关系，应当订立书面的劳动合同。已建立劳动关系，未同时订立书面劳动合同的，应当自用工之日起一个月内订立书面劳动合同。在法律规定的时间内未签订劳动合同的，单位的用工成本将显著增加，其中超过一个月未签订劳动合同，其法律后果有三个：第一，用人单位自用工之日起超过一个月不满一年未与劳动者订立书面劳动合同的，应当向劳动者每月支付二倍的工资；第二，用人单位自用工之日起满一年不与劳动者订立书面劳动合同的，视为用人单位与劳动者已订立无固定期限劳动合同。由此可见，即使未签订书面的劳动合同，也视为双方之间已存在无固定期限的劳动合同，第三，发生应当与劳动者签订无固定期限的劳动合同之情形的，国有林场不与劳动者订立无固定期限劳动合同，则自应当订立无固定期限劳动合同之日起向劳动者每月支付二倍的工资。

2. 无固定期限劳动合同的签订

按照《劳动合同法》的规定，连续订立两次固定期限劳动合同，第三次续订劳动合同时，应当订立无固定期限劳动合同。无固定期限劳动合同是指用人单位与劳动者约定无确定终止时间的劳动合同。国有林场在用工过程中，应根据相关工作岗位对特定职工是否有长期用工需要，在每次签订劳动合同时，合理确定每次劳动合同的期限。如果连续二次签订短期固定期限劳动合同，仍需要继续聘任该职工的，在第三次签订劳动合同时，应当签订无固定期限的劳动合同。在连续二次书面劳动合同期限到期后仍继续用工的，即发生第三次劳动合同期限的劳动用工的情形下，用人单位应当签订无固定期限劳动合同；未签订无固定期限劳动合同的，自应当订立无固定期限劳动合同之日起向劳动者每月支付二倍的工资。

3. 缴纳社会保险的责任

按照《社会保险法》的规定，职工应当参加基本养老保险、基本医疗保险、工伤保险、失业保险、生育保险，除工伤保险用人单位全额承担外，其他四项社会保险均由用人单位和职工按照国家规定的比例分别承担。

国有林场在用工过程中，未按时足额缴纳社会保险费的，由社会保险费征收机构责令其限期缴纳或者补足；逾期仍未缴纳或者补足社会保险费的，社会保险费征收机构可以向银行和其他金融机构查询其存款账户；并可以申请县级以上有关行政部门作出划拨社会保险费的决定，书面通知其开户银行或者其他金融机构划拨社会保险费。用人单位账户余额少于应当缴纳的社会保险费的，社会保险费征收机构可以要求该用人单位提供担保，签订延期缴费协议。用人单位未足额缴纳社会保险费且未提供担保的，社会保险费征收机构可以申请人民法院扣押、查封、拍卖其价值相当于应当缴纳社会保险费的财产，以拍卖所得抵缴社会保险费。

国有林场在用工过程中，未依法为劳动者缴纳社会保险费的，若用人单位存在过错，职工可以解除劳动合同，且单位应当向该职工支付经济补偿。需要支付经济补偿的，补偿标准按劳动者在本单位工作的年限，每满一年支付一个月工资的标准向劳动者支付。六个月以上不满一年的，按一年计算；不满六个月的，向劳动者支付半个月工资的经济补偿。劳动者月工资高于用人单位所在直辖市、设区的市级人民政府公布的本地区上年度职工月平均工资三倍的，向其支付经济补偿的标准按职工月平均工资三倍的数额支付，向其支付经济补偿的年限最高不超过十二年。此处月工资是指劳动者在劳动合同解除或者终止前十二个月的平均工资。劳动者据此要求解除劳动合同，单位未支付经济补偿的，由当地劳动部门责令支付，逾期不支付的，需按应付金额百分之五十以上百分之一百以下的标准向劳动者加付赔偿金。

国有林场职工多以野外工作为主，可能面临的工伤风险较其他行业更为突出。如某职工未缴纳基本养老、基本医疗等社会保险，单位同时也无法为该职工缴纳工伤保险，故国有林场中未缴纳工伤保险费的职工，一旦出现工伤事故，单位需要完全承受工伤保险费，会给国有林场造成额外的经济损失。

4. 违法解除劳动合同的赔偿责任

我国《劳动合同法》对劳动合同的解除做了明确规定。用人单位违反《劳动合同法》规定解除或者终止劳动合同，劳动者要求继续履行劳动合同的，用人单位应当继续履行；劳动者不要求继续履行劳动合同或者劳动合同已经不能继续履行的，用人单位应当依照法律规定支付赔偿金。换言之，用人单位违反《劳动合同法》的规定解除或者终止劳动合同的，应当向劳动者支付赔偿金。赔偿金支付的标准，是按前述经济补偿标准的二倍计算。

在劳动合同解除方面，值得注意的是，国有林场在涉及裁员时，应注意履行必要报备报批程序，提前防范劳动合同解除过程中可能存在的风险。有依照企业破产法规定进行重整、生产经营发生严重困难的、企业转产、重大技术革新或者经营方式调整，经变更劳动合同后仍需裁减人员，以及其他因劳动合同订立时所依据的客观经济情况发生重大变化，致使劳动合同无法履行的情形，需要裁减人员二十人以上或者裁减不足二十人但占企业职工总数百分之十以上的，用人单位提前三十日向工会或者全体职工说明情况，听取工会或职工的意见，裁减人员方案向劳动行政部门报告，可以裁减人员。裁减人员时，应当优先留用与本单位订立较长期限的固定期限劳动合同的、与本单位订立无固定期限劳动合同的、家庭无其他就业人员，有需要扶养的老人或者未成年人的。用人单位裁减人员后，在六个月内重新招用人员的，应当通知被裁减的人员，并在同等条件下优先招用被裁减的人员。

（三）国有林场临时用工常见法律风险

1. 劳动派遣用工的法律风险

劳务派遣属于临时用工的一种。国有林场作为用工单位，如实行劳务派遣用工方式，需要注意以下几个方面的问题：一是不得自行设立劳务派遣单位，向本单位或者所属单位派遣劳动者；二是不得将本单位长期用工需要的工作岗位及劳动任务，分割为数个短期的劳务并通过劳务派遣用工的方式解决；三是劳务派遣协议约定的工资报酬不得低于本单位相同工作岗位的工资薪酬；四是没有按照劳务派遣协议的约定履行协议涉及可能的违约问题等。

国有林场通过劳务派遣协议方式解决临时用工需要的，应与具备劳务派遣资质的单位签订劳务派遣协议，不得与不具备劳务派遣资质的单位或者个人签订劳务派遣协议。国有林场拟采用劳动派遣方式用工的，在签订劳务派遣协议前，需要审慎审核劳务派遣单位的劳务派遣资质、拟被派遣劳动者缴纳包括工伤在内的社会保险情况、拟被派遣劳动者的身体健康状况及其他与工作性质相关的情况。

2. 雇佣劳务或劳务发包中的法律风险

雇佣劳务是指国有林场雇佣临时人员从事劳动的行为；劳务发包是指国有林场将本单位的短期劳务发包给自然人，由自然人承包后再去组织人员完成相应工作的行为。雇佣劳务和劳务发包存在的最大风险是被雇佣的工作人员在劳动过程中发生人身损害赔偿。由于雇佣双方形成劳务关系而非劳动关系，国有林场是雇主，要承担侵权责任。

国有林场直接雇佣临时工完成短期劳务雇佣的直接用工方式，与国有林场将相关劳务委托或者发包给个人承揽或承包的方式相比，除相关具体劳务的组织方式不同外，两者在本质上都属于雇佣劳务用工，可能存在的法律风险以及承担的法律责任基本相同。即使国有林场在雇佣合同或者发包合同中，有约定劳务用工中的风险由被雇佣人或者自然人、承包人个人承担的法律责任承担条款，但依然不能免除用工单位应承担的雇主赔偿责任。故雇佣或者劳务发包等临时用工可能存在最大的法律风险是因被雇佣人员在劳动作业过程中出现人身损害而发生的侵权责任，且因雇佣双方形成劳务关系而非劳动关系，不涉及工伤认定问题，这意味着这种劳务用工中所形成的侵权责任是由雇主国有林场来承担的。

二、国有林场用工法律风险的防范

劳动人事用工、劳动合同用工与劳务派遣、临时性的雇佣劳务用工，作为国有林场经常采取的主要用工形式，由于劳动用工模式不同，可能发生的风险是不同的。本节就最容易出现用工风险的劳动合同用工与劳务派遣、雇佣性用工的风险防范与纠纷解决提出一些建议，供国有林场结合自身用工实际参考。

（一）劳动人事用工风险防范

1. 做好人员招录、聘用合同签订及人员录用档案的保管工作

国务院《事业单位人事管理条例》规定：事业单位新聘用工作人员，应当面向社会公开招聘。但是，国家政策性安置、按照人事管理权限由上级任命、涉密岗位等人员除外。

事业单位公开招聘工作人员按照下列法律流程进行：①制定公开招聘方案；②公布招聘岗位、资格条件等招聘信息；③审查应聘人员资格条件；④考试、考察；⑤体检；⑥公示拟聘人员名单；⑦订立聘用合同，办理聘用手续。

事业单位内部产生岗位人选，需要竞聘上岗的，按照下列程序进行：①制定竞聘上岗方案；②在本单位公布竞聘岗位、资格条件、聘期等信息；③审查竞聘人员资格条件；④考评；⑤在本单位公示拟聘人员名单；⑥办理聘任手续。

对事业单位领导人员的管理，目前执行中共中央办公厅发布的《事业单位领导人员管理暂行规定》，该规定对各级各类事业单位领导人员的任职条件和资格、选拔任用程序、任期和

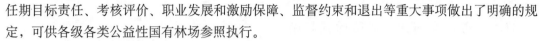

任期目标责任、考核评价、职业发展和激励保障、监督约束和退出等重大事项做出了明确的规定，可供各级各类公益性国有林场参照执行。

国有林场与事业编制的工作人员订立聘用合同，聘任期限一般不低于 3 年；与初次就业的工作人员订立的聘用合同期限 3 年以上的，试用期为 12 个月。事业编制的工作人员在本单位连续工作满 10 年且距法定退休年龄不足 10 年，提出订立聘用至退休的合同的，单位应当与其订立聘用至退休的合同。

人事招聘及管理是否合规，需要相关资料证明。故单位在人事招录过程中应注意保留招聘的全套资料，需要根据事业单位档案管理规定进行妥善保管。

2. 重点关注合同解除的理由、程序是否合规，并留存相关证据

公益性国有林场解除聘任合同时，应按照国家有关规定进行。首先，解除的事由应合法。其次，解除的程序应合法。出现法定解除事由，单位欲解除聘任合同的，除应向工会报备外，还应向被解聘者本人送达解除聘任合同通知书，通知解聘人员办理人事关系及档案转移手续，留存送达的证据。有关单位也可以根据人事管理权限及要求，必要时将解聘事宜向上级人事部门报备。

司法实践中，有些国有林场工作人员发生连续旷工超过 15 个工作日，单位需要据此解除聘用合同的情况下，往往没有向工会报备，或者履行了工会报备程序，但单位不能提供工会报备的证据；或者没有向被解聘职工本人送达解除聘用合同的通知，或者虽然送达了解聘通知，但没有保存有关送达的证据，即在发生劳动争议时无法提交职工收到解除聘用合同通知的证据，往往会导致在仲裁或者诉讼程序中败诉。还有的国有林场，存在开除决定与解除聘用合同的决定不是由同一单位作出的情形，或者将开除通知与聘用合同解除通知两个程序混在一起一并处理，均是不规范的。这一点需要引起国有林场管理者的充分重视，即单位在对职工做出开除的决定时，需将开除决定送达给被开除的职工本人（被开除者本人就单位的开除决定，有权进行申诉）；开除决定依法做出并送达后，聘用单位（或者作出开除决定的单位）应向被开除者送达解除聘用合同通知书，并留存解除通知送达的证据材料。

3. 职工发生工伤事故及时为受伤职工申请工伤认定

劳动者在劳动过程中出现伤害的，适用《工伤保险条例》进行工伤认定并享受工伤保险待遇；但如单位未缴纳工伤保险费的，职工应享受的工伤保险待遇所需费用由用人单位承担。因此，国有林场及时为职工缴纳工伤保险费，是单位转移用工风险的重要措施。

我国《工伤保险条例》第十七条规定：职工发生事故伤害或者按照职业病防治法规定被诊断、鉴定为职业病，所在单位应当自事故伤害发生之日或者被诊断、鉴定为职业病之日起30 日内，向统筹地区社会保险行政部门提出工伤认定申请。遇有特殊情况，经报社会保险行政部门同意，申请时限可以适当延长。用人单位未在规定的时限内提交工伤认定申请，在此期间发生符合本条例规定的工伤待遇等有关费用，由该用人单位负担。国有林场作为劳动用工密集型用工单位，如职工发生事故伤害，为避免不必要的损失，需及时为职工提出工伤认定申请。

4. 依法为职工代扣代缴个人所得税

用人单位发放职工工资，单位为扣缴义务人，应依法为职工代扣代缴个人所得税，避免涉税风险。

（二）劳动合同用工风险防范指南

对于国有林场实行的劳动合同制用工的人员，为有效防范劳动合同用工可能出现的法律纠纷，围绕人员聘任及劳动合同的签订、解除等有关事宜，建议国有林场关注以下内容。

1. 注意妥善留存招聘资料

招聘员工需要留存的资料，包括岗位招聘需求（说明书）、应聘简历（家庭成员及其联系方式、婚姻状况）、员工健康（体检）报告、工作经历证明、入职（申请）审批表，员工的资质资格证、毕业证书、身份证复印件等，上述资料应该由员工签字确认。其中体检报告，涉及应聘人员的身体健康状况，是否存在精神类疾病、传染性疾病等；工作经历证明，涉及应聘人员是否存在双重劳动关系以及能否缴纳社会保险问题。应聘人员应如实提供相关入职材料，如提供虚假资料入职的，用人单位可据此解除劳动合同并且无需给予经济补偿。

2. 及时签订书面劳动合同并交付给劳动者

（1）在劳动合同的订立上，签订劳动合同对用人单位来说并没有额外负担，不签订劳动合同反而会存在法律风险。我国《劳动合同法》规定，与劳动者及时签订书面的劳动合同，是用人单位的法定义务，逾期未签订的，涉及劳动用工中支付双倍工资的风险。用人单位自用工之日起满一年不与劳动者订立书面劳动合同的，视为用人单位与劳动者已订立无固定期限劳动合同。

（2）在劳动合同的签订时间上，《劳动合同法》规定，用人单位需自用工之日起一个月内签订书面的劳动合同。

（3）我国《劳动合同法》规定：劳动合同期限三个月以上不满一年的，试用期不得超过一个月；劳动合同期限一年以上不满三年的，试用期不得超过二个月；劳动合同期限三年以上和无固定期限的劳动合同，试用期不得超过六个月。同一用人单位与同一劳动者只能约定一次试用期。以完成一定工作任务为期限的劳动合同或者劳动合同期限不满三个月的，不得约定试用期。需要注意的是，试用期包含在劳动合同期限内。劳动合同仅约定试用期的，试用期不成立，该试用期限为劳动合同期限。关于试用期工资，法律规定劳动者在试用期的工资不得低于本单位相同岗位最低档工资或者劳动合同约定工资的百分之八十，并不得低于用人单位所在地的最低工资标准。

（4）在劳动合同的内容上，其中劳动报酬一项，一般建议约定工资的组成或者计算方式，如注明工资不低于多少等，实际发放具体金额只要不低于当地最低工资标准、本单位同岗位工资标准即可（实践中用工单位在聘用时，一般也会向应聘人员明确单位其工资报酬及构成情况）。员工实际应发、实发工资，实践中一般均高于劳动合同约定的报酬金额。

（5）在劳动合同的期限上，建议根据岗位需求及应聘人员的身体健康状况、员工意愿，合理确定劳动合同期限。如涉及长期用工及特殊岗位用工的，可根据用工情况需要，在3～5年内合理确定劳动合同期限；非特殊情况，因可能涉及续签劳动合同问题，故应尽量避免约定1～2年等较短的劳动合同期限。

（6）在劳动合同中关于违约金的问题上，根据我国《劳动合同法》规定，在劳动者违反竞业限制约定及保密约定的情形下，约定针对劳动者应承担的违约金。国有林场如特定工作岗位存在竞业限制及保密约定的，可以在劳动合同中约定竞业限制条款或者保密条款，或者另行与

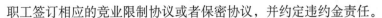

职工签订相应的竞业限制协议或者保密协议，并约定违约金责任。

（7）在劳动合同的交付上，国有林场需将签订完的劳动合同交付给劳动者。实践中，一些用工单位在签订完劳动合同后，并未将劳动合同交付给劳动者，或者已经交付但无法提供交付劳动合同的证据，被劳动者以未签订劳动合同为由提出劳动仲裁，司法实践中，也出现过用人单位虽主张签订有劳动合同，但因无法证明将劳动合同交付给劳动者而被认为未签订或者未交付劳动合同从而败诉的案例。为避免出现此种情况，建议用人单位在交付劳动合同时，要求该劳动者在用人单位所持有的劳动合同文本上，另行签名并注明"已收到劳动合同原件一份"，或者在相关收据上签字确认已收到劳动合同书原件。

3. 劳动用工环节，需注意加班费和保险费问题

（1）在劳动用工环节，最容易引起劳动争议的纠纷案例是加班费问题。因加班费属于劳动报酬的一个重要组成部分，在劳动合同的正常履行中一般不会发生纠纷，劳动报酬纠纷一般多发生在员工准备主动离职提前解除劳动合同，但又希望单位给予赔偿，多以用人单位未足额发放工资报酬为由提出解除劳动合同，并要求给予经济补偿。建议国有林场在本单位的职工日常考勤管理中，需要重视职工请假、休假及加班时间等管理制度及其执行问题，特别是请假、休假与加班申请的提出与审批材料的保存；在单位员工的工资构成中，"加班费"一栏应有明确显示并做到有据可查。

（2）在劳动用工环节，另一个容易出现的风险是工伤事故。国有林场作为用人单位需要缴纳工伤保险费，一旦发生工伤事故，除及时履行必要的救助职责外，应注意及时为职工申请工伤认定，以使工伤职工及时获得工伤医疗与工伤伤残等待遇，转移单位的工伤责任风险。用人单位也可以根据实际用工与单位经营需要，为职工额外购置意外伤害的集体类保险，将单位在用工过程中可能存在的风险通过补充商业保险的方式进行转移。

4. 劳动合同终止环节，合法解除劳动合同

合法解除劳动合同涉及支付补偿金与违法解除劳动合同所涉及的支付赔偿金问题，以及解除劳动合同的通知未能有效送达，导致劳动关系未能解除。

（1）经济补偿适用于用人单位合法解除劳动合同之情形。根据我国《劳动合同法》的有关规定，对于职工因个人原因主动提前一个月向用人单位提出解除劳动合同的，单位无须支付经济补偿；对于劳动者无过错，单位也无过失，但因客观情况需要解除劳动合同之情形，如双方协商解除，或者出现单位无过失性辞退职工，如职工因患病或者非因工负伤，在规定的医疗期满后不能从事原工作，也不能从事由用人单位另行安排的工作的；职工不能胜任工作，经过培训或者调整工作岗位，仍不能胜任工作的；职工在劳动合同订立时所依据的客观情况发生重大变化，致使劳动合同无法履行，经用人单位与劳动者协商，未能就变更劳动合同内容达成协议的等，发生单位主动提出解除劳动合同之情形，或者单位依据企业破产法规定进行重整、单位生产经营发生严重困难，单位因转产、重大技术革新或者经营方式调整，经变更劳动合同后，仍需裁减人员之情形，在提前三十日主动提出解除劳动合同的，均需要对解除劳动合同的员工进行经济补偿。

（2）经济赔偿金适用于用人单位违反《劳动合同法》的规定解除或者终止劳动合同之情形。另外，还有加付赔偿金之情形，诸如用人单位未按照劳动合同的约定或者国家规定及时足额支付劳动者劳动报酬的，或者低于当地最低工资标准支付劳动者工资的，或者安排加班不支

付加班费的，以及解除或者终止劳动合同，未依照本法规定向劳动者支付经济补偿的，由劳动行政部门责令限期支付劳动报酬、加班费或者经济补偿；劳动报酬低于当地最低工资标准的，应当支付其差额部分；逾期不支付的，责令用人单位按应付金额百分之五十以上百分之一百以下的标准向劳动者加付赔偿金。

（3）劳动合同有效解除产生法律效力，需要解除劳动合同的理由及程序需要符合法律规定，并需有效送达。用人单位单方解除劳动合同，应当事先将理由书面通知工会（书面通知便于保存证据）；解除理由必须符合法律规定，否则会因违法解除劳动合同而出现经济赔偿的责任问题。

（4）劳动合同解除通知书的有效送达，不仅涉及劳动争议仲裁期间的起算时间计算问题，更是劳动关系是否已有效解除的关键性程序要件，因此具有重要的法律意义。我国《劳动争议调解仲裁法》第二十七条规定，劳动争议申请仲裁的时效期间为一年。仲裁时效期间从当事人知道或者应当知道其权利被侵害之日起计算。超过劳动争议申请仲裁期间的，仲裁机构应驳回仲裁申请。因此，国有林场在提前解除劳动合同时，除将解除理由书面通知本单位工会以外，还应当将出具的解除劳动合同的通知书，以有效方式送达给本人并保存送达的书面证据，如可要求其本人在合同解除通知回单上签名、邮寄解除通知的快递单（备注文件名称）及收到快递的信息凭证，并注意保存向劳动者本人指定通信地址，或者联系方式送达的解除劳动合同通知的有效电子凭证等。劳动争议仲裁与诉讼实践中，因用人单位未能举证证明已经有效向劳动者送达解除劳动合同通知书的情况而引起劳动纠纷，以致双方劳动关系未能有效解除的案件时有发生。

（三）劳务派遣用工风险防范

国有林场采用劳务派遣用工方式的，林场作为用工单位，对被派遣的劳动者仍承担着一定的管理职责及义务，例如执行国家劳动标准，提供相应的劳动条件和必要劳动保护、告知被派遣劳动者的工作要求和劳动报酬，支付加班费、绩效奖金，提供与工作岗位相关的福利待遇，对在岗被派遣劳动者进行工作岗位所必需的培训等。通过劳务派遣连续用工应该实行正常的工资调整机制，并应当按照同工同酬原则，对被派遣劳动者与本单位同类岗位的劳动者实行相同的劳动报酬分配办法。用工单位无同类岗位劳动者的，参照用工单位所在地相同或者相近岗位劳动者的劳动报酬确定。

劳务派遣中，被派遣劳动者如存在下列情形之一的，国有林场可以将被派遣者退回劳务派遣单位：①在试用期间被证明不符合录用条件的；②严重违反用人单位的规章制度的；③严重失职，营私舞弊，给用人单位造成重大损害的；④劳动者同时与其他用人单位建立劳动关系，对完成本单位的工作任务造成严重影响，或者经用人单位提出，拒不改正的；⑤因欺诈导致劳动合同无效的；⑥劳动者患病或者非因工负伤，在规定的医疗期满后不能从事原工作，也不能从事由用人单位另行安排的工作的；⑦劳动者不能胜任工作，经过培训或者调整工作岗位，仍不能胜任工作的；⑧被依法追究刑事责任的。

劳务派遣用工虽然存在用工灵活的特点，但我国法律禁止用人单位设立劳务派遣单位向本单位或者所属单位派遣劳动者，故国有林场应避免自行设置劳务派遣单位经营劳务派遣业务；国有林场在采用劳务派遣用工时，注意不能将被派遣劳动者再派遣到其他用人单位，应当根据工作岗位的实际需要与劳务派遣单位确定派遣期限，避免将连续用工期限分割订立数个短期劳务派遣协议。法律规定，用人单位采用劳务派遣用工时，应当严格控制劳务派遣用工数量，不得超过其用工总量的一定比例（具体比例由国务院劳动行政部门规定）。因此，国有林场应该严格控制劳务派遣用工数量。

用工单位与用人单位因劳务派遣出现争议的，在程序上适应《中华人民共和国民事诉讼法》有关规定；出现劳务纠纷时，也不需要先走劳动仲裁程序，可直接到人民法院通过诉讼方式解决。

国有林场采用劳务派遣用工方式的，需要注意以下事项：

（1）用工岗位只能是一些临时性、辅助性或者替代性的工作岗位，不能将本单位长期存在的工作岗位分割成若干个短期临时性工作岗位并通过劳务派遣方式解决。国有林场作为用工单位，应当根据工作岗位的实际需要与劳务派遣单位确定劳务派遣期限，不得将连续用工期限分割订立数个短期劳务派遣协议。

（2）国有林场不可自行设立劳动派遣单位，通过向本单位派遣劳务的方式解决用工需求。

（3）国有林场采取劳务派遣用工方式的，需与具备劳务派遣资质的单位签订劳务派遣协议，并明确约定劳务派遣单位为被派遣的人员缴纳基本社会保险，派遣岗位和人员数量、派遣期限、劳动报酬和社会保险费的数额与支付方式，以及违反协议的法律责任等事项，并根据劳务派遣单位提供的被派遣者名单，逐一核实被派遣劳务人员的社会保险（含工伤）缴纳情况及被派遣人员的身体健康状况。

（四）雇佣性劳务用工风险防范

国有林场因临时性、季节性用工需求，在无法通过劳务派遣方式解决用工需求的情况下，可通过由林场直接雇佣劳动者的方式解决。林场用工实践中多发生用工单位与一个自然人（俗称包工头）签订劳务协议，由包工头作为负责人，负责组织相应数量的劳务人员为国有林场提供相应劳务并完成相关工作。此种情况下，该自然人实际上是该劳务活动的组织者，在法律关系上属于受用工单位委托并负责完成相关劳务的组织及实施工作，该包工头与其组织的其他劳务人员一样，均属于被雇佣者，故用工单位与包工头之间的该种劳务协议（有的称劳务承包合同、劳务发包合同或者承揽合同）无论如何约定，均不能免除用工单位的管理责任。故在雇佣用工上，需要注意如下事项：

（1）用工单位应履行管理者责任。即使将管理责任及用工风险以合同方式约定交由包工负责人承担，仍不能免除用工单位的法律责任。国有林场作为用工单位，通过与包工头订立劳务协议的方式进行，对劳务承包人（包工头）组织的人员状况，如人数、人员基本情况、身体健康状况等应进行必要的审核把关，对不符合相关岗位要求及身体健康状况存在问题的人员一律不予采用。另外，在用工前及在用工过程中，需组织对被雇佣人员进行必要的劳动安全生产、设备操作等相关知识的技能培训，做好相关培训情况记录；在用工过程中，进行必要的过程监督检查，督促相关人员在安全生产的前提下完成相关工作。

（2）做好必要的用工责任风险转移措施。采取雇佣劳务用工方式，因无法为被雇佣的劳务人员单独购置工伤保险，国有林场可以通过为被雇佣人员购置集体性人身意外伤害、医疗等商业类保险的方式，转移用工过程中可能存在的被雇佣劳务人员的人身损害赔偿责任。购买的商业保险包括意外医疗、意外伤残、伤亡等保险，应以适当高于工伤保险赔付金额为宜。

第四节　劳动人事纠纷的解决

一、解决方式

改革后的事业单位按事业编制进行管理的工作人员，与所在单位发生的人事争议，主要指因考核、奖励、处分出现的人事争议，以及因聘任合同及因劳动合同履行形成的劳动争议；按劳动合同制进行管理的人员，主要是围绕劳动关系、劳动合同解除或终止、工资报酬支付等形成劳动争议。

（一）人事处分争议的解决

《事业单位工作人员处分暂行规定》对事业单位人员的处分、复核与申诉程序有明确规定，事业单位性质的国有林场在人事管理中，应遵守该规定。受到处分的事业单位工作人员对处分决定不服的，可以自知道或者应当知道该处分决定之日起三十日内，向原处分决定单位申请复核。对复核结果不服的，可以自接到复核决定之日起三十日内，按照规定向原处分决定单位的主管部门或者同级事业单位人事综合管理部门提出申诉。原处分决定单位应当自接到复核申请后的三十日内作出复核决定。受理申诉的单位应当自受理之日起六十日内作山处理决定；案情复杂的，可以适当延长，但是延长期限最多不超过三十日。复核、申诉期间不停止处分的执行。处分所依据的事实不清、证据不足的，或者违反规定程序，影响案件公正处理，以及超越职权或者滥用职权作出处分决定的，受理处分复核、申诉的单位应当撤销处分决定，重新作出决定或者责令原处分决定单位重新作出决定。受理复核、申诉的单位对原处理决定适用法律、法规、规章错误的，对违法违纪行为的情节认定有误的，处分不当的应当变更处分决定或者责令原处分决定单位变更处分决定。事业单位工作人员的处分决定被变更，需要调整该工作人员的岗位等级或者工资待遇的，应当按照规定予以调整；事业单位工作人员的处分决定被撤销的，应当恢复该工作人员的岗位等级、工资待遇，按照原岗位等级安排相应的岗位，并在适当范围内为其恢复名誉。被撤销处分或者被减轻处分的事业单位工作人员工资待遇受到损失的，应当予以补偿。

国有林场在人事管理中，对工作人员的考核，主要适用现行有效的《事业单位工作人员考核暂行规定》，具体考核内容和标准、考核的方法和程序、考核结果的使用、考核的组织管理等重大事项，可参照该规定执行。

（二）劳动争议的解决

按照《劳动争议仲裁调解法》的规定，发生劳动争议，劳动者可以与用人单位协商，也可以请工会或者第三方共同与用人单位协商，达成和解协议；当事人不愿协商、协商不成或者达成和解协议后不履行的，可以向调解组织申请调解；不愿调解、调解不成或者达成调解协议后不履行的，可以向劳动争议仲裁委员会申请仲裁；对仲裁裁决不服的，除一裁终局的劳动争议案件外，可以向人民法院提起诉讼。

根据《劳动争议仲裁调解法》规定，对于追索劳动报酬、工伤医疗费、经济补偿或者赔偿金，不超过当地月最低工资标准十二个月金额的争议；因执行国家的劳动标准在工作时间、休息休假、社会保险等方面发生的争议，仲裁裁决为终局裁决，裁决书自作出之日起发生法律效力。对该两类劳动争议，劳动者不服的，可以自收到仲裁裁决书之日起十五日内向人民法院提起诉讼；用人单位有证据证明劳动争议仲裁委员会适用法律、法规确有错误，或者没有管辖权，或者违反法定程序，或者裁决所根据的证据是伪造的，或者对方当事人隐瞒了足以影响公正裁决的证据的，以及仲裁员在仲裁该案时有索贿受贿、徇私舞弊、枉法裁决行为的，可以自收到仲裁裁决书之日起三十日内向劳动争议仲裁委员会所在地的中级人民法院申请撤销裁决。人民法院经组成合议庭审查核实裁决上述理由成立的，应当裁定撤销。仲裁裁决被人民法院裁定撤销的，当事人可以自收到裁定书之日起十五日内就该劳动争议事项向人民法院提起诉讼。当事人对上述两类劳动争议以外的其他劳动争议案件的仲裁裁决不服的，可以自收到仲裁裁决书之日起十五日内向人民法院提起诉讼；期满不起诉的，裁决书发生法律效力。

二、劳动争议仲裁与民事诉讼的应对

（一）劳动争议案件的范围

因劳动合同形成劳动争议的实体问题，适用《劳动法》《劳动合同法》等有关法律规定。事业性国有林场人事聘用合同本质上属于劳动合同的一种，最高人民法院《关于人民法院审理事业单位人事争议案件若干问题的规定》中的"人事争议"，指的是事业单位与其工作人员之间因辞职、辞退及履行聘用合同所发生的争议。聘用合同与劳动合同发生的争议，都属于劳动争议的范畴，都应适用《劳动法》的规定，其中就聘用合同的解除问题，同时适用《事业单位人事管理条例》中关于聘任合同解除的有关规定，并参照《劳动合同法》执行。

国有林场用工中发生劳动争议，主要是指围绕聘用合同或者劳动合同发生的争议，具体包括：①因确认劳动关系发生的争议；②因订立、履行、变更、解除和终止劳动合同发生的争议；③因除名、辞退和辞职、离职发生的争议；④因工作时间、休息休假、社会保险、福利、培训以及劳动保护发生的争议；⑤因劳动报酬、工伤医疗费、经济补偿或者赔偿金等发生的争议；⑥法律法规规定的其他劳动争议。

在救济程序上，因聘任合同或者劳动合同形成的劳动争议，在程序上均依照《劳动争议调解仲裁法》的有关规定处理，当事人对仲裁裁决不服提起诉讼的，按照《民事诉讼法》的有关规定处理。

（二）劳动争议案件应对策略

从应对策略上考虑，劳动争议案件的应对主要不在于案件本身，而是在平时的劳动人事管理中严格按照法律规定及本单位的人事制度加强人事管理。国有林场应该按照国家法律法规的规定，建立健全本单位完善的劳动人事管理制度。在劳动合同的签订、履行、解除及终止各个环节，对劳动用工中可能出现的劳动争议事项进行分析、研判与评估，按法律规定做好相关证据工作。

劳动争议一般是由劳动者单方提出劳动仲裁申请的情况比较多，故国有林场需在平时的劳动人事及劳动合同管理工作过程中，弄清楚本单位劳动人事纠纷最容易出现的问题，提前做好防范工作，特别需要注重聘任合同或者劳动合同的签订及合同履行等环节，做好相关证据的收集与留存工作，注意劳动合同解除的条件与程序是否符合法律规定并留存相关证据。以提前防备万一发生劳动仲裁纠纷案件，因不能提供相关证据而在仲裁或者诉讼中出现对国有林场不利的情况，避免出现不必要的用工风险。

发生劳动争议仲裁纠纷后，一般需要及时到劳动仲裁部门复印申请人提交的仲裁申请书、证据等，了解相对方诉求，并按照要求准备、提交证据、进行答辩等，依法妥善处理案件。对于具体劳动仲裁案件，需要根据具体案件情况进行有针对性的分析，积极妥善分析、审查、应对。要重点关注劳动者申请仲裁是否超过劳动仲裁申请期间、单位是否有证据反驳劳动者的仲裁申请、劳动者的仲裁申请是否符合法律规定等；如果相关仲裁案件确因证据问题对林场不利，双方也可以考虑在劳动仲裁阶段以和解与调解的方式结案，妥善处理纠纷。

（三）劳务争议案件诉讼应对策略

国有林场采用雇佣或劳务发包的用工方式发生的纠纷属于劳务纠纷，属于普通民事纠纷的范畴，适用《民法典》有关规定，救济程序适用《民事诉讼法》的有关规定。劳务用工中出现人身损害的诉讼更为常见，如有关各方在赔偿问题不能达成一致意见的，有关权利人可依法提起民事诉讼解决。

雇佣人员在提供劳务过程中出现人身损害的民事赔偿案件，以雇佣单位承担赔偿责任为多，故劳务纠纷诉讼的重点也不在诉讼本身，重点是提前做好雇佣用工的风险防范与风险转移措施，具体可参见雇佣性劳务用工风险防范指南。

第四章
国有林场合同法律指南

第一节　合同概述

　　国有林场在生产经营、对外交往过程中通过签署合同的形式与第三方发生法律关系。常用合同法律主体一方为国有林场，相对方则为公民、法人或其他组织，特殊情况下行政机关也可能成为合同的法律主体。本节主要讨论国有林场合同与普通民事合同的共性与个性，从合同法的基本原理、基本原则入手，简要分析国有林场合同的意义、特征和种类，以期指导国有林场在合同签订、履行及管理等各个阶段，识别可能存在的法律风险，并有效地采取控制措施，通过合同达到资源优化配置的管理目标。

一、合同在国有林场管理中的重要意义

　　国有林场的对外经营是由一系列的交易活动构成，通常需要签订合同，合同是国有林场与交易对象开展经营活动的依据。一项交易从交易对象的选择，到价款的支付、标的的交付都必须以合同为依据。没有合同，国有林场的对外经济交往便无从开展，其对外经济职能便无法实现。合同是国有林场与另一主体之间设立、变更、终止民事法律关系的协议。通过订立合同，国有林场确立交易的对象、类型、内容、程序和方式。因此，合同管理是国有林场管理的基础性工作，是国有林场经营管理的重要方面，也是国有林场法律风险控制的重要工作之一，不重视合同管理往往会给国有林场造成较大的法律风险。

二、国有林场合同的特征

　　国有林场对外签订的合同，形成民事法律关系，确立当事人之间的权利义务关系。国有林场合同在签订程序、合同标的、权利义务、法律适用等方面呈现出不同于其他民事合同的特点。差异性主要体现在以下几个方面。

（一）主体的特殊性

按照《民法典》的规定，民事主体包括自然人、法人和非法人组织。法人包括营利法人、非营利法人及特别法人。法人是相对于自然人而言的一类民事主体，由法律拟制。法人是具有民事权利能力和民事行为能力，依法独立享有民事权利和承担民事义务的组织。法人以独立的名义、独立的财产、独立的组织机构，承担独立的责任。法人以自己的名义对外签署法律合同，以自己所有的财产对外承担独立的法律责任。事业单位法人的法定代表人依照法律、行政法规或者法人章程的规定产生。

国有林场作为合同的一方当事人，其组织形式一般为事业单位，法律性质为非营利法人。因此，国有林场不以实现法人的营利目的为主要目标，而是以满足社会公共利益为主要目标，主要从事非营利性活动。由于国有林场经营管理的林地、林木及森林资源的国有性质，其合同的签订有可能需要履行特定的审批程序。尽管如此，国有林场与其他民事主体签署的合同，从《民法典》的规定上看，仍然是平等的民事主体之间签署的协议。为此，国有林场在与相对方签署民事合同的过程中，应在合同文本或内容上应体现平等性、公平性，通过平等协商确定合同条款。如果国有林场提供格式合同给对方使用，应当避免显失公平的条款，不得限制对方的合法权利。国有林场应当注意，格式条款发生歧义，法院可能会做出对提供格式条款一方不利的解释。

（二）签订程序不同

合同的签订采取要约、承诺的方式进行，双方或多方当事人遵循平等自愿、等价有偿的原则，就合同条款内容充分协商一致的基础上，形成合同各方认可的文本，由法定代表人签字并盖章后，合同成立生效。国有林场法律合同的签订程序除遵循上述普通合同签订程序外，由于国有林场主体的法律性质为事业单位，涉及国有资产权益的保护，对国有林场权益有重大影响的法律合同一般要征得国有林场主管部门审批，对于一些特定的合同，如使用政府专项资金的项目，往往还需要通过政府采购的方式，履行招标、拍卖、挂牌程序，或采取竞争性谈判的方式签订。国有林场工作人员，违反法律法规及国有林场内部规定程序签署合同，不但不能实现合同的预期目的，还有可能导致合同无效，相关人员被追究行政责任。为此，严格按照法律规定的程序签署合同，是国有林场合同管理及风险控制的必要条件。

（三）形式要件不同

当事人订立合同，可以采用书面形式、口头形式或者其他形式。法律并没有明确要求国有林场签订的合同必须采用书面形式，但是原则上应该签订书面形式的合同。主要原因在于采用口头或其他形式签订合同，发生争议时很难确定当事人之间的权利与义务，特别是国有林场的法律性质一般为国有事业单位，财务及经营管理制度一般都明确对外签署合同需采取书面形式。

口头形式合同一般在即时清结的交易中使用，对于有一定履行期限的交易活动就不适合，而且法律对合同形式的使用也有要求。在签订合同中如果只注重内容而忽略形式，同样会导致严重的后果，如合同约定关于签字和盖章问题，签字和盖章合同生效与签字并盖章生效对合同是否生效会产生不同影响，如果不注意可能会直接导致合同无效的问题。

（四）法律适用不同

《民法典》及相应的司法解释是国有林场常用合同适用的法律依据。由于国有林场从事的主要是资源管护这一特殊职能，合同标的也主要围绕林地、森林资源的保护和利用，国有林场法律合同的法律适用呈现出多层级性、专业性及复杂性等特征。在涉及林地权属争议的情形下，在处理林地流转合同、林地承包合同过程中，常常涉及林地所有权、森林林木所有权及使用权争议的情形，法院在审理案件的过程中，往往需要先行对当事人对林地、林木有无所有权、使用权，以及发包程序是否合法，发包合同是否得到履行等进行审查，按照特别法优先普通法适用的原则，要优先适用《土地管理法》《森林法》《农村土地承包法》《林木林地权属争议处理办法》等特别法和部门规章的规定。

三、常用合同的种类

根据国有林场合同标的以及内容的不同，国有林场常用合同的种类主要包括林权流转合同、林地林木承包合同、林木采伐合同、林木种苗买卖合同、林木资源管护合同、国有林场租地造林合同、合作造林合同、国有林场基础设施建设合同等。

（一）林权流转合同

林权流转是权利人将其依法享有的林权全部或部分通过一定方式有偿转让给另一方的行为。林权流转是盘活森林资源、把林业资源转化为林业资本，促进林业向规模化、集约化、区域化方向发展，最终实现林业现代化的必然要求。

我国《森林法》第十六条规定，国家所有的林地和林地上的森林、林木可以依法确定给林业经营者使用。林业经营者依法取得的国有林地和林地上的森林、林木的使用权，经批准可以转让、出租、作价出资等。具体办法由国务院制定。为此，国有林场是依法确定的林业经营者，依法可以对经营的林地、林木转让、作价出资。国有林场作为国有林地、林木的经营者，在对林地、林木的经营管理自然可以自己依法进行管理，但由于自身资金及管理能力的限制，为充分发挥林地、林木的经济价值，充分调动社会资源参与国有林场、林木的经营管理过程，国有林场通常会通过签署林权流转合同的方式，实现国有林场森林资源的有效利用。

《农村土地承包法》规定采取转包、出租、互换、转让或其他方式流转林地承包经营权的，流转双方当事人应当签订书面合同。2009年，国家林业局发布《关于切实加强集体林权流转管理工作的意见》，规定林地承包经营权及林木所有权流转，当事人双方应该签署书面合同。为此，在现有制度安排下，林权流转合同需要采取书面合同形式。需要指出的是，国有林场在对经营的林地、林木出资、转让的情况下，需要具有法定资质的部门评估作价，并需要履行内部审批手续，否则可能导致林权流转合同无效。

（二）林地林木承包合同

林地林木承包合同是指国有林场一方与相对方签订的以林地、林木经营权承包为合同标的，围绕林地、林木占有、使用、收益，明确国有林场作为发包方和承包方权利与义务的合同。林地、林木的承包应当遵守《森林法》等相关法律法规的规定，保护森林资源的合理开发和可持续利用，不得改变林地用途；在承包期内，除非有法律或者合同的特别约定，发包方不得收回或调整承包的林地等。林地承包经营权是当事人依据林地承包经营合同及法律规定取得的权利，林地承包经营权是土地承包经营权的一种类型。林地承包经营权包括承包林地的使用、收益和林地承包经营权流转的权利，自主组织林业生产经营的权利，以及承包的林地被征用、占用时获得补偿的权利。

《民法典》第三百三十二条规定：耕地的承包期为三十年。草地的承包期为三十年至五十年。林地的承包期为三十年至七十年。前款规定的承包期限届满，由土地承包经营权人依照农村土地承包的法律规定继续承包。林地承包经营权的法律属性为用益物权，法律规定了林地承包经营权的最长期限，超过规定期限订立的林地承包合同，超过期限的部分无效。法律规定的最长期限到期后，由双方当事人协商继续承包。

《农村土地承包法》规定：国家实行农村土地承包经营制度。农村土地承包采取农村集体经济组织内部的家庭承包方式，不宜采取承包方式的荒山、荒沟、荒丘、荒滩等农村土地，可以采取招标、拍卖、公开协商的方式承包。国有林场作为一方主体与农村集体经济组织签署林地承包合同时，应该通过招标、拍卖、公开协商的方式签署林地承包合同，否则会因违反法律行政法规的强制性规定而无效。国有林场作为发包方与相对方签署林地承包合同时也应该采取招标、拍卖、公开协商的方式签署合同。

国有林场在签署林地承包合同时，应根据林地承包经营权的上述内容予以明确约定，并且明确违约的法律后果，以便发生纠纷时可以据此主张权利。

（三）林木采伐合同

林木采伐合同是指国有林场对其经营管理的林木委托第三方进行采伐时，为明确双方的权利义务而签署的合同。在我国，出于保护生态环境的需要，《森林法》规定国家严格控制森林年采伐量，并实行林木采伐许可证制度。采伐林地上的林木应当申请采伐许可证，并按照采伐许可证的规定进行采伐；采伐自然保护区以外的竹林，不需要申请采伐许可证，但应当符合《林木采伐技术规程》。国有林场在与相对方签署林木采伐合同时，应严格按照法律规定及采伐许可证批准范围明确采伐的范围、采伐的技术规程、采伐林木的收益分配等，并需要尽可能地细化、量化，以避免合同约定出现歧义。

（四）林木种苗买卖合同

林木种苗买卖合同是国有林场与相对方签署的以林木种苗交易标的的合同。买卖合同是出卖人转移标的物的所有权于买受人，买受人支付价款的合同。转移所有权的一方为出卖人或卖方，支付价款而取得所有权的一方为买受人或者买方。买卖是商品交换最普遍的形式，也是典型的有偿合同。买卖合同为《民法典》规定的有名合同，林木种苗买卖合同与其他买卖合同的区别是合同标的不同。买卖合同的内容一般包括标的物的名称、数量、质量、价款、履行期限、履行地点和方式、包装方式、检验标准和方法、结算方式、合同使用的文字及其效力等条款。

（五）林木资源管护合同

林木资源管护合同是指国有林场为实现国家主管部门下达的森林资源管护目标，委托第三方对林木资源进行管护，明确双方权利与义务的合同。国有林场作为林地、林木的经营者，有保护、培育森林资源，保证国有森林资源稳定增长，提高森林生态功能的义务。由于国有林场内部人员有限，除了国有林场内部工作人员自己管理、培育森林资源外，往往还需要通过向社会购买服务方式委托第三方对森林资源进行管护，以实现政府下达的森林资源管护目标。

（六）租地造林合同

租地造林合同是指国有林场与农村集体经济组织或农户签订租赁荒山、荒地进行造林，培育森林资源而签订的合同。国有林场一直肩负着培育森林资源、增强林业经济效益的角色。为拓展林地资源，国有林场逐渐发展出对外租地造林模式。2014 年，中共中央办公厅、国务院办公厅印发《关于引导农村土地经营权有序流转发展农业适度规模经营的意见》，鼓励承包农户依法采取转包、出租、互换、转让及入股等方式流转承包地。鼓励有条件的地方制定扶持政策，引导农户长期流转承包地并促进其转移就业，为农村土地流转提供了政策支持。国有林场租地造林过程中涉及农村集体经济组织、农民等多方主体的权益，合同条款约定不明，往往会造成较大的隐患、面临着许多不确定的法律风险，一旦发生纠纷会给国有林场租地造林带来较大的不确定性和负性效益，这就需要在合同签订前尽可能地完善租地造林合同的条款，控制可能出现的法律风险。

（七）国有林场基础设施建设合同

国有林场的基础设施建设主要包括：国有林区公路建设、供水系统工程、供电系统工程、护林场房建设工程、办公场所及通信设施工程、森林消防工程等。2013 年 4 月 28 日，国家林业局颁布《森林生态站工程项目建设标准》和《国有林场基础设施建设标准》，分别对森林生态站工程项目建设、国有林场基础设施建设项目的内容及构成、选址与规划布局、建设标准、观测设施、仪器设备、人员配备等作出了明确具体的规定。

国有林场在基础设施建设过程中，需要结合自身的实际情况按标准编制项目建设方案，无论是方案的编制还是实施，都需要有相应资质的单位参与，这就需要与相对方签署合同明确权利义务。

第二节　合同的签订

一、合同签订的基本原则

（一）自愿原则

民事主体从事民事活动，应当遵循自愿原则，按照自己的意思设立、变更、终止民事法律关系。自愿原则也被称为意思自治原则，就是民事主体有权根据自己的意愿，自愿从事民事活动，按照自己的意思自主决定民事法律关系的内容及其设立、变更和终止，自觉承受相应的法律后果。平等原则是民法的基础，自愿原则是民法的核心。

在合同领域，自愿原则也就是合同自由原则，其内涵是合同当事人有选择是否订立合同的自由、和谁订立合同的自由、决定合同内容的自由、变更和解除合同的自由、选择合同方式的自由、选择合同补救方式的自由，以及选择救济途径的自由、选择诉讼或仲裁的自由。合同自由原则充分体现在合同的签订过程中，体现私权的本质属性，法无规定即自由。合同具有法律上的拘束力，不仅表现在当事人的合意能够严格地约束订约双方，还表现在任何一方违约时应承担相应的违约责任，当事人的合意具有优先于法律规定的任意性规范而适用的法律效力。

国有林场法律主体资格的性质一般为事业单位，其有别于纯粹的商事主体，为此国有林场签署合同的自由有别于普通的商事主体，合同自由具有相对性，合同的签订程序往往受制于行政主管部门对合同签订程序的要求，对于国有林场有重大意义的合同，一般需要采取招标或者政府采购的方式进行。国有林场在签署合同的过程中可以充分利用合同自由原则，选择对己方有利的交易对手及交易条件，在合同最终签字、盖章前，国有林场可以充分考量合同的条款。

（二）诚实信用原则

在大陆法系国家，诚实信用原则被称为债法中的最高指导原则或"帝王规则"。诚实信用原则是指当事人在从事民事活动时，应诚实守信，以善意的方式履行义务，不得滥用权力规避法律或合同规定的义务。我国《民法典》第六条规定，当事人行使权利、履行义务应当遵循诚实信用原则。依据该原则，在合同订立阶段，尽管合同尚未成立，但当事人之间具有缔约关系，应该根据诚实信用原则履行附随义务，主要包括忠实义务、诚实守信义务、相互照顾和协助的义务、遵守允诺的义务。对于当事人违反诚实信用原则的法律后果，我国《民法典》第五百条规定，假借订立合同恶意磋商、故意隐瞒与订立合同有关的情况等违背诚实信用原则，造成对方损失的应承担赔偿责任。诚实信用原则是对合同双方的要求，任何一方都应该严格按照合同的条款，全面、充分、善意履行合同义务。国有林场作为甲方与交易对手订立合同时，一般具有优势地位，但在合同履行过程中相对方往往会突破合同条款的约定，追求合同之外的利益，这时国有林场应实时监控合同的履行，严格要求对方按合同约定履行义务，不得轻易突破合同条款的约定。只有坚持诚实信用原则、善意全面履行合同义务，才能更好地维护国有林场的合同利益。

（三）合法合规原则

国有林场为实现其经营目标必然参与市场经济交易，市场经济是法治经济，这就要求市场经济的参与主体必须遵守法律法规的规定，依法开展经营活动，才可能实现市场主体的经营目标，实现合作各方共赢。法律法规为市场主体实现可期待的经济利益提供了制度保障，只有市场主体在法律框架下，依照合同约定开展经济活动，市场经济的正常秩序才可能维持，实现社会资源的有效配置。国有林场在对外经济交往过程中，有别于传统的商事主体，虽然在交易中有一定的优势地位，但通过合同的方式与相对方进行交易，也必须遵守合法合规原则。合同是产生民事法律效果的行为，违反法律、行政法规强制性规定的合同无效，不会产生当事人预期的法律效果。合法原则首先要求当事人在订立合同和履行合同的过程中必须遵守法律和行政法规，由于国有林场法律合同标的的特殊性，尤其要注重行政法规对合同效力的影响。合同法作为私法规范主要是任意性规范，允许当事人选择适用，但在特殊情况下为了维护公序良俗，其也对当事人的自由进行了必要的干预。

二、合同的基本条款

合同的内容由当事人约定，一般包括当事人的姓名或者名称、住所、标的、数量、质量、价款或者报酬、履行期限、地点和方式、违约责任、解决争议的方法等条款。国有林场可以参照各类合同的示范文本订立合同。合同的内容由当事人自愿约定，不得违反法律和损害社会公共利益。当事人没有约定或者约定不明的情况下，就要适用法律的规定。并不是所有合同都必须具备上述条款，这只是一种提示性条款。如果合同没有包括上述全部条款，也并不必然导致合同不成立。只有缺乏合同必须具备的基本条款，才会影响合同的成立。合同的当事人主体条款、合同的标的即当事人权利义务指向的对象为合同必备的基本条款。起草合同应当注意以下条款。

（一）合同的名称

合同的名称能够直接、简明地说明交易的类型。根据法律是否规定合同的名称，可以将合同分为有名合同和无名合同。有名合同是指法律上已经确定了名称的合同，如买卖合同、租赁合同、赠与合同、运输合同、建设工程合同、融资租赁合同等。对于有名合同，法律在规定合同的名称时，明确了合同对应的法律规则。在当事人没有相反约定的情况下，可以直接适用法律的规定。无名合同则是法律尚未确定名称的合同。因此，合同名称具有法律意义。国有林场在和相对方交易时，建议根据交易的具体情况选择合适的名称，除非交易的标的具有不确定性，或难以确定合同名称。根据交易情况，准确定性交易对应的法律关系，兼顾国有林场的商业需求、交易习惯等，确定准确的合同名称。

（二）当事人基本信息

当事人信息条款应当准确记录当事人的姓名或者名称和住所。国有林场作为法人，需要提供单位名称、地址、法定代表人、授权代表人、项目负责人、联系方式等信息，如果是经营单位，需要附营业执照。另一方当事人如果是自然人，需要提供姓名、住所、联系方式等信息，附身份证复印件，特别注意审查当事人必须具备民事法律关系主体资格，要具备民事权利能力及行为能力。

（三）订立合同的目的

国有林场可在合同的引言部分说明订立合同的目的、合同订立的前提条件，陈述签订合同的背景。该项内容具有一定的实际意义，可能会影响合同的成立生效及履行，不涉及当事人的实体权利与义务。

（四）定义条款

定义条款通常是对合同涉及的专门问题、专业术语予以解释说明，准确判断相关术语的法律意义。定义条款一般包括合同的核心词语、较为复杂或可能出现歧义的合同语句、专业术语、被赋予特定含义的词语等。比如关于林木抚育合同，对于"抚育"术语，有必要进行解释说明。

（五）数量条款和质量条款

数量和质量是对合同标的物进行明确。数量条款规定交货的数量和使用的计量单位。质量条款需要说明合格的标准，质量标准不明确的，按照强制性国家标准履行；没有强制性国家标准的，按照推荐性国家标准进行履行；没有推荐性国家标准的，按照行业标准履行，国有林场可以提出按照林业行业标准执行；没有国家标准、行业标准的，按照通常标准或者符合合同目的的特定标准履行。

（六）价格条款和支付条款

根据合同标的的不同，价格条款可能是价款、报酬、费用等内容。价格支付条款是付款方履行义务、收款方行使权利的依据。价格条款应该明确金额或者计算标准、支付时间、税务事项等。价款或报酬不明确的，按照订立合同时履行地的市场价格履行；依法应当执行政府定价或者政府指导价的，依照规定履行。

（七）合同的效力

依法成立的合同，自成立时生效，但是法律另有规定或者当事人另有约定的除外。国有林场对外签订合同，可以附生效条件。依照法律、行政法规的规定，国有林场合同应当办理批准等手续的，依照其规定。未办理批准等手续影响合同生效的，不影响合同中履行报批等义务条款以及相关条款的效力。应当办理申请批准等手续的当事人未履行义务的，对方可以请求其承担责任。

国有林场的法定代表人超越权限订立的合同，除相对人知道或应当知道其超越权限外，该代表行为有效，订立的合同对国有林场发生效力。国有林场不生效、无效、被撤销或者终止的，不影响合同中有关解决争议方法条款的效力。

（八）违约责任条款

违约责任条款是国有林场保护合同利益避免损失的重要条款。违约责任条款应该根据合同的具体情况，对合同履行过程中的具体风险有针对性地进行约定。设置违约责任，既是为了督促当事人履行合同义务，也是为了在当事人违约的情况下，使守约方可以得到有效的救济。

如果国有林场遇到对方当事人不履行合同或者履行合同不符合约定的，可以要求对方承担继续履行、采取补救措施或者赔偿损失等违约责任。在履行义务或者采取补救措施后，国有林场还有其他损失的，可以要求对方赔偿损失。

如果国有林场合同中的一方当事人因不可抗力不能履行合同的，根据不可抗力的影响，部分或全部免除责任，但法律另有规定的除外。国有林场因不可抗力不能履行合同的，应当及时通知对方，以减轻可能给对方造成的损失，并应当在合理期限内提供证明。合同当事人迟延履行后发生不可抗力的，不免除其违约责任。

如果对方当事人违约，国有林场应当采取适当措施防止损失扩大；国有林场没有采取适当措施致使损失扩大的，不得就扩大的损失请求赔偿。国有林场因防止损失扩大而支出的合理费用，由违约方承担。

（九）解除条款

国有林场可以根据当事人约定或法律规定解除合同。国有林场与对方当事人可以经过协商一致、解除合同，也可以事先约定一方解除合同的事由，解除合同的事由发生时，解除权人就可以解除合同。国有林场可以在法定解除情形出现时解除合同，包括因不可抗力致使不能实现合同目的；在履行期限届满之前，当事人一方明确表示或者以自己的行为表明不履行主要债务；当事人一方迟延履行主要债务，经催告后在合理期限内仍未履行；当事人一方迟延履行债务或者其他违约行为致使不能实现合同目的；法律规定的其他情形。国有林场依法主张解除合同的，应当通知对方。合同自通知到达对方时解除；通知载明债务人在一定期限内不履行债务则合同自动解除，债务人在该期限内未履行债务的，合同自通知载明的期限届满时解除。对方对解除合同有异议的，任何一方当事人均可以请求人民法院或者仲裁机构确认解除行为的效力。国有林场未通知对方，直接以提起诉讼或者申请仲裁的方式依法主张解除合同，人民法院或者仲裁机构确认该主张的，合同自起诉状副本或者仲裁申请书副本送达对方时解除。

合同解除后，尚未履行的，终止履行；已经履行的，根据履行情况和合同性质，国有林场可以请求恢复原状或者采取其他补救措施，并有权请求赔偿损失。如果合同因对方当事人违约解除的，国有林场可以请求违约方承担违约责任，但是当事人另有约定的除外。

（十）争议解决条款

国有林场可以与合同另一方当事人约定争议解决方式。合同不生效、无效、被撤销或者终止的，不影响合同中有关解决争议方法条款的效力。合同争议处理方式包括和解、调解、诉讼和仲裁。和解、调解不是法律规定的必经程序，争议发生后当事人可以选择诉讼或仲裁解决争议。如果当事人对争议解决方式没有选择或者选择不明确，发生纠纷后又不能就是否仲裁达成一致的，应通过诉讼解决争议。

国有林场可以根据合同的性质和具体情况，依据合同范本对相关条款予以修正或增减，根据国有林场的实际需求、结合与对方当事人的协商情况起草合同。合同从某种意义上说，是当事人双方经过平等协商、自愿达成的法律文本。合同一旦成立，当事双方就应该按照诚实信用原则全面履行合同。

三、合同的订立与签订

（一）合同的订立

1. 要约与承诺

国有林场订立合同，可以采取要约、承诺或者其他方式。如果国有林场主动发出要约，那么国有林场希望与他人订立合同而作出的意思表示内容应当具体确定，表明经受要约人承诺，国有林场即受该意思表示约束。值得注意的是，国有林场发出的招标公告、拍卖公告、商业广告和宣传等是希望他人向自己发出要约的表示，属于邀约邀请，如果发出的商业广告和宣传符合要约条件的，构成要约。

承诺是受要约人同意要约的意思表示。如果国有林场对他人的要约作出承诺，该承诺应当以通知的方式作出，但是根据交易习惯或者要约表明可以通过行为作出承诺的除外。承诺应当在要约确定的期限内到达要约人，要约没有确定承诺期限的，如果要约以对话方式作出的，应当即时作出承诺；如果要约以非对话方式作出的，承诺应当在合理期限内到达。承诺生效时合同成立，但是法律另有规定或者当事人另有约定的除外。

2. 书面形式与格式条款

国有林场对外签订合同应当采取书面形式。采取合同书形式订立合同的，自当事人均签名盖章或者按指印时合同成立。在签名、盖章或者按指印之前，当事人一方已经履行主要义务，对方接受时，该合同成立。法律、行政法规规定或者当事人约定合同应当采用书面形式订立，当事人未采用书面形式但是一方已经履行主要义务，对方接受的，该合同成立。

国有林场采用格式条款订立合同的，提供格式条款的一方应当遵循公平原则确定当事人之间的权利和义务，并采取合理的方式提示对方注意免除或者减轻其责任等与对方有重大利害关系的条款，按照对方的要求对该条款予以说明。提供格式条款的一方未履行提示或说明义务，致使对方没有注意或者理解与其重大利害关系的条款的，对方可以主张该条款不成为合同的内容。对格式条款的理解发生争议的，应当按照通常理解予以解释。对格式条款有两种以上解释的，应当作出不利于提供格式条款一方的解释。格式条款和非格式条款不一致的，应当采用非格式条款。

3. 保密义务

国有林场在订立合同过程中知悉的商业秘密或者其他应当保密的信息，无论合同是否成立，均不得泄露或者不正当地使用；泄露或不正当地使用该商业秘密或者信息，造成对方损失的，应当承担赔偿责任。

（二）常规合同的签订

国有林场要防范合同风险，首先要从制度上保证合同签订程序的合规，尽量避免在合同签订过程中的随意性，国有林场应该建立合同管理制度，明确合同签订流程。合同签订的流程一般包括立项、选择交易对象、进行尽职调查，草拟合同文本、履行内部审批程序等。国有林场要对合同进行流程化管理，提高合同管理水平，依法依规订立合同，防范合同风险。

1. 合同立项

合同立项工作作为前置程序，保证合同经立项批准后才能进行下一步的工作，可以减少签订合同的随意性。如果没有立项就盲目谈判或签订合同，可能会面临不可控的法律风险。

2. 尽职调查

尽职调查是国有林场在合同签订前对交易相对方的主体资格、资产负债、履约能力、经营状况、财务状况、商业信誉等基本情况进行审查，了解合同相对方的相关信息，评估其履行合同义务的能力，可以减少或避免合同违约风险的发生。经过评估，发现对方明显欠缺履约能力，需要终止交易，避免签订合同带来不必要的损失。尽职调查工作成果直接影响着合同后期的履行，避免有缺陷的合同带来法律风险。合同文本的起草工作一般由业务部门负责，业务部门应根据尽职调查的结果选择交易对象，起草合同文本。

3. 合同审查

国有林场签订合同之前应当审查合同是否合法合规。首先应该审查合同主体的适格性，审查合同主体是否依法成立并有效存续、是否具备法律规定资质等；其次是对合同的内容进行修改，对不合理、不合法的条款进行规范、调整，对合同主要条款进行确认；再次重点审查违约、解除、变更、争议解决等条款是否充分保护了国有林场的合法权益。

4. 合同谈判

国有林场进行合同谈判，事先需要明确谈判内容，包括商谈合作细节、合同主要内容。通过谈判，取得相互的信任与理解，达成意见一致，体现谈判的目的和本质。由于谈判双方所处地位、各自利益不同，看问题的角度和方法相异，观点不同也是正常的。国有林场在进行合同谈判之前，应全面搜集信息，客观分析事实，设身处地从对方的角度去思考，争取谈判成功、签订合同。

5. 合同的签订

合同的签订流程是国有林场进行合同管理的起点，合同签订后，当事人依据合同行使权利、履行义务。国有林场的法定代表人可以代表国有林场签署合同，也可以授权他人在代理权限范围内签署合同。由此可见，法定代表人以外的人签署合同需要法定代表人的授权。国有林场签署合同时，要审查对方提供的授权文件，没有权限、超越权限或者授权终止的人签署的合同都会影响合同效力，并带来极大的法律风险。授权委托书应该载明明确具体的授权范围。签订合同应该当面签署，尤其是涉及国有林场重大利益的合同，面签能够核实合同签字人身份，及时发现潜在的风险，防止他人冒名顶替签订合同，导致合同无效的风险。

（三）招投标合同的签订

国有林场在对外经济交往过程中，可以通过招标方式，选择最优的交易方案及交易相对方。

招投标流程可以分为六个阶段：招标、投标、开标、评标、定标及订立合同等。

（1）招标人（即业主）办理项目审批或备案手续（如需要）。项目审批或备案后，招标人开标项目实施。

（2）招标工作启动。招标人可以委托招标代理机构进行招标，也可以自行招标，多数为招标代理机构（即招标公司）承担招标工作。

（3）招标公司协助招标人进行招标策划。即确定招标进度计划、采购时间、采购技术要求、合同主要内容、投标人资格、采购质量要求等。

（4）招标公司在招标人配合下，根据招标策划编制招标文件。

（5）招标文件招标人确认后，招标公司发出公开招标公告或投标邀请。投标人看到公告或收到邀请后，前往招标公司购买招标文件。即招标公告中增加对投标人资格要求，投标人事先递交资格文件、满足资格条件后，招标公司才将招标文件发售给该投标人。此时的招标公告实际为招标资格预审公告，代替了招标公告的作用。

（6）投标人获得招标文件后，应研究招标文件和准备投标文件。期间，如有相关问题可与招标公司进行招标文件澄清，必要时招标公司将组织招标项目答疑会。并根据答疑或澄清内容，对全部投标人发布补充文件，作为招标文件的必要组成和修改。

（7）招标公司在开标前组建评标委员会负责评标，评标委员会的组成和评标须符合《评标委员会和评标方法暂行规定》。

（8）招标公司组织招标人、投标人在招标文件规定的时间进行开标。开标包括招标公司委派的主持人宣布开标纪律、确认和宣读投标情况、宣布招标方有关人员情况、检查投标文件密封情况、唱标、完成开标、各方签字。

（9）评委会审查投标文件进行初步评审、详细评审和澄清（如有必要），确定中标候选人。

（10）招标公司根据评委会意见出具评标报告，招标人根据评标报告，在中标候选人之间确定最终中标人。

（11）招标公司根据评标报告发出中标、落标通知书。

（12）中标人根据中标通知书，在规定时间内与招标人签订合同。

第三节　合同的管理

国有林场作为合同一方当事人根据自身经营及法律风险控制的实际需要，按照相关法律法规、部门规章和内部规范性文件的要求，对合同的签订、变更、履行、终止、解除及违约责任追究等方面实施全程动态监控，防范、识别、控制可能出现的法律风险。合同管理的总体目标是实现国有林场健康、稳定、可持续发展。

一、合同管理的重要意义

（一）保障国有林场可持续发展

在风险面前，预防大于管控。为了能够更好地规避法律风险，必须具备合同管理意识与能力，具有防范法律风险的认知，加强对合同管理的法律风险预防与控制，做好风险规避、风险识别与分析等工作。大多数国有林场虽然是不以营利为目的的事业单位，但其生存与发展目标也是扩大社会的总体效益。法律风险的存在不利于国有林场经营目标的实现。因此，重视合同管理能够有效地帮助国有林场防范合同订立及履行中的法律风险。建立合同管理制度、加强法律风险防范机制是国有林场可持续发展的保障。

（二）规范国有林场管理

国有林场要制定相关制度以规范合同管理工作。合同管理制度是在国家规定的相关法律法规范围内进行自身完善和自我监督的一项基本制度，也是国有林场进行自我约束、自我保护的一种手段和方法。国有林场在订立合同之前就要有法律风险意识，合同的订立、履行、变更等都要有明确的审核机制与签署流程。健全的合同管理制度是国有林场合同风险管理的保障，国有林场各部门可以各司其职，进行更好地配合与协调，促进合同管理的流程与各个环节更加顺畅、有序。国有林场规范管理可以预见可能发生的法律风险。

（三）完善国有林场管理制度

对外签订合同关系到国有林场的生存与发展，合同管理是国有林场管理制度的重要组成部分。外部市场的变化会给国有林场的发展带来影响，国有林场在合同管理方面不能墨守成规，需要规范合同管理的流程，强化合同管理模式的改革与创新，优化合同管理模式与体系，加强合同管理与法律风险防范，不断完善国有林场管理制度，促进国有林场健康发展。

二、国有林场合同管理的原则

国有林场在合同管理过程中，应坚持合法性原则、全流程管理原则、效益性原则、防御性原则、动态管理原则、实用性原则等。

（一）合法性原则

合同管理虽然是国有林场内部管理行为，但必须依照相关的法律法规、部门规章和规范性法律文件，坚持合法性原则。在合同管理中需要注意相关的法律规定，依法成立的合同，受法律保护，仅对当事人具有法律约束力，但是法律另有规定的除外。违反法律、行政法规的强制性规定以及违背公序良俗的民事法律行为无效；行为人与相对人恶意串通，损害他人合法权益的民事法律行为无效。国有林场常用合同的内容主要涉及林地、林木的所有权及使用权流转，以及森林资源的有效利用，需要注意《森林法》及《森林法实施条例》《土地管理法》及《土地管理法实施条例》对林地、林木等森林资源的利用的相关规定。根据《合规管理体系指南》（GB-T 35770-2017）规定，合规包括三个层次：一是法律法规；二是公司的内部规章制度；三是公司应遵守的道德规范。国有林场在从事经济活动、对外签署合同过程中也应该参照《合规管理体系指南》的相关规定，明确合同管理的原则。

（二）全流程管理原则

国有林场合同管理是一个系统的工程，应当建立完善的管理体系，对合同进行全流程管理。国有林场内部应该建立由法律合规部门牵头、其他部门参与的合同管理体系。合同管理的全过程包括合同立项、合同审批、合同签署、合同履行、争议解决等环节，需要国有林场内部有关部门和外部主管部门的共同参与、互相协作、互相制衡，全面实现国有林场的合同利益。国有林场领导层要对国有林场的发展与运行中所产生的合同进行严格把关，国有林场相关业务部门工作人员则需要注重合同签订和履行的具体问题，保证合同的顺利履行，防止潜在的法律风险出现。总之，国有林场应当对合同进行全流程管理，相关工作人员各司其职、各负其责、相互配合。

（三）效益性原则

任何制度的建立都应服从服务于主体的目标，都是为了能够更好地提高市场主体自身的发展能力和经济效益。国有林场合同管理制度也不例外，通过加强对合同本身的管理从而达到规避法律风险，最终实现国有林场经济效益增长和防止意外损失的发生。合同管理制度的建立能够为国有林场带来经济效益的提升。因此，合同管理必须从实际出发，讲究效率，注重效益。

（四）防御性原则

国有林场坚持合同管理的防御性原则，规范相关职能部门的职责，确保合同签署后能够按照约定履行。首先国有林场管理部门对合同的签订和履行严格把关，防止出现潜在的法律风险；国有林场技术部门对合同中有关技术性条款进行监督审查；国有林场会计财务部门则对合同中资金的运作和结算进行审核；作为合同签订的主管负责人在授权的范围内进行审核；国有林场负责人要进行全面监督，形成多层次、多结构的防范体系，避免国有林场在合同签署或履行过程中出现漏洞，降低经济或法律风险。

（五）动态管理原则

由于合同履行过程中存在客观情况的变化，国有林场在遵守诚实信用原则的基础上，基于合同目的要做出合理的、适当的调整。动态管理原则要求合同管理全过程要具备动态监测和风险预警、救济功能。合同从签订到履行是一个动态的过程，合同赖以存在的交易基础发生变化后，出于利益考量，需要做出相应的变化，以最大限度地保护国有林场的利益，及时弥补合同中存在的缺陷和问题，避免发生不必要的法律风险。

（六）实用性原则

国有林场应根据实际需求，量身定做符合本单位的合同管理制度，体现实用性。加强合同管理是国有林场防范法律风险及市场风险的抓手，影响着国有林场的经营成效，为此，国有林场合同管理必须遵循实用性原则。在签署合同时，要结合经常使用的合同类别或者出现的合同纠纷，因地制宜地建立合同管理制度。通过分析以往合同存在的问题，避免问题重复发生。国有林场要根据实用性原则，对合同文本不断进行完善，将双方相关权利与义务落实到具体合同条款中，以便更好地履行。

四、合同管理存在的问题

（一）对合同管理重视程度不够

有些国有林场只顾眼前的利益，片面地追求经济效益，法律风险意识比较淡薄、对法律风险的敏感度不高、评判能力不足，对合同管理没有予以充分的关注与重视，片面地理解为档案管理，将签订后的合同，束之高阁，没有意识到合同管理是一个动态过程，导致法律风险防控出现漏洞。

（二）缺乏合同管理制度建设

由于历史原因，一些国有林场没有设立合同管理部门，即使遇到法律问题，往往临时安排行政部门或者办公室来负责处理解决。在合同管理上缺乏制度建设，随意性较大，容易在履行合同的过程中发生不可控的法律风险，给国有林场带来不良影响或者经济损失。

（三）合同管理能力不足

国有林场的合同管理多以静态管理模式为主，忽视动态管理的重要性，注重合同条款的拟定、审核合理性与合法性，缺少对合同履行情况的动态监控。实践中，很多法律风险发生于合同履行的过程中，没有监控的合同权利不能完全保证国有林场最终实现合同目的。与此同时，在合同管理方面，很多国有林场缺乏动态化的管理机制与流程，对于合同的订立、履行与变更等诸多法律风险缺乏动态地识别与管控。没能全面地从法律角度思考国有林场合同中可能存在的风险或者问题，缺乏合同管理法律风险的防范意识，管理模式也有待创新，最终影响了国有林场合同效用的充分发挥。

总之，合同管理是一项系统化、动态化、全程化的工作，国有林场在合同管理中要根据单位以及工作特点不断地总结经验教训，弥补管理的短板，制定切实可行的合同管理制度。

五、合同管理的风险控制

国有林场合同管理的主要目标是控制合同签订及履行过程中可能出现的法律风险，维护国有林场的合法权益，帮助国有林场持续、健康、快速发展，实现经济效益与社会效益的最大化。国有林场要按照法律法规、部门规章、规范性法律文件和林业行业标准来制定合同管理制度，开展工作，防范合同风险。合同订立、合同履行、合同变更与解除、争议解决等环节都有可能产生法律风险，这些法律风险可能给国有林场带来经济损失。因此，重视合同中的法律风险防控是国有林场更好、更健康发展的重要保障。合同管理是国有林场日常管理工作中的重要组成部分，及时识别、控制法律风险是合同管理的目标。

（一）订立合同的法律风险控制

合同订立之前，国有林场应充分考虑到合同履行过程中可能出现的情况，尽可能地将相关处理方式及法律后果通过合同条款予以明确规定，发生争议时可以据此主张权利。合同履行中的法律风险可能在合同开始订立时就已经存在。例如，合同签订时没有查明另一方当事人主体资格是否适格，对合同订立的安全性与可靠性产生直接影响。如果国有林场合同订立之前没有对合同相对方的主体资格及履约能力进行调查，合同成立后才发现合同对方主体不适格或没有履约能力，那么国有林场就会面临着很大的法律风险。不具备法律主体资格的交易相对方是无法按照合同规定来进行履约的，发生纠纷后也无法要求其承担法律责任。因而在合同订立前，必须要查明对方主体资格和履约能力，保障合同更加可靠、安全与高效。

国有林场起草合同文本要充分考虑到合同双方的履约能力，尽量避免合同条款对己方不利，避免合同存在无效或效力待定等情形，避免相对方故意设置合同陷阱，尽可能地实现合同目的，即使发生风险也能够通过合同的相应条款在一定程度上避免或减少经济损失。

（二）合同履行中的法律风险控制

合同履行中的风险控制需要国有林场对合同进行动态监控，保证合同目的得以实现。在合同订立之后，双方应遵循诚实信用原则，善意、全面履行合同义务。

合同约定双方应该履行的权利与义务，以及违约的法律责任。如果合同存在漏洞而导致纠纷的发生，那么会对一方或双方的利益产生不良影响，甚至产生经济损失。一般来讲，在履行合同中存在的法律风险主要有两种：一是没有适当地履行合同，二是没有实际履行合同。没有实际履行合同又分为两种情况，一种是没有意愿履行合同，另一种是没有能力履行合同。国有林场为控制合同履行过程中的风险可以采取以下几种风险控制措施：

首先，及时督促对方按照诚实信用原则，善意全面履行合同义务，必要时向对方发出书面履行合同通知，指出对方违约行为及相应的法律后果。其次，采取相应地补救措施、替代方案，避免国有林场损失进一步扩大。再者，尽可能和对方协商处理违约事宜，必要时签署补充协议，进一步明确再次违约的处理。最后，及时采取法律措施，按合同约定向有管辖权的法院提起诉讼，或根据协议中仲裁条款申请仲裁。

总之，国有林场为避免合同履行过程中的风险及可能遭受的不可预知的损失，原则上要指派专人对合同履行情况进行动态实时监控、对合同的履行进行节点控制，一旦发现对方有违反合同的情形，要根据合同条款和法律相关规定及时主张合同权利，要求对方停止违约并承担违约责任，或采取补救措施，尽可能维护国有林场的合法权益。

（三）解除和变更合同的法律风险控制

在合同管理过程中，合同变更的问题比较常见，法律风险也可能随之而来。通常情况下，合同签订后，合同变更可能会对双方当事人的利益产生一定的影响。因而，国有林场要考虑补救措施，例如签订补充协议、变更合同条款、解除合同等。

不论何种原因引起的合同变更，都需要建立在当事双方友好协商的基础上，单方行为不能引起合同变更，双方当事人协商一致签署补充协议与原协议具有同等的法律效力。国有林场订立合同的目的是通过履行合同实现预期利益，但是在一些特殊情况下，继续履行除无法实现合同利益外，还可能给国有林场造成较大的经济损失，这时与其继续履行合同，还不如解除合同。

合同文本是维护国有林场利益的依据。在合同履行过程中，当发生特殊情形，需要变更或解除合同时，应依据合同的约定采取合理的措施规避和化解风险。因此，合同订立阶段，应设计出公平、合理、全面的合同条款，以期最大限度地保护国有林场的合法利益。

第四节　合同纠纷的解决

一、合同纠纷产生的原因

合同从订立到履行完毕，往往会有一个较长的过程，时间跨度比较大。由于主客观方面的原因，导致情况有所变化，可能会影响到合同的履行。一般情况下，双方经过友好协商，对合同进行变更或者解除，能够妥善处理出现的问题；如果当事人无法通过协商对合同的履行、变更或解除达成一致意见，就可能会产生合同纠纷。

产生合同纠纷的根源比较复杂，总体而言，包括主观原因和客观原因。例如，在订立合同一方当事人是法人的分支机构，没有对外签订合同的主体资格却签订了合同，一旦违约又无力承担债务时，应当由设立该分支机构的法人来承担责任。如果法人不同意承担责任，就会产生合同纠纷。例如，当事人一方履行合同不符合合同约定，产生纠纷后又没有及时进行协商，或者协商之后无法达成共识。再如，在合同履行过程中发生了不可抗力，致使合同无法履行，双方当事人对不可抗力的范围、遭受不可抗力的一方是否采取措施防止损失扩大、不可抗力是否已导致合同根本不能履行等问题的意见不一，因此也会产生纠纷。此外，双方当事人在订立合同时考虑不周，致使在履行过程中出现诸如履行地点、履行方式不明确等情况，协商不成也会引起纠纷。

二、合同纠纷的解决方式

合同争议解决方式包括和解、调解、仲裁和诉讼等方式。其中，和解和调解并非解决合同争议的必经程序，即使当事人在合同争议条款中做了相应的规定，当事人也可以不经协商和解或调解而直接申请仲裁或提起诉讼。

（一）和解

和解是合同纠纷当事人在平等、自愿、协商的基础上，按照有关法律法规、部门规章政策规定和合同约定，达成和解协议，自行解决合同纠纷的一种方式。通过和解方式解决纠纷，一般情况下适用于双方的分歧不大，通过互谅互让的方式解决争议可以实现双方共赢，特别是在合同有可能继续履行的情况下，建议双方寻求利益平衡点，通过和解的方式解决纠纷。

对于合同纠纷，虽然可以用仲裁、诉讼等方法解决，但这样不仅费时、费力、费钱，而且不利于团结，更不利于以后的合作。用协商的方式解决纠纷程序简便，及时高效，节约司法资源，节省当事人的费用，有效地防止经济损失的进一步扩大，有利于巩固和加强双方的协作关系、扩大合作，推动经济的发展。

合同双方当事人之间自行协商，以和解的方式解决纠纷应当遵守以下原则：一是平等自愿原则，合同任何一方不得以任何形式强迫对方进行协商，更不能以断绝供应、终止合作等手段相威胁，迫使对方达成"霸王协议"。二是合法原则，双方达成的和解协议，其内容要符合法律和政策规定，不能损害国家利益、社会公共利益和他人的利益，否则，当事人之间为解决纠纷达成的协议无效。

虽然通过和解的方式解决纠纷，有利于化解双方当事人的矛盾，提高争议解决的效率，但是对于涉及国有林场重大利益的情况，慎用和解的方式解决合同纠纷。在和解前，国有林场应当将和解或调解方案报订立合同时的上级主管部门进行审批，并且和解方案不得损害国家、集体、第三人的合法权益。根据《森林法》规定，林业经营者依法取得的国有林地和林地上的森林、林木的使用权，经批准可以转让、出租、作价出资等。国有林场在涉及重大利益的合同签订时往往需要履行审批手续，当合同履行过程中出现问题，需要变更或解除合同，不仅改变原合同的内容，甚至改变国有林场可能取得的预期利益。为此，国有林场通过和解的方式解决合同纠纷时，往往也需要事先履行必要的审批手续。通过诉讼或仲裁的方式解决合同纠纷，是人民法院或仲裁机构依据国家法律规定对当事方权利、义务的处分，司法裁决结果具有终局性，任何单位和组织必须接受。通过诉讼或仲裁方式解决国有林场合同纠纷，可能豁免国有林场在合同纠纷处理上的合规责任。

国有林场在通过和解方式解决合同纠纷时，要充分注意程序的合规性，履行必要的审批手续，要经得起外部的审计、上级主管部门的核查，避免国有资产流失。

（二）仲裁

仲裁是双方当事人根据仲裁协议或仲裁条款，将合同纠纷提交给仲裁机构进行处理的争议解决方式。当事人提出仲裁之后不得再就争议事项向法院提起诉讼。仲裁与诉讼相比，具有快速、便捷、保密、裁决便于执行、充分体现双方当事人的意思自治，有利于维持和发展争议双方之间的合作关系等特点。

我国《仲裁法》规定，平等主体的公民、法人和其他组织之间发生的合同纠纷和其他财产权益纠纷，可以仲裁。国有林场将合同争议提请仲裁，必须基于有效的仲裁协议或仲裁条款。需要注意的是，仲裁协议或仲裁条款内容必须具备三个要素：一是要有请求仲裁的意思表示；二是要有仲裁事项；三是要有选定的仲裁委员会。

（三）诉讼

诉讼是解决合同争议常见的纠纷解决方式。假若合同中没有有效的仲裁条款，也没有另外达成有效的仲裁协议，即使合同中没有约定诉讼，当事人仍有权就该合同争议向人民法院起诉。诉讼与仲裁相比，具有程序更加严格、对当事人诉权保障更全面、法官审判经验更丰富等特点。

合同双方当事人通过订立争议条款约定管辖法院，称为"协议管辖"。国有林场订立合同时，可通过约定管辖法院，避免异地诉讼带来的不便和更多的诉累。值得注意的是，合同当事人协议管辖是有条件限制的。一是协议管辖不得违反级别管辖与专属管辖，如海事案件，只能由海事法院管辖，合同当事人约定由普通法院管辖是无效的；二是被选择的法院必须与合同有关联，即只能在被告住所地、合同履行地、合同签订地、原告住所地、标的物所在地的法院中进行选择，而当事人在制定合同争议条款时应做到表述明确，选择的管辖法院是确定、单一的，不能含糊不清，更不能协议选择两个以上管辖法院。因本合同发生的任何诉讼，双方均可向原告所在地人民法院提起诉讼的约定，虽在一般情况下不会被认定为无效，但若发生合同双方当事人同时提起诉讼的情况，则很容易引起管辖争议，造成诉讼程序的延长，诉讼成本的增加，给当事人带来很多麻烦；三是合同当事人只能就第一审案件决定管辖法院，而不能协议决定第二审法院管辖；四是双方必须以书面方式约定管辖法院，口头约定无效。

三、合同纠纷的应对策略

（一）及时主张合同权利

合同履行发生纠纷后，如果通过协商、调解等方式不能解决，又没有签署合法有效的仲裁协议或仲裁条款时，国有林场要及时起诉，通过诉讼解决争议。有的国有林场对诉讼认识不足，对到法院打官司犹豫不决，拖了很长时间后，别无选择，才到法院起诉，但殊不知此时已错过最佳的诉讼时机。对方此时可能已陷入破产倒闭的境地，也可能转移了财产，致使不能偿还债务。此时，即使胜了官司可能也难以执行，起诉已无实际意义。

另外，国有林场无论是作为原告起诉还是作为被告应诉，要充分重视诉讼时效，如果国有林场作为原告起诉，超过诉讼时效就失去了胜诉权，实体权益无法得到保障。作为被告而言，如果对方的起诉已过了诉讼时效，则是一个很好的抗辩理由。为此，纠纷发生后，国有林场应当严格按照法律规定和协议约定及时行使权利，寻求法律救济。

当发生合同纠纷，国有林场可以选择的救济路径主要包括三种：一是要求对方继续履行合同并承担违约责任；二是要求解除合同并承担违约责任；三是确认合同无效，要求对方赔偿损失。救济路径决定着当事方合同利益能否实现、案件能否胜诉。因此，合同纠纷发生后，国有林场应选择专业人员进行充分研判，做出对国有林场有利的救济路径，最大程度地保护国有林场的合法权益。

（二）积极组织抗辩

合同履行时发生纠纷，如果被对方起诉到法院，国有林场应从以下几个方面积极应诉，组织抗辩。

（1）积极应诉。国有林场接到法院传票，应予以配合进行签收，联系阅卷，获取对方的诉讼资料。如果对法院的传票置之不理，拒不接收，会导致被动，由于没有及时行使诉讼权利可能会影响诉讼结果。

（2）认真答辩。国有林场应组织人员，仔细研究对方的民事起诉状，明确对方的诉讼请求，研究事实与理由，找出对方的疏漏或错误之处，针对对方诉讼请求提出答辩意见。实践中，并不要求开庭前必须提交书面答辩状，国有林场可以在开庭时进行当庭答辩。

（3）注重举证期限。按照《民事诉讼法》第六十八条的规定，当事人对自己的主张应当提供证据，法院会根据当事人主张和案件审理情况确定当事人应提供的证据及证据期限。人民法院在通知应诉时，一般会指定举证期限，国有林场应在举证期限内进行举证。如果指定的期限不足，国有林场可以向人民法院申请延期举证。

（三）适时提出反诉

国有林场应诉过程中，可以承认或者反驳诉讼请求，有权提起反诉。反诉是一项重要的诉讼权利，是被告用来保护自身合法权益的一种手段，但是必须注意提起反诉是有条件的。被告提起反诉须符合起诉的条件，在本诉受理之后、本诉辩论终结之前，针对原告向本诉法院提起；反诉提出的诉讼请求与本诉有牵连，要预交案件受理费，若诉讼标的相同，不再就反诉收取案件受理费。反诉和本诉同时存在，可合并审理，但法院就双方的诉讼请求分别进行审理和判决。双方当事人，既是原告，又是被告，既享有诉讼权利，又承担相应义务。例如，原告起诉被告国有林场，要求按合同约定支付价款；被告国有林场可以提起反诉，要求确认合同无效，或以对方提供的商品或服务不符合约定，构成违约，要求解除合同、赔偿损失等。反诉目的在于抵销、吞并本诉，使本诉失去作用，使原告起诉失去实际意义。

国有林场在履行保护、培育森林资源的过程中，作为甲方与相对方签署合同购买服务时，签署的大都是双务、有偿、诺成合同。由于客观情况的变化，合同履行过程中双方可能会在不同程度上存在违反合同约定的情形。当合同相对方提起诉讼或仲裁时，国有林场需要积极应对、提出抗辩，还可以根据实际情况，及时提起反诉或反请求。

（四）充分收集相关证据

民事诉讼证据规则要求"谁主张、谁举证"，当事人对提出的主张有责任提供证据予以证明。当事人通过证据来支持己方的主张，反驳对方的主张，证明己方的诉讼请求成立，诉讼理由符合客观情况。证据在诉讼中具有举足轻重的作用。法庭认定的事实不是客观事实而是法律事实，也就是用证据加以证明的事实。在诉讼中，当事人不能对自己主张所依据的事实提供证据加以证明，将承担举证不能的法律后果。

国有林场提供证据，需要事先审查证据的真实性、合法性及关联性，从五个方面对证据进行严格审查：证据是否为原件、原物，复制件、复制品与原件、原物是否相符；证据与本案事实是否相关；证据的形式、来源是否符合法律规定；证据是否真实；证人或提供证据的人与当事人有无利害关系。证据是法律事实存在的依据，是人民法院支持诉讼请求的基础。

国有林场应该充分认识到证据对诉讼的重要性，在合同履行过程中要注意收集、整理、留存有关证据。在合同纠纷发生后，可以要求对方就相关问题进行书面说明，电话沟通时做电话录音，就合同履行的相关问题签署补充说明等。如果国有林场通过证据研判认为胜诉难定，可以通过协商、签署补充协议的方式解决纠纷，在补充协议中说明对方履约情况，将来可以作为证据使用。

除自行收集证据外，国有林场还可以提出申请，请求人民法院调取证据。根据《民事诉讼法》规定，当事人及其诉讼代理人因客观原因不能自行收集的证据，或者人民法院认为审理案件需要的证据，人民法院应当调查收集。国有林场要在调取证据申请书中对证据调取的必要性、合理性以及证据的有关线索予以充分说明。

（五）及时申请管辖异议、回避及司法鉴定

1. 管辖异议

根据《民事诉讼法》规定，人民法院受理案件后，当事人对管辖权有异议的，应当在提交答辩状期间提出。人民法院对当事人提出的异议，应当审查。异议成立的，裁定将案件移送有管辖权的人民法院；异议不成立的，裁定驳回。对于合同纠纷当事人没有约定法院管辖，也没有合法有效的仲裁条款的情况下，由人民法院主管并按照法律规定确定管辖。合同纠纷一般由被告住所地，或合同履行地人民法院管辖。

国有林场应选择对己方有利的法院提起诉讼。在合同相对方以国有林场为被告提起诉讼的情况下，国有林场收到应诉通知时，有权在法院确定的答辩期间提出管辖异议。如果国有林场没有提出管辖异议，即便受诉法院没有管辖权，也因被告的应诉答辩产生管辖权，除非受诉法院违反了级别管辖和专属管辖的规定。管辖异议是法律赋予被告一方的程序性权利，管辖异议不仅可以在一定程度上能够为己方争取到更有利的法院管辖，还可以争取更长的诉讼准备时间。

2. 回避

回避制度是为了保证案件获得公正审判而设立的一项制度。根据《民事诉讼法》规定，回避的人员包括审判人员、书记员、翻译人员、鉴定人和勘验人员等。回避的情形包括本案的当事人或者当事人、诉讼代理人的近亲属；与本案有利害关系的；与本案当事人有其他关系，可能影响对案件公正审理的。审判人员接受当事人、诉讼代理人请客送礼，或者违反规定会见当

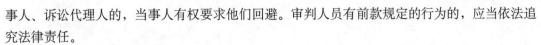

事人、诉讼代理人的，当事人有权要求他们回避。审判人员有前款规定的行为的，应当依法追究法律责任。

国有林场在诉讼中发现审判人员存在上述情况，为保证案件的公平审理，可以依法提出回避申请。法律规定，被申请回避的人员在人民法院作出是否回避的决定前，应当暂停参与本案的工作，但案件需要采取紧急措施的除外。

3. 鉴定

根据《民事诉讼法》规定，当事人可以就查明事实的专门性问题向人民法院申请鉴定。当事人申请鉴定的，由双方当事人协商确定具备资格的鉴定人；协商不成的，由人民法院指定。当事人对鉴定意见有异议或者人民法院认为鉴定人有必要出庭的，鉴定人应当出庭作证。经人民法院通知，鉴定人拒不出庭作证的，鉴定意见不得作为认定事实的根据；支付鉴定费用的当事人可以要求返还鉴定费用。国有林场在合同纠纷中，常常会遇到对方提供服务或产品不符合国家规定标准、合同约定标准，或者合同的实际价款需要鉴定，在这种情况下，国有林场要及时向法院提出鉴定申请。如果合同相对方有伪造印鉴的情况，也要及时申请鉴定，如果对印鉴的真实性提出了异议，但异议方不申请鉴定的情况下，人民法院一般不予采信。

第五章
国有林场刑事风险防控指南

第一节　刑事案件概况

一、刑事案件的种类

与国有林场有关的刑事案件从犯罪客体、犯罪主体两个不同角度进行分类，主要包括以下犯罪类型：

（一）从犯罪客体的角度进行分类

1. 危害公共安全罪

包括失火罪，重大责任事故罪，危险作业罪，重大劳动安全事故罪，工程重大事故罪，不报、谎报安全事故罪等。

2. 破坏社会主义市场经济秩序罪

包括走私珍贵动物、珍贵动物制品罪，签订履行合同失职被骗罪，串通投标罪，合同诈骗罪等。

3. 侵犯财产罪

包括挪用特定款物罪，破坏生产经营罪等。

4. 妨害社会管理秩序罪

包括非法捕捞水产品罪，危害珍贵濒危动物罪，非法狩猎罪，非法猎捕收购运输出售陆生野生动物罪，非法占用农用地罪，危害国家重点保护植物罪，非法引进释放丢弃外来入侵物种罪，滥伐林木罪，盗伐林木罪，非法收购运输盗伐滥伐林木罪等。

5. 贪污贿赂罪

包括贪污罪，挪用公款罪，受贿罪，单位受贿罪。

6. 渎职罪

包括滥用职权罪，玩忽职守罪等。

（二）从犯罪主体的角度进行分类

从犯罪主体角度进行分类，主要包括单位犯罪和自然人犯罪。根据《刑法》第三十条和三十一条的规定，公司、企业、事业单位、机关、团体实施的危害社会的行为，法律规定为单位犯罪，应当负刑事责任。单位犯罪的，对单位判处罚金，并对其直接负责的主管人员和其他直接责任人员判处刑罚。国有林场有可能成为单位犯罪的主体，例如单位行贿罪，单位受贿罪，滥伐林木罪等。国有林场的工作人员作为自然人，可能成为刑事犯罪的主体，例如渎职罪、受贿罪、滥用职权罪等。社会人员侵害国有林场的合法权益，可能构成刑事犯罪，例如盗伐林木罪，非法采伐、毁坏国家重点保护植物罪。

二、刑事案件的特征

（一）涉案主体特点明显

外部针对国有林场的犯罪具有比较明显的主体特征。从性别上看，犯罪主体年龄多为40岁以上的男性；在受教育程度方面，行为人学历普遍偏低，学历多为初中及以下，法律知识匮乏，环保意识淡薄；在从事的职业方面，附近居民和社会闲散人员成为盗伐林木案件的主要人群。

从犯罪形式上看，多为团伙作案，盗伐、滥伐、盗窃林木案占比大。近几年来，涉案人员出现由单人作案向结伙作案转化的趋势，多为亲友或乡邻共同参与，构成破坏森林资源的犯罪行为。在实施犯罪过程中分工明确，有组织盗伐的、有巡逻放哨的、有装车的、有运输销赃的，形成产供销一条龙。在滥伐盗伐树木时，由于树木数量较多或树木较大，犯罪分子临时雇佣工人进行盗伐滥伐，大多数工人事先并不知情。

（二）作案地点取证难

在国有林场外部刑事案件类别中，由于涉案对象为林木、野生动植物及其制品，此类刑事案件多发于野生动植物资源丰富的山区，作案地点具有很强的地域性特征。适宜野生动植物资源生长的地方大多地广人稀、缺乏视频监控、交通和通信不方便，路途远且行车难、现场勘查难，造成调查取证难。

（三）损失难以计算

国有林场的外部刑事案件不仅造成经济损失，而且造成生态环境的破坏。经济损失可以通过评估进行计算，无论是滥伐、盗伐林木，还是非法占用林地，这些破坏林木、林地资源的违法犯罪行为极易造成林木资源和林地面积的减少，严重的会导致林地无法耕种，森林植被破坏后难以恢复，造成水土流失，土地荒漠化加剧，自然生态环境遭到严重破坏，生态利益损失难以计算。破坏野生动物案件，不仅危害野生动物的生存，甚至导致珍稀、濒危物种灭绝，生物多样性遭到破坏，损失难以计算。

（四）刑事处罚偏轻

对破坏国有林场森林资源的行为打击力度有待加强。刑事处罚力度比较轻，以罚代刑现象较为突出，缓刑占据一定比例。判缓刑的原因主要是破坏森林植物资源案件的危害性不同于其他刑事犯罪容易让人感知危害性，例如抢劫、盗窃、故意伤害等犯罪对社会治安和人民生命财产的危害性是显而易见的，而破坏森林植物资源案件的危害性难以显现出来。其次，破坏林场资源实施犯罪的，一般是国有林场或者其他森林资源拥有者，不像其他犯罪直接危害公民的生命和财产安全，社会大众难以直接感受这类犯罪的危害性。

三、刑事案件处理存在的问题

（一）违法犯罪成本较低

国有林场刑事案件的处理结果大多是判缓刑。缓刑能够让罪犯有改过自新的机会，在一定程度上起到预防犯罪的效果，有一定的教育意义，而且减少执行压力。但是过多的缓刑判决，不能使破坏森林植物资源的罪犯充分感受到危害结果的严重性，违法犯罪成本较低，起不到较好地威慑作用，打击效果有待加强。

（二）管理体制不顺

2009 年之前，驻国有林场派出所行政上隶属所在的林场，人事任命、工资绩效、派出所各项费用都是由林场负责，派出所是林场的一个部门，林场的发展与每位干警息息相关。2009年之后，驻国有林场派出所隶属森林公安局，属于森林公安局派驻机构，干警是公务员编制，林场的发展与干警的切身利益没有任何联系。这样的体制，降低了部分干警工作的热情，责任心不强，遇到林场的困难能推则推，难以主动去打击非法侵占林地的违法行为，导致国有林场与派出所之间的关系难以协调。由于管理体制不顺，执法能力建设滞后，执法依据不足，导致违法者有机可乘。由于多数国有林场面积大，护林员少，防火造林任务重，现有工作人员不能满足森林资源保护的需要。

（三）缺少风险防控体系

多数国有林场缺少风险防控体系，没有专业的法律人员及时处理监控发现的问题或到现场处理刑事案件。多数国有林场管理人员法律意识薄弱，对涉林的刑事犯罪行为了解较少，缺乏相关的法律知识，难以及时防控风险。

第二节　刑事风险类型

一、内部刑事风险

内部刑事风险是指在国有林场经营过程中，由于内部工作人员的违法行为给国有林场及社会造成危险而受到刑事处罚。

（一）内部因素产生的刑事风险

国有林场在决策、经营、管理、对外交往过程中，林场内部工作人员由于违法犯罪行为引发刑事案件的法律风险，这种风险称之为国有林场内部产生的刑事风险。首先表现为林场内部人员实施的，同国有林场经营相关的犯罪风险。此类犯罪并未体现出林场的整体意志，而是林场内部个体所实施犯罪的风险，也是林场刑事合规风险最为常见的类型。此类林场刑事合规风险存在于从国有林场设立、发展直至撤销清算的全流程，可能发生于林场经营管理的各个环节，并伴随着林场的整个发展过程。国有林场在经营管理过程中，如果工作人员利用制度不健全，或者违反制度，实施了法律禁止的行为或者怠于依法履行职务行为，就有可能形成职务犯罪刑事案件的风险，表现为职务犯罪行为，常见案件包括贪污罪，受贿罪，签订、履行合同失职被骗罪，串通投标罪，滥伐林木罪等。

（二）内部刑事风险的案件类型

1. 贪污罪

贪污罪是指国家工作人员利用职务上的便利，侵吞、窃取、骗取或者以其他手段非法占有公共财物的行为。所谓国家工作人员是指国家机关中从事公务的人员。国有公司、企业、事业单位、人民团体中从事公务的人员和国家机关、国有公司、企业、事业单位委派到非国有公司企业、事业单位、社会团体从事公务的人员，以及其他依照法律从事公务的人员，以国家工作人员论。此外，受国家机关、国有公司、企业、事业单位、人民团体委托管理、经营国有财产的人员，也可以成为本罪的主体。不具有上述特殊身份的一般公民与上述人员勾结，伙同贪污的，以贪污罪的共犯论处。国有林场管理的是国家资源，从事的是公务行为，如果实施了贪污行为，则可能构成贪污罪。

2. 受贿罪

受贿罪是指国家工作人员利用职务上的便利，实施索取他人财物，或者非法收受他人财物，为他人谋取利益，从而构成的犯罪。受贿罪根据其受贿情形，可分为普通受贿罪、斡旋型受贿罪、利用影响力受贿罪等。

大多数国有林场是公益性的事业单位，具有事业编制的工作人员在履行职务的过程中，如果利用职务上的便利或者掌管的资源，索取或者非法收受他人财物，为他人提供便利条件或者牟取利益，可能会构成受贿罪。

3. 签订、履行合同失职被骗罪

签订、履行合同失职被骗罪是指国有公司、企业、事业单位直接负责的主管人员，在签订、履行合同过程中，因严重不负责任而被诈骗，致使国家利益遭受重大损失的行为。

国有林场在经营管理过程中，一些主管人员可能由于经验缺乏或者不负责任，在签订合同或者履行合同过程中，被第三方欺骗从而给国有林场造成巨大损失。该罪是过失性犯罪，如果国有林场工作人员明知第三方诈骗或者和第三方串通，则构成诈骗罪的共犯。

4. 串通投标罪

串通投标罪是指投标者相互串通投标报价，损害招标人或者其他投标人利益，或者投标者与招标者串通投标，损害国家、集体、公民的合法权益，情节严重的行为。

按照《中华人民共和国招标投标法》第三条的规定，在中华人民共和国境内进行下列工程建设项目，包括项目的勘察、设计、施工、监理以及与工程建设有关的重要设备、材料等的采购，必须进行招标：①大型基础设施、公用事业等关系社会公共利益、公众安全的项目；②全部或者部分使用国有资金投资或者国家融资的项目；③使用国际组织或者外国政府贷款、援助资金的项目。

国有林场运用国有资金开展生产经营活动，当需要委托社会第三方时，均需向社会公开招标。如果在招标过程中串通投标人，则有可能构成串通投标罪。

5. 滥伐林木罪

滥伐林木罪是指违反《森林法》的规定，滥伐森林或者其他林木，数量较大的，处三年以下有期徒刑、拘役或者管制，并处或者单处罚金；数量巨大的，处三年以上七年以下有期徒刑，并处罚金。所谓滥伐是指未经有关部门批准并核发采伐许可证，或者虽持有采伐许可证，但违背采伐证所规定的地点、数量、树种、方式而任意采伐本单位所有或管理的林木的。

国有林场采伐林木时要严格按照采伐许可证所规定的地点、数量、树种、方式进行采伐，防止出现超范围、超数量等违法采伐行为。国有林场如将采伐工作承包给他人的，应当明确要求承包方严格按照采伐许可证规定的范围、时间进行采伐，并注意尽到监管责任，避免因承包方的违法行为而导致国有林场承担责任。

二、外部刑事风险

（一）外部因素引发的刑事风险

国有林场发生的外部因素引发的刑事风险，包括对国有林场的整体性伤害，如合同诈骗行为；也包括对国有林场管理对象发生的行为，如滥砍滥伐侵害的是国有林场的林木，危害国家重点保护植物和危害珍贵、濒危野生动物罪，以及非法占用农用地、林地等行为侵害的都是国有林场保护对象。这些行为可能是国有林场外部社会人员或者与国有林场内部人员勾结串通实施的。

外部因素主要包括外在的社会环境、法律环境以及政策环境等因素，这些因素的变化是国有林场所无法掌控的，国有林场可以通过对外部环境进行分析、预测，并尽快调整自身以适应不断变化的外部环境。这类法律风险的来源是多方面的，国有林场应全面、充分、及时地掌握其发生和演变。

由于国有林场的经营管理具有多样性与复杂性的特征，国有林场可能存在成为被害主体的风险，此类犯罪风险主要集中在盗伐林木罪、滥伐林木、非法占用农用地等。

（二）外部刑事风险的案件类型

1. 盗伐林木罪

盗伐林木罪是指违反《森林法》，以非法占有为目的，擅自砍伐国家、集体所有的森林或者其他林木，以及擅自砍伐他人自留山上的成片林木，数量较大的，情节严重的行为。

国有林场森林资源丰富，成为盗伐林木的犯罪行为的主要受害者。近年来，随着经济结构转型，林木在建筑、建材中的作用相对越来越小，随着国家保护森林资源力度的加强，盗伐林木犯罪现象有所减少。

2. 失火罪

失火罪是指由于行为人的过失而引起火灾，造成致人重伤、死亡或者公私财产重大损失的严重后果，危害公共安全的行为。失火罪在主观方面表现为过失，既可出于疏忽大意的过失，即行为人应当预见自己的行为可能引起火灾，因为疏忽大意而未预见，致使火灾发生；也可出于过于自信的过失，即行为人已经预见自己的行为可能引起火灾，由于轻信火灾能够避免，结果发生了火灾。

火灾是森林的大敌，预防火灾是国有林场最重要的工作之一。对于因为过失引发火灾，并造成严重后果的行为以失火罪追究刑事责任。

3. 危害国家重点保护植物罪

危害国家重点保护植物罪是指自然人或者单位违反国家规定，非法采伐、毁坏珍贵树木或者国家重点保护的其他植物，或者非法收购、运输、加工、出售珍贵树木或者国家重点保护的其他植物及其制品的行为。珍贵树木是指具有较高的科学研究、经济利用和观赏价值的树木，包括省级以上林业主管部门或者其他部门确定的具有重大历史纪念意义、科学研究价值或者年代久远的古树名木，国家禁止、限制出口的珍贵树木以及列入国家重点保护野生植物名录的树木。国家重点保护的其他植物是指除珍贵树木以外的其他国家重点保护的植物，主要是《国家重点保护野生植物名录》中所规定的植物。

国有林场经营管理的林木包括珍贵树木或者国家重点保护植物，首先要做到禁止国有林场内部工作人员违反国家规定，非法采伐或毁坏珍贵树木或者国家重点保护植物，其次要做到严防其他单位或自然人非法采伐或毁坏珍贵树木或者国家重点保护植物。

4. 危害珍贵、濒危野生动物罪

危害珍贵、濒危野生动物罪是指自然人或者单位违反《野生动物保护法》，非法收购、运输、加工、出售国家重点保护的珍贵、濒危野生动物及其制品的行为。国有林场改革坚持生态导向，保护优先。近年来，大多数国有林场转型，由木材经营生产转变为生态环境保护，生态环境逐步好转，国有林场成了珍贵、濒危野生动物的栖息地。针对珍贵、濒危野生动物的犯罪时有发生，该种犯罪也侵害了国有林场的合法权益。

5. 非法占用农用地罪

非法占用农用地罪是指自然人或者单位违反土地管理法规，非法占用耕地、林地等农用地，改变被占用土地用途，数量较大，造成耕地、林地等农用地大量毁坏的行为。违反土地管理法规是指违反《土地管理法》《森林法》《草原法》等法律以及有关行政法规中关于土地管理的规定，农用地包括耕地、林地、草地。我国对农用地实行严格的保护制度，对占用农用地的行为具有非常严格的审批程序。一些国有林场周边企事业单位或居民，将改变林地用途，在林地上从事诸如开办企业、建造住宅、筑路、采石、采矿、采土、采河、倾倒废物等行为。该行为严重侵犯了国有林场的合法权益，情节严重的应予追究刑事责任。

第三节　刑事风险产生原因与防控措施

一、刑事风险产生的原因

（一）法律意识较为淡薄

我国在打击涉林刑事犯罪方面有比较完善的法律制度。现实中，大多数犯罪主体文化程度较低，缺乏法律知识和环保意识。具体而言，主要表现在以下四个方面：一是犯罪主体法律意识淡薄，不知道相关法律法规的规定，比如犯罪主体不知道需要办理采伐许可证或者认为办理采伐许可证的行政审批手续麻烦，于是出现乱砍滥伐；二是环保意识较差，不了解森林资源和人类生存的关系，忽视森林资源保护的重要性，甚至认为为了生活，可以不受限制地索取森林资源；三是存在侥幸心理或利欲熏心。随着我国经济迅速发展，森林资源变得愈加珍贵，木材价格持续升高，购买野生动植物及其制品的需求不断增加，一些人铤而走险，破坏森林资源换取经济利益。比如犯罪主体非法占用林地用于扩大产业规模，以牟取更多的经济利益。国有林场周边农民非法破坏森林资源，多是用于种植经济作物或者加工生产以牟取利益。四是认识不足导致犯罪。一般农民很难界定和准确认识国家重点保护植物，其破坏行为可能构成危害国家重点保护植物罪。例如有些农民不知道红豆杉是珍贵树种，非法砍伐红豆杉就可能构成犯罪。

（二）法治宣传有待加强

在打击涉林犯罪过程中，国有林场应深入基层，加强法治宣传，特别是要宣传《刑法》《森林法》等有关法律法规和涉林犯罪的具体规定。通过加强法治宣传，让国有林场林区群众对哪些行为是违法，哪些行为是犯罪，如何处罚，处罚上的标准等都能有清醒的认识，提高保护森林资源的意识；同时，国有林场及相关主管部门对于防范国有林场刑事案件的宣传和执法力度应当加强，对国有林场的管理者、护林员、承包人进行相关的法治教育，防范和举报各种涉林犯罪和渎职行为。

（三）经济利益驱动引发犯罪

首先，在强大的经济利益驱使下，不法分子不惜以身试法，牟取暴利，进行非法采伐林木，绝大多数盗伐通过销售木材来获取经济利益。其次，随着经济的发展，土地价值升高，农产品经济作物的价值上升，国有林场周边农民在林场边界领域内开荒、种植，逐步蚕食国有林场土地并非法占用。再次，随着旅游业升温，不法分子违法占用国有林场林地，开发森林旅游。同时，宾馆、饭店、娱乐项目等与森林旅游相关的产业逐渐向国有林场靠近和扩张，侵占林场土地，挤占后期植树造林的空间，导致林地资源流失。

（四）防范措施不到位

国有林场由于管理体制不健全、经费不足、人少事多、林地范围广、交通不便等导致防范措施不到位，护林员的日常走山巡逻是涉林案件得以发现的主要来源，涉林案件的作案地点大多在偏僻的林区，易出现犯罪案件发现不及时、报告信息不完备等问题。

二、刑事法律风险防控措施

（一）建立刑事风险联防联控机制

国有林场应设立法律事务部门，负责法律风险防控工作。从国有林场内部而言，法律风险在国有林场的生产、经营、管理等环节都可能产生，国有林场要做到客观、准确、有效地防控法律风险，需要加强部门之间合作。国有林场应将风险防控工作贯穿到生产、经营、管理的全过程，建立长效的沟通机制，使法律风险防控成为国有林场经营管理工作的重要组成部分。从外部而言，国有林场处于复杂的社会环境中，和周边的政府部门、企事业单位、居民等有广泛的联系。预防和制止针对国有林场的犯罪是整个社会共同的义务和责任。国有林场应该联系有关政府部门、企业事业单位、村民委员会等共同形成预防犯罪的联防机制，将针对国有林场的犯罪消除在萌芽状态。

第一，建立联防联控的防范机制。加强跨部门合作，坚持群众路线，共同建立联防联控机制。一是要建立行政区域和林区的共同防御体系，进行治安联防；二是要与相关的执法部门密切配合，协同作战，共享信息，形成合力；三是要选聘林业治安信息员，及时搜集掌握情报信息，准确分析预测治安形势；四是要建立健全基层群众性保护组织，充实完善林区木材检查站、治安室和林业系统内保机构。通过建立联防联控的防范机制，有效防止刑事犯罪，防患于未然。

第二，形成打击涉林犯罪的合力。国有林场管理人员应深入了解涉林犯罪案件的动态及发展趋势，联合司法部门共同做好森林资源保护的法律法规的宣传工作，加大监督力度，减少和杜绝涉林案件以及涉林刑事案件的发生，促进林区经济发展，维护林区社会稳定。

第三，创新巡防机制。加强森林资源管护网络的建立与完善，加强基层管护站建设，实现森林资源管护全覆盖。依托森林公安信息化平台，构建响应快、渠道畅通、覆盖广的预测预警机制，抓源头、建机制、强基层，筑牢维护林区安全稳定的防线。

（二）加强廉洁制度建设

大多数国有林场属于公益性事业单位，加强廉洁制度建设是降低国有林场内部刑事法律风险的重要方式。国有林场通过以下方式加强廉洁制度建设：

第一，加强廉洁教育。加强对领导人员、重要岗位工作人员和广大职工的反腐倡廉教育，开展法律法规、部门规章和林业政策的教育培训，促进全体人员增强法治意识，树立正确的权力观、利益观和业绩观，自觉做到廉洁守法。

第二，提高综合素质。首先，国有林场应做好工作人员综合素质的提升，特别是财务、人事、审计、法务、业务等部门的工作人员。其次，国有林场应明确岗位责任制，岗位之间应相互制约、相互监督、相互协作。再次，适时开展法律知识和相关业务培训。

第三，发挥监督作用。监督部门要用法律制度震慑贪腐。纪检部门积极会同人事、财务等部门通过定期检查、专项监督、案件查处等方式进行监督，从人事管理、民主决策、财务管理、收入分配、廉洁考核等多个方面进一步健全林场监督制度。通过加强对林场监督制度建设并严格执行，形成以制度管人、管钱、管事的良好监督机制。完善国有林场监督机制对保证国有资产的安全、提高国有林场的公益服务水平、杜绝腐败行为的发生具有重要的现实意义。可有效杜绝滥用职权、贪污受贿等腐败现象。

(三) 加强执法队伍建设

理顺国有林场与驻场森林公安的关系，有利于发挥森林公安在森林资源管护的重要作用。强化执法队伍建设，不断提升执法水平。森林公安与国有林场之间加强联系，对涉林案件的发生具有预防作用，也有利于案件侦破。民警与护林员相互配合协作，可提高林场日常巡逻的效率。

森林公安除了执法工作，还要侦查涉林犯罪，保护森林及野生动植物资源，维护林区社会治安秩序。国有林场护林队伍是打击国有林场刑事犯罪不可或缺的重要力量。根据《中共中央 国务院关于加快林业发展的决定》，要重视基层场站的建设，建议赋予国有林场管理人员一定的执法权，以立法形式确保基层场站执法机构的长期稳定。将所需人员的开支及办案经费纳入地方财政预算，保证经费开支。要重视和完善林业执法和国有林场的基础设施建设，制定专项建设规划，加大对林业执法机构和国有林场的投入，配备必要的交通工具、通信工具和办公设备，明确建设期限，进行专项检查验收，并将以上工作纳入地方政府及其领导干部的政绩考核。要加强山林纠纷调处，建设和谐平安林区。增强国有林场护林队的巡逻力度，注意发挥群众熟悉地形地势的优势，更好地完成林区日常的巡逻工作也是提高打击犯罪力度的有效方式。

要提高林业执法人员和国有林场管理人员的职业素质，加强执法队伍的思想、组织、业务、制度、作风建设，不断提高林业执法队伍的整体素质和执法水平，建立一支合格、高效的林业执法队伍。

第六章
国有林场林权争议应对

第一节 林权争议概述

林权是整个林业改革和发展的基石。传统意义上的林权是指森林、林木、林地的所有权和使用权，包括四个方面的内容，正如林权证上登记记载的"林地所有权、林地使用权、森林林木所有权和森林林木使用权。"根据《森林法》第十五条第二款和第三款的规定，森林、林木、林地的所有者和使用者的合法权益受法律保护，任何组织和个人不得侵犯。森林、林木、林地的所有者和使用者应当依法保护和合理利用森林、林木和林地，不得非法改变林地用途和毁坏森林、林木、林地。国有林场依法享有林权，同时也面临着复杂的林权争议。

一、概念及内涵

林权争议又称林权纠纷，有广义和狭义之分。广义上的林权争议包括林木、林地确权争议和林木、林地侵权争议，狭义上的林权争议单指前者，即因森林、林木、林地所有权或使用权的归属而产生的争议。

林权争议过去称为"山林权纠纷"或"林权纠纷"，是林区工作的一个突出难题。目前，随着经济发展和林业改革的日益深入，林权争议也随着林业管理体制改革和利益的再分配而突显出来。林权争议若得不到及时解决，会影响到国有林场的经营，破坏森林资源，影响农村社会稳定以及和谐社会的构建。林权争议在法律上属于民事纠纷，是民事财产权或者使用权纠纷的范畴。

一般来讲，林地权属清晰是界定林地侵权纠纷的前提，但是发生林木、林地侵权纠纷往往伴随着林地权属争议。因此，林地确权纠纷与林地侵权纠纷常常交织在一起。实践中，因林地权属不清晰，当事人双方均主张对争议林木、林地所有权或使用权，并且行使了争议林木、林地的所有权或使用权，即对争议林木、林地行使占有、使用、收益、处分等项权能，如国有林场对争议林地林木进行占有、抚育、间伐、护林、防火等工作。

二、主要特征

(一) 林权争议普遍存在

林权纠纷又称山林纠纷，与土地纠纷、水利纠纷并称为"三大纠纷"。人民群众反映的"十件民事九件山"充分说明山区、林区民事纠纷中山林纠纷数量多。许多国有林场均不同程度地存在部分林木、林地被集体或个人侵占的现象，林权纠纷普遍存在。不仅存在商品林木、林地权属纠纷，而且存在生态公益林木、林地被强行占有使用的现象。国有林场林权争议涉及的林地分布范围广，表现形式多样。在主体上包括国有林场、村委会、村民小组和个人以及其他经济组织等，其中国有林场与村委会、村民小组之间的林权纠纷比较多见；在地域范围上，有些林权纠纷案件跨行政区域或处于行政边界，例如县与县、市与市，或省与省之间跨行政区域的林权纠纷。

(二) 国有林场经常处于被动地位

国有林场的生产经营活动需要周边村集体及村民的配合，比如交通道路的通行等。国有林场往往通过搞好周边群众关系，避免林权纠纷发生。事实上，许多国有林场周边林地出现了被村集体蚕食、侵占、抢占的现象，也会有人挑起所谓的"林权纠纷"。如果出现国有林场与村集体之间的林权纠纷，即使国有林场通过司法途径取得胜诉判决，但由于涉及人数较多的村民利益，判决往往难以执行；或者由于一方当事人反悔，拒绝履行协议或生效判决，重新引发林权纠纷，甚至反复多次；对于跨行政区划的林权纠纷，由于缺乏相应的协调机制，加上地方利益驱动，更加难以处理。林权争议的不同利益方往往互不相让，矛盾长期存在，久拖未决，甚至上升为激烈的对抗状态，严重影响林业生产，国有林场在林权争议中往往处于被动地位。

(三) 林权争议起因复杂

引发国有林场林权争议的原因是多方面的，也比较复杂。第一，勘界困难。山林的自身特点决定了确定山林界址比较困难，常常四至不清，不同经营主体的山林之间往往没有明显的界限。第二，历史遗留问题。林权政策经过土改时期、合作化和人民公社时期、"四固定"时期、"三定"时期等不同阶段的历史变迁，政府较多使用行政手段，而往往忽略了法律手段和经济手段，因而导致产权比较混乱。在不同历史时期，林权法律制度及政策均有不同程度的变化，林权纠纷由于多种原因协商不成、久拖不决，或者行政裁决和司法判决也得不到有效执行。有的林权纠纷当时已经解决，随着情况的变化和发展，又出现新的林权纠纷。第三，林权证核发工作不规范。例如，20世纪80年代初林业"三定"时期，由于确权发证工作比较简单、粗放，山林权证不统一、不规范，核发的山林权证由县人民政府印制、核发到乡镇甚至生产队，由大队或生产队组织填写，证上只标明四至地名，没有附图，无边界邻近双方签名认定，出现重复发证、一山多证或一证多山、四至与面积不一致、人地证不一致等现象。

三、产生的原因

（一）经济利益驱动是林权争议产生的根本原因

由于林业经营周期长、见效慢，改革开放前，木材价格较低，加之林业税费负担过重，山林的经济利益有限，没有引起村集体和村民的关注，国有林场的森林资源较为丰富。改革开放之后，各项支农惠农政策落实，农林特产税取消，社会对林产品和森林环境需求持续增长，森林资源稀缺度随之提升，林木价格上涨，林地升值，山林经营收益的增长激发了村集体、村民对山林资源的产权需求，纠纷由此而生。从《中共中央 国务院关于加快林业发展的决定》到《中共中央、国务院关于全面推进集体林权制度改革的意见》的出台，国有林场周边村集体、村组及村民对林业经营意识不断地被强化，经济利益驱动导致林权纠纷数量激增。

（二）原始档案材料不完善是林权争议产生的历史原因

在历次土地确权工作中，由于历史原因，管理体制变动，部门之间缺乏沟通，林权证记载的林地范围存在交叉或重叠，人、地、证不相符，图、表、册不一致，常出现"一地两证"的情况。这种重证的情况既包括同一林业主管部门先后向国有林场和村集体发放林权证的情况，又包括不同部门向不同主体重复发放土地权属证书的现象，农村土地承包经营权证和林权证并存的情况，也存在林木、林地所有权分别属于不同的主体情况。一是证件表述不清、资料不全。林权档案材料应包括四至说明、边界认证等一系列的材料，合同书、协议书的形成材料及附件，四至说明与附件，边界走向与实地走访情况，参与单位和参与人员在相关的资料内盖章、签名并注明时间，与单位签署的合同书、协议书需加盖公章，个人签署材料需要按手印及填写身份证号码，并应该标明材料的来源等。有的林权档案记载的四至走向描述简单，引用的界线标识物非永久固定物。二是地名使用不规范，没有采用地方地名志规范地名。三是图纸不规范，多数合同书、协议书的附图都用手工绘的草图，极易形成与标准图纸的误差、与实地偏差较大的现象。持证人之间极易引发矛盾冲突，土地长期得不到有效利用，双方利益均遭受损失。

（三）诚信缺失是林权争议产生的重要原因

国有林场林权争议产生的重要原因在于当事人诚信缺失。具体表现形式主要包括：第一，有些村委会、村民小组或村民个人单方否认国有林场的林权证或合同、协议；第二，国有林场承包周边林地进行合作造林，有些村委会、村民小组或村民个人单方变更、终止承包合同、林权转让合同，或否认已达成的林权纠纷协议。或由于村干部换届、新的领导上任后，无故否定或变更前任村委会订立的协议。第三，随着社会经济的发展，有些发包人以国有林场的承包费不合理为由，单方决定解除或终止合同；有的转让方以转让金过低为由，单方随意提高数额，导致争议发生。第四，有些国有林场周边村组或个人故意制造所谓的纠纷，扰乱国有林场正常的生产经营工作。第五，有的林权争议源于地方保护主义，当地政府为了照顾当地村民的利益，在勘界发证过程中有失偏颇，从而导致林权争议的发生。

（四）林地流转不规范是林权争议产生的直接原因

国有林场与村集体之间往往存在林权流转不规范的情况。首先，存在林权流转程序不规范，一些地方的林地林木发生流转而未及时进行变更登记或注销登记，国有林场的合法权益得不到保障。其次，国有林场支付给村委会相应的款项，有些村委会并没有足额、及时发放给农民。再次，有些村委会向国有林场发包、转让林地过程中，未经全体村民大会或村民代表会议讨论通过，甚至有些村干部不征求党政班子其他成员的意见，私自发包，搞暗箱操作，一旦换届选举出新的村领导班子后，林权争议可能就会发生。最后，国有林场与村集体的承包合同内容不严谨、不完善和不合理，甚至没有书面协议，都可能会引起林权争议。

四、法律适用

我国现行的有关法律、行政法规、地方性法规、部门规章、地方政府规章以及司法解释是林权争议解决的依据。林权争议解决法律适用原则是特别法优于普通法、上位法优于下位法、新法优于旧法，当普通法的规定与特别法规定相冲突时，优先适用特别法；当不同效力等级的法律规范发生冲突时，应该优先适用效力等级高的法律规范；当新颁布的法律法规与旧的法律法规发生冲突时，优先适用新的法律法规。

（一）基本法的适用

《民法典》物权编对林木、林地的所有权、使用权在内的物权设立、变更、转让和消灭、以及物权的行使方式作出了明确的规定。因林权归属、内容发生争议的，国有林场可以请求确认权利；无权占有林地、林木的，权利人可以请求返还原物；妨害林权或者可能妨害林权的，国有林场可以请求排除妨害或消除危险；侵害林权，造成国有林场损害的，国有林场可以请求损害赔偿。确认林权请求权、返还林地林木请求权、赔偿妨害或者消除危险请求权、恢复林地林木原状请求权、损害赔偿请求权等请求事项，可以单独适用也可以合并适用。

值得注意的是，虽然确认林权请求权属于物权请求权，但根据《森林法》的规定，确认林权应当实行行政处理前置程序。《森林法》第二十二条规定，单位之间发生的林木、林地所有权和使用权争议，由县级以上人民政府依法处理。个人之间、个人与单位之间发生的林木所有权和林地使用权争议，由乡镇人民政府或者县级以上人民政府依法处理。当事人对有关人民政府的处理决定不服的，可以自接到处理决定通知之日起三十日内，向人民法院起诉。《最高人民法院关于审理森林资源民事纠纷案件适用法律若干问题的解释》第二条规定，当事人因林地承包；林地承包经营权互换、转让；林地经营权流转；林木流转；林地林木担保；林地、林木继承等行为，对林地、林木的物权归属、内容产生争议，依据民法典第二百三十四条的规定提起民事诉讼，请求确认权利，人民法院应当依法受理。当事人因对行政机关作出的林地、林木确权、登记行为产生争议，提起民事诉讼的，人民法院告知其依法通过行政复议、行政诉讼程序解决。因此，当事人对林地、林木权属产生争议时，有权选择以争议相对方为被告直接向人民法院提起民事确权诉讼，或者选择向行政机关提出确权申请。当事人选择向有管辖权的行政机关提出确权申请，由行政机关按照行政处理程序进行确权。

根据不动产的登记生效原则，不动产物权的设立、变更、转让和消灭，经依法登记，发生效力；未经登记，不发生效力。依法属于国家所有的自然资源，所有权可以不登记。不动产登记簿与当事人持有的权利证书不一致的情况下，以不动产登记簿登记事项为准。权利人、利害关系人认为不动产登记簿记载的事项错误的，可以申请更正登记。不动产登记簿记载的权利人书面同意更正或者有证据证明登记确有错误的，登记机构应当予以更正。不动产登记簿记载的权利人不同意更正的，利害关系人可以申请异议登记。登记机构予以异议登记，申请人自异议登记之日起十五日内不提起诉讼的，异议登记失效。如果产生争议的，应当按照《民法典》的规定申请异议登记，并且利害关系人需要在异议登记后十五日以内提起诉讼，由人民法院确定争议林木、林地的权利归属。不动产登记机构会根据法院的判决对不动产登记簿记载事项予以更正或继续维持记载，并对颁发的不动产登记证书进行相应的处理。

（二）特别法的适用

目前，处理林权争议除了依据《民法典》基本法，还要依据《森林法》《森林法实施条例》《林木林地权属争议处理办法》等特别法。按照上述法律规定，处理林权争议的基本原则为尊重历史和现实情况，遵循有利于安定团结，有利于保护、培育和合理利用森林资源，有利于群众的生产生活的原则。当事人合法持有森林、林木、林地的所有权或者使用权证书的情况下，可以直接作为林权归属的法律依据。当争议的林地尚未取得林权证的，下列证据作为处理林权争议的依据：①土地改革时期，人民政府依法颁发的土地证；②土地改革时期，《中华人民共和国土地改革法》规定不发证的林木、林地的土地清册；③当事人之间依法达成的林权争议处理协议、赠送凭证及附图；④人民政府作出的林权争议处理决定；⑤对同一起林权争议有数次处理协议或者决定的，以上一级人民政府作出的最终决定或者所在地人民政府作出的最后一次决定为依据；⑥人民法院作出的裁定、判决；⑦土地改革后至林权争议发生时国有林业企业事业单位设立时，该单位的总体设计书所确定的经营管理范围及附图，土地改革、合作化时期有关林木、林地权属的其他凭证；⑧能够准确反映林木、林地经营管理状况的有关凭证。

国有林场在处理林权争议时，应根据法律规定，全面搜集可以证明争议林地权属的相关证据，例如设立国有林场以及国家划拨林地、林木的证据，国有林场与周边村集体签署的合同或协议的证据，对争议林木、林地进行实际管理的证据，林木、林地通过划拨或实际造林的有关证据，包括植树造林的用工凭证、费用支出凭证，生态疏伐的有关设计方案及实施等证据。

（二）程序法律的适用

关于林权争议的处理程序，根据《森林法》《林木林地权属争议处理办法》规定，林木、林地所有权发生争议由人民政府处理，经人民政府确权后，对人民政府的行政确权决定不服的，可以依法提起行政诉讼，或者经行政复议后，对行政复议决定仍不服的，再以行政机关为被告向人民法院提起行政诉讼。行政确权案件，确定当事人实体权利义务的依据主要是《民法典》《森林法》《林木林地权属争议处理办法》等法律法规、规范性法律文件等。

人民政府在处理林权争议过程中的行政确权行为、上级人民政府的行政复议行为均属于具体行政行为，相应人民政府必须具有法律法规规定的行政确权及行政复议职权，必须在法定的权限范围内实施。按照行政法律法规的规定，行政确权是以行政处理决定书的方式作出。

按照《行政复议法》规定，行政相对人对人民政府的行政处理行为不服的，可以向作出行政处理决定的上级行政机关申请行政复议，上级行政机关对下级行政机关的行政处理行为的合法性以及争议双方对林木、林地权属认定作出行政复议决定。当事人对行政确权决定及行政复议决定不服，可以按照《行政诉讼法》规定，以作出具体行政行为的行政机关为被告提起行政诉讼，人民法院对人民政府的行政确权行为以及行政复议决定的合法性进行审理并依法作出裁决。

第二节　林权争议的行政处理

《森林法》第二十二条规定，单位之间发生的林木、林地所有权和使用权争议，由县级以上人民政府依法处理。个人之间、个人与单位之间发生的林木所有权和林地使用权争议，由乡镇人民政府或者县级以上人民政府依法处理。当事人对有关人民政府的处理决定不服的，可以自接到处理决定通知之日起三十日内，向人民法院起诉。

当事人对林木、林地权属产生争议的，可以向有管辖权的行政机关提出确权申请，由行政机关按照行政处理程序进行确权。如果当事人对行政机关的确权行为不服，可以向作出该具体行政行为的上级行政机关申请行政复议或直接提起行政诉讼。林权争议行政处理程序是行政诉讼程序的前置程序，本节主要介绍林权争议的行政处理程序及行政复议程序。

一、行政处理的程序

（一）行政确权前置程序

林权争议的行政处理程序的法律属性是行政裁决。行政裁决是指行政机关作为裁判者，对发生在平等民事主体间与行政管理职能相关的民事纠纷，依法律规定作出处理的具体行政行为。当事人对林木、林地的权属争议在本质上属于民事争议，林权争议与平等民事主体产生的其他民事争议并没有本质的不同，当事人选择通过行政裁决的方式解决林权争议时，其对行政机关裁决不服仍可以提起行政复议及行政诉讼。另外，当事人也可以选择按照民法典的相关规定直接以争议相对方为被告提起民事确权之诉。

依照《关于健全行政裁决制度加强行政裁决工作的意见》规定，行政裁决是行政机关根据当事人申请，根据法律法规授权，居中对与行政管理活动密切相关的民事纠纷进行裁处的行为，虽然没有将行政裁决直接表述为具体行政行为，但通过解读全文可以看出，行政裁决是可诉的具体行政行为，而且行政诉讼法及司法实践也赋予行政裁决的可诉性。由此可见，行政裁决具有如下法律特征：一是行政裁决的主体是行政机关；二是行政裁决的内容与行政裁决机关主管的事项有关联，且属于平等民事主体间的民事纠纷；三是行政裁决是依当事人的申请而启动，行政主体不能依职权进行主动裁决；四是行政裁决是一种特殊的行政行为。

按照《土地管理法》及《森林法》的相关规定，对于涉及土地的权属争议以及林木、林地权属争议均采取行政机关先进行确权的行政处理程序，也即行政确权前置程序。对于行政机关的行政处理决定不服的，可以提起行政诉讼。到目前为止，还没有出台一部与行政裁决有关的实体法或程序法，土地、林木、林地确权行政裁决法律规定多散见于部门法中，行政主体进行行政裁决的法律依据多为地方性法规或部门规章。这些地方性法规和部门规章的规定大多都比较简单，例如《土地权属争议调查处理办法》仅有三十六条，《林木林地权属争议处理办法》仅有二十八条。行政裁决的优势在于效率高、专业性强、处理方式较为便捷等。但由于现有的法律、法规、规章均没有对土地、林木、林地权属纠纷行政裁决的期限作出明确的规定，有些行政处理机关以各种理由拖延办案期限，导致许多土地及林木林地纠纷处理过程长达数年，这让原本以效率高著称的行政裁决制度优势丧失殆尽，也严重违背了行政法的合理性原则。有些老百姓认为在裁决过程中，自身的程序权利没有得到保障，因而对行政裁决的决定不信服。现有的土地及林木、林地权属纠纷行政裁决对举证、质证、辩论等程序不够重视，一般不主动召开听证会，导致行政相对人的程序权利受损。

由此可见，程序公正在土地及林木、林地确权纠纷行政裁决中应具有特别的价值。此外，现有规定中对行政案件的管辖和申请时效等程序问题很少涉及。当事人向人民政府提起林木、林地权属争议处理申请书及相应的证据材料之后，人民政府应该指定具有行政执法权的工作人员对争议事项作出处理。为此，国有林场在提起林木、林地权属争议确权申请之后，应积极和办案人员沟通，督促其尽快按照行政合理性原则出具行政处理决定书。

（二）行政确权案件的提起

《林木林地权属争议处理办法》第十五条规定，申请处理林权争议的，申请人应当向林权争议处理机构提交《林木林地权属争议处理申请书》。由此可见，当事人以提交林木、林地权属争议处理申请书的形式向人民政府提起林木、林地行政确权请求，并且应该具备法定的形式要件，申请书应当载明请求事项及事实理由。《林木林地权属争议处理申请书》应当包括以下内容：①当事人的姓名、地址及其法定代表人的姓名、职务；②争议的现状，包括争议面积、林木蓄积，争议地所在地的行政区域位置、四至界限范围和附图；③争议的事由，包括发生争议的时间、原因；④当事人的协商意见。

《林木林地权属争议处理办法》第十三条规定，林权争议发生后，当事人应当主动、互谅、互让地协商解决。经协商依法达成协议的，当事人应当在协议书及附图上签字或者盖章，并报所在地林权争议处理机构备案；经协商不能达成协议的，按照本办法规定向林权争议处理机构申请处理。《林木林地权属争议处理办法》规定了林木、林地争议协商不成的向林权争议处理机构申请处理，但该规定不具有强制性，当事人未经协商也可以直接提起行政确权程序，当事人向对方主张权利而对方不予答复，或者对方存在占有使用争议林木、林地的事实都可以作为当事人协商不成，林木、林地存在争议的初步证据。

（三）行政确权案件的审理程序

行政机关处理林权纠纷的行政处理程序一般包括立案、调查取证、听取意见、作出处理决定及送达等。

林木、林地权属争议的行政处理是以申请为前提的行政行为，需要当事人向行政机关提交林木、林地争议处理申请书。行政机关收到申请书后进行形式审查，符合条件的予以立案，并履行内部审批手续。决定立案后，指定案件的承办人员，并将立案情况通知行政相对人。不予立案的，应该向申请人说明理由。立案后，行政机关应全面、客观、及时地调查收集证据，以便掌握与作出行政确权相关的信息和证据。在行政机关认为调查的证据比较充分，准备做出行政处理决定前，一般应该听取行政相对人及权属争议双方当事人的意见，给当事人提供陈述、申辩的机会。案件审理实行公开原则，对于影响较大的案件需要召开听证会。在事实清楚、证据确实充分的前提下，办案人员制作行政处理决定书，履行内部审批程序由主管领导审批签字。行政处理决定书采取书面形式，决定书应该载明：行政机关的名称、申请人与被申请人的基本情况、事实及法律依据、处理结论、不服行政处理决定书的救济方式等，需要加盖行政机关的印章。行政处理决定书作出后，需要采取直接送达、邮寄送达、留置送达等方式送达给行政相对人。

二、行政复议

行政复议是公民、法人或其他组织认为行政机关的具体行政行为侵犯其合法权益，按照法律规定的程序及条件向作出该具体行政行为的上一级行政机关或法定机关提出申请，由受理申请的行政机关对该具体行政行为进行审理并做出复议决定的活动。行政复议制度的目的是保护公民、法人和其他组织的合法权益，防止、纠正违法和不当的行政行为，监督和保障行政机关依法行使职权。

对于人民政府就林木、林地所有权或使用权产生的权属争议作出的行政处理决定系针对特定相对人作出的具体行政行为，行政相对人有依法提起行政复议的权利。对行政确权决定不服提起的行政复议程序，按照《行政复议法》及《行政复议法实施条例》的相关规定进行。

根据《森林法》第二十二条规定，当事人对人民政府关于林木、林地权属争议出具的行政处理决定书不服，自收到行政处理决定书之日起三十日内，向人民法院提起行政诉讼。《行政复议法》明确当事人对行政机关作出的关于确认土地、矿藏、水流、森林、山岭、草原、荒地、滩涂、海域等自然资源的所有权或者使用权的决定不服的，可以提起行政复议。为此，当事人对于人民政府关于林木、林地行政处理决定书不服的，按照上述法律规定，当事人既可以直接向人民法院提起行政诉讼，也可以先行提起行政复议，对复议机关的复议决定仍不服的情况下再提起行政诉讼。

（一）行政复议的受理

行政复议的受理是指申请人提出复议申请后，行政复议机关经审查认为符合条件而决定立案的受理活动。申请人的申请行为与行政复议机关的受理行为相结合，标志着行政复议申请的成立、复议程序的开始。

1. 行政复议机关

行政复议机关是依法履行行政复议职责的行政机关。《森林法》第二十二条规定，单位之间对于林木、林地权属争议地处理机关为县级以上人民政府，对于个人与单位之间的林木、林地权属争议的行政处理机关为乡镇人民政府。按照《行政复议法》的规定，行政复议的受理机关为作出行政处理决定的上级行政机关。为此，对于林木、林地权属争议提起行政复议的机关一般为县级人民政府，或设区的市级人民政府。

2. 行政复议时效

行政机关对当事人关于林木、林地权属争议的裁决，如果没有在法定期限内提起行政诉讼或申请行政复议，人民政府的行政确权便产生相应的法律效力。我国《行政复议法》第九条规定，公民、法人或者其他组织认为具体行政行为侵犯了其合法权益的，可以自知道该具体行政行为之日起六十日内提出行政复议申请；但是法律规定的申请期限超过六十日的除外。我国《森林法》第六十条第二款规定，当事人对有关人民政府的处理决定不服的，可以自接到处理决定通知之日起三十日内，向人民法院起诉。为此，当事人对于行政机关作出的对于林木、林地权属争议行政处理决定直接提起行政诉讼的时效期间为收到行政处理决定之日起三十日。当事人选择提起行政复议时效期间为收到行政处理决定之日起六十日。法律设定申请时效的目的在于促使行政相对人尽快行使复议申请权，而非剥夺行政相对人的复议申请权。当事人能够提供其因不可抗力等事由导致其未能在法律规定的期间内提起行政复议，在充分说明理由并提供证据的基础上，行政复议机关应该受理复议申请。

3. 行政复议提起

申请人不服行政机关关于林木、林地权属争议的行政处理决定，应在法定期限内向行政复议机关提出书面的行政复议申请书。行政复议申请书应该有明确的被申请人、具体的复议请求及事实理由。具体的复议请求是指申请人提出的主张，即请求复议机关保护合法的权益和提供具体的救济。明确的事实依据是指能够证明行政机关作出具体行政行为的证据，能够支持其复议请求的相关证据材料。

4. 行政复议立案

受理复议申请既是复议机关的职权，也是职责。行政复议机关对于申请人提交的行政复议申请应该在五日内进行审查，经复议机关审查，认为符合立案条件的，应当立案受理。认为不符合条件的，应当裁定不予受理，不予受理裁决必须具备法定理由。

如果申请人不服行政复议机关作出的不予受理的裁决，可以将情况向复议机关的上级机关进行反映，上级行政机关认为复议机关无正当理由拒绝受理的，应该责令其受理或必要时直接受理。同时，对于复议机关裁决不予受理的，行政相对人还可以自收到不予受理裁决书之日起十五日内，依法向人民法院提起行政诉讼。

（二）行政复议审理

1. 书面复议

行政复议机关受理复议申请后，应该全面审查下级行政机关对林木、林地权属争议所作出的行政处理决定书，对其依据的证据、事实和规范性文件作出综合认定，并最终作出行政复议决定。行政复议机关受理当事人的行政复议申请后，应自受理之日起七日内将复议申请书副本发送给被申请人，被申请人应该在收到复议申请书副本之日起十日内向复议机关提交作出具体行政行为的有关材料或证据，并提交答辩状。逾期不提交的，不影响复议案件的正常审理。复议机关对下级机关作出的行政处理决定一般采取书面复议，但申请人提出书面要求或者复议机关认为必要时，可以向有关组织和人员调查情况，听取申请人、被申请人和第三人的意见。复议机关审理复议案件时，主要依据书面材料进行，一般不进行公开庭审。

2. 听证程序

在行政复议期间，行政复议机构认为必要时，可以实地调查核实证据；对重大、复杂的案件，申请人提出要求或者行政复议机构认为必要时，可以采取听证的方式审理。通常情况下，听证程序能更好地保护当事人的合法权益，但是听证程序不是行政复议的必经程序，只有当行政复议机关认为必要时才采取听证的方式审理。根据该条法律规定，其实质上赋予了当事人申请听证的权利，当事人应该积极主动地向行政复议机关申请听证程序。在行政复议法律实务中，当事人在提起行政复议申请时并应该提交听证申请书，以便更好地维护其合法权益。

3. 证据规则

在行政复议案件审理中，被申请人对具体行政行为负举证责任。作出具体行政行为的机关负有证明其行为合法的举证责任，复议机关与被申请人是上下级的行政机关，向复议机关提交有关材料或证据是被申请人的法定义务。即被申请人要在行政复议机关要求的时限内提供作出具体行政行为所依据的事实和规范性文件，不能提供的，就面临行政确权被复议机关撤销的风险。在行政复议中，被申请人提交的证据需要证明被申请的具体行政行为具有合法性和适当性，不同于行政诉讼和民事诉讼对证据的要求。在行政诉讼中，行政机关需要证明具体行政行为的合法性；在民事诉讼中，原被告双方提供的证据都需要具有合法性。特别是，根据"先取证、后裁决"的原则。在复议过程中，被申请人不得自行向申请人和其他有关组织和个人收集证据，即行政复议中的证据仅限于具体行政行为作出前收集的证据。

（三）行政复议决定

行政复议决定，是指行政的复议机关就申请复议的具体行政行为的合法性、适当性作出的书面裁决，是复议机关经审查后对具体行政行为的结论性认定。《行政复议法》规定，行政复议机关负责法制工作的机构应当对被申请人作出的具体行政行为进行审查，经行政复议机关的负责人同意或者集体讨论通过后作出行政复议决定。林权纠纷行政复议决定是行政复议机关对下级行政机关就林权争议作出行政处理决定的法律程序、事实认定、法律适用以及行政确权结果适当性、合法性作出的认定。根据林权争议的具体情况，林权争议行政复议决定包括以下几种形式：

1. 维持决定

维持决定是行政机关对下级行政机关就复议申请人提起的林权争议事项认定的合法性进行审查，认为其认定事实清楚、证据确凿、法律适用正确、程序合法、内容适当，从而决定否认复议申请人主张，肯定被审查具体行政行为合法的决定。维持决定的适用条件是：①具体行政行为认定事实清楚、证据确凿；②法律适用正确；③程序合法，指行政机关在作出行政确权决定时遵守了法定的程序，符合依法行政的程序性要求。

2. 撤销决定

撤销决定是复议机关对行政机关林权争议行政处理行为的合法性进行审查，认为该具体行政行为违法或不当，作出否定原具体行政行为的决定。撤销可以全部撤销，可以部分撤销，也可以撤销并责令重新作出具体行政行为。撤销决定适用于以下情况：

（1）具体行政行为认定的证据不足、事实不清。证据不足指作出具体行政行为所依据的基本事实证据不充分，或相关矛盾，以及相关证据没有经过合法的质证程序等。如果在事实没有查清、证据不充分的情况下就作出行政确权决定，那么无法保障行政确权决定的结果正确。

（2）法律适用错误。法律适用错误的具体表现形式为未正确适用相应的法律法规，或者适用已经废止的法律法规等，法律适用错误会导致行政处理结果错误。

（3）违反法定程序。行政机关必须依照法律明确授权并按照法定程序行使职权，违反法定程序容易做出错误的决定。即使行政机关作出的林权争议处理结果可能是正确的，相对人也可能会对其合法性存有怀疑。

3. 变更决定

行政复议机关经过对具体行政行为进行审查，认为该具体行政行为违法或不当，作出改变原具体行政行为的决定。变更决定实际上是复议机关直接作出了一个新的具体行政行为。如果原具体行政行为违反法定程序，那么行政复议机关只能作出撤销决定。在林权争议行政复议中，变更决定主要适用于原行政处理机关的行政处理决定，程序合法，事实认定清楚，只是法律适用错误导致认定结果错误。作出变更决定不仅提高了行政效率，而且使行政相对人拥有了实体权利。

第三节　林权争议的行政诉讼

解决林权争议需要先经过行政机关确权的行政裁决程序，对行政机关的行政处理决定不服，或经上级行政机关复议后对行政复议决定不服，行政相对人可以行政机关或行政复议机关为被告提起行政诉讼。林权纠纷行政诉讼中，行政争议与民事争议往往交织在一起，一方面行政争议的解决是民事争议解决的前提条件，另一方面人民法院解决行政争议之时，不得不关注民事争议双方当事人的权利和义务。在林木、林地权属争议的行政诉讼过程中，人民法院往往采取行政附带民事争议的处理方式，既对行政机关在行政确权行为及行政复议行为的合法性进行审查，也对林木、林地权属争议当事人之间关于林木、林地的实体权利的归属进行审查判断。

一、行政诉讼的审查内容

行政诉讼是指公民、法人或其他组织认为行政机关的具体行政行为侵害其合法权益，依法定程序和要求向人民法院起诉，人民法院依法受理并对具体行政行为进行审理并作出裁判的活动。林权纠纷行政诉讼是指林木、林地确权行政处理程序中的申请人、被申请人、以及第三人对行政机关的行政处理决定不服，向人民法院提起的行政诉讼，或者是行政复议程序中的行政相对人，包括申请人、被申请人对行政复议决定不服，进而以行政机关或行政复议机关为被告向人民法院提起的行政诉讼。行政诉讼体现司法权对于行政权进行必要的干预和监督。林权争议行政诉讼中，人民法院会对行政处理机关或行政复议机关的具体行政行为进行审查，即审查行政机关的确权程序及复议机关的复议程序的合法性，并附带解决当事人关于林权的实体争议。

二、行政诉讼的管辖

行政诉讼管辖是解决林权纠纷当事人对行政机关确权的行政处理决定不服，或者对行政复议机关的行政复议决定不服，应该向哪一个法院提起行政诉讼、进行救济的问题。管辖分为级别管辖和地域管辖，级别管辖是指不同审级的人民法院审理第一审行政案件的权限划分，级别管辖从纵向划分上、下级人民法院之间受理第一审行政案件的权限和分工；地域管辖从横向划分同级人民法院之间受理解决某一行政案件的管辖。

（一）级别管辖

我国法院设置分为基层人民法院、中级人民法院、高级人民法院和最高人民法院四个审级。行政诉讼案件的一审以基层人民法院管辖为原则，其他审级法院管辖为例外。高级人民法院管辖本辖区内重大、复杂的第一审行政案件。最高人民法院管辖全国范围内重大、复杂的第一审行政案件。行政诉讼法对中级以上人民法院的管辖做出列举性规定，除了法律特别规定由中级或中级以上人民法院管辖的行政案件外，第一审行政诉讼案件都由基层人民法院管辖。由中级人民法院管辖的第一审行政案件如下：

（1）对国务院部门或者县级以上地方人民政府所作的行政行为提起诉讼的案件；

（2）海关处理的案件；

（3）本辖区内重大、复杂的案件；

（4）其他法律规定由中级人民法院管辖的案件。

确认林权纠纷的行政诉讼级别管辖依据，主要是做出林权行政处理决定或行政复议机关的层级。如果是乡镇人民政府作出的行政处理决定，由基层人民法院管辖，如果是县级以上人民政府作出的行政处理决定由中级以上人民政府管辖。

（二）地域管辖

地域管辖是在级别管辖的基础上确定同级人民法院之间受理第一审行政案件的划分，由于同一审级的法院存在着若干法院，因而在解决了一审法院的管辖后，还需要进一步确定同一审级之间不同法院的权限划分。根据地域管辖和人民政府所在区域相一致的原则予以确定。对于经过复议林权纠纷的案件管辖，一般会涉及原行政处理机关及行政复议机关。复议的结果存在维持原行政处理决定，或者改变原行政处理决定，法律对此分别作出了不同的规定。根据《行政诉讼法》规定，行政案件由最初作出行政行为的行政机关所在地人民法院管辖，经过行政复议的案件，也可以由行政复议机关所在地人民法院管辖。经行政复议的林权争议案件，行政复议机关是县级人民政府或者市级人民政府，经行政复议林权争议案件通常由中级以上人民法院管辖。

对县级以上人民政府提起行政诉讼的案件由中级以上人民法院管辖，主要原因在于排除地方政府对法院司法权的干预。实际上对于设区市人民政府为被告的行政诉讼案件，由该市中级人民法院管辖，同样也面临着同级人民政府对中级人民法院的压力。为此，《行政诉讼法》规定，经最高人民法院批准，高级人民法院可以根据审判工作的实际情况，确定若干人民法院跨行政区域管辖行政案件。例如辽宁省高级人民法院发布《关于实施行政案件集中管辖的公告》，该公告规定自 2020 年 10 月 9 日起，在全省法院开展行政案件集中管辖工作，对辽宁省行政区域内人民法院管辖的行政案件的管辖法院予以调整。该规定突破了行政区划的限制，对中级人民法院的管辖作出较为合理的规定。

国有林场因林权纠纷需要提起行政诉讼时，需要检索当地高级人民法院是否对地域管辖作出特别规定，如果有特别规定，可以减轻同级人民政府对法院的压力，更有利于案件的公正审理。

三、行政诉讼的被告

《行政诉讼法》第二十六规定，公民、法人或者其他组织直接向人民法院提起行政诉讼的，作出行政行为的行政机关是被告；经复议的案件，复议机关决定维持原行政行为的，作出原行政行为的行政机关和复议机关是共同被告；复议机关改变原行政行为的，复议机关是被告。

《森林法》第二十二条规定，单位之间发生的林木、林地所有权和使用权争议，由县级以上人民政府依法处理。个人之间、个人与单位之间发生的林木所有权和林地使用权争议，由乡镇人民政府或者县级以上人民政府依法处理。林木、林地纠纷权属争议行政处理决定由乡镇人民政府作出或县级人民政府作出。在当事人选择直接针对行政确权提起行政诉讼的情况下，一般以乡镇人民政府，或县级人民政府为被告提起诉讼。在当事人选择行政复议的情况下，被告分两种情况，行政复议机关决定维持原行政机关处理决定的，作出原行政处理决定的机关和行政复议机关为共同被告。行政复议机关改变原行政处理决定的，行政复议机关为被告。

四、行政诉讼的举证责任

行政诉讼证据就是在行政案件中用以证明案件事实存在的材料。证据的形式有书证、物证、视听材料、证人证言、当事人的陈述、鉴定结论、勘验笔录和现场笔录等。证据需要具备真实性、合法性和关联性。证据的作用是证实或说明行政案件的法律事实是否存在，任何一个行政案件的法律事实都需要用证据来加以证明。

在民事诉讼中遵循"谁主张、谁举证"原则，而在行政诉讼中被告对具体行政行为的合法性承担举证责任，原告只有在特定情况下对特定事项承担举证责任。承担举证责任的当事人必须举证证明所主张的法律事实真实存在，否则将承担败诉的法律后果。林权争议案件行政诉讼中，被告对作出的行政行为负有举证责任，应当证明具体行政行为的合法性和所依据的规范性文件。被告不提供或者无正当理由逾期提供证据，视为没有相应证据。但是，被诉行政行为涉及第三人合法权益，第三人提供证据的除外。

在行政诉讼中，被告行政机关对被诉行政行为的举证期限是收到起诉状副本十日内提交。被告在此期限不提供或者无正当理由拒绝提供的将承担败诉的法律后果，人民法院可以判决撤销被诉具体行政行为或者确认被诉具体行政行为违法。由此可见，行政机关在作出具体行政行为时应当基于已经调查的证据，先取证、后裁决是依法行政的重要规则。因此，行政机关向人民法院提交的证据是在作出行政决定之前就已经取得的。一旦进入行政诉讼，被诉行政机关有义务向法院提供已经取得的证据，在诉讼过程中，被告及其诉讼代理人不得自行向原告、第三人和证人收集证据。人民法院只能根据行政机关作出决定时的证据以审查行政机关所述事实和理由是否成立、行政决定是否合法。

林权争议行政诉讼的举证责任虽然由被告行政机关承担，但并不排除在某些情况下原告的举证责任。原告举证责任主要是证明起诉符合法定条件，避免原告滥用诉权。尽管林权行政诉讼中的举证责任由被诉行政机关承担，但林权纠纷最终涉及双方实体权利认定，国有林场在林权纠纷行政诉讼中应当积极提供与案件有关的证据，尤其是林地、林木相关的权属证明以及享有合法权益的证据，以期获得有利的处理结果。

五、行政诉讼的审理

（一）庭审方式

庭审阶段是全部审理活动的中心环节，其主要任务是审查核实证据，查明案件事实，正确适用法律，确认当事人之间的权利与义务关系，然后根据庭审结果作出判决。《行政诉讼法》规定，第一审程序一律开庭审理，不得进行书面审理。庭审前根据案件的复杂程度可以组织双方当事人进行证据交换，也可以通知当事人进行谈话。

1. 以公开审理为原则

行政案件有两种审理方式，分别是公开审理和不公开审理。《行政诉讼法》规定，人民法院公开审理行政案件，但涉及国家秘密、个人隐私和法律另有规定的除外。涉及商业秘密的案件，当事人申请不公开审理的，可以不公开审理。无论是公开审理，还是不公开审理，在宣告判决裁定时，都应该公开进行。人民法院应当公开已发生法律效力的判决书、裁定书，供公众查阅，但涉及国家秘密、商业秘密和个人隐私的内容除外。实践中，人民法院往往将判决书或裁定书向当事人送达，并以判决书或裁定书上网的方式向社会公开。

2. 审理行政案件不适用调解

《行政诉讼法》规定，人民法院审理行政案件，不适用调解。但是，行政赔偿、补偿以及行政机关行使法律、法规规定的自由裁量权的案件可以调解。调解应当遵循自愿、合法的原则，不得损害国家利益、社会公共利益和他人合法权益。人民法院审理行政案件不得以调解书的方式结案，原因在于调解要求当事人双方必须对其实体权利享有处分权，行政诉讼的被告是行政机关，不享有实体权利的处分权。行政机关代表国家行使行政管理权，对于行政机关来说，依法行政是其法定职责。行政诉讼以合法性审查为原则，在具体行政行为的合法与违法之间不存在第三种选择。但是由于林权争议行政诉讼案件，涉及附带解决当事人之间的林权归属，而林权归属属于民事争议，林权争议双方自愿协商解决并达成和解协议的，人民法院可以裁定准许原告撤诉的方式结案。值得注意的是，行政诉讼法规定当事人在调解中对民事权益的处分，不能作为审查被诉行政行为合法性的根据。

（二）庭审程序

庭审程序是人民法院在当事人、诉讼参加人及其他诉讼参与人的参加下，依法定程序审理行政案件的过程。

1. 开庭前准备

人民法院应当在立案之日起五日内，将起诉状副本发送被告。被告应当在收到起诉状副本之日起十五日内，向人民法院提交作出行政行为的证据和所依据的规范性文件，并提出书面答辩状。人民法院应当在收到答辩状之日起五日内，将答辩状副本发送原告。被告不提出答辩状的，不影响人民法院审理。人民法院应该在开庭三日前传唤通知当事人、诉讼参与人按时出庭参加诉讼。

2. 宣布开庭

开庭前由书记员查明当事人、诉讼参加人和其他诉讼参与人是否到庭。审判长宣布开庭，宣布案由，依法核对当事人身份，宣布合议庭组成人员及本案涉及的鉴定人、勘验人、翻译人员名单，告知当事人的诉讼权利和义务。当事人认为审判人员与本案有利害关系或者有其他关系可能影响公正审判，有权申请审判人员回避。当事人也有权申请书记员、翻译人员、鉴定人、勘验人回避。审判人员认为自己与本案有利害关系或者有其他关系，应当申请回避。院长担任审判长的回避，由审判委员会决定；审判人员的回避，由院长决定；其他人员的回避，由审判长决定。当事人对决定不服的，可以申请复议一次。

3. 法庭调查

法庭调查是审判人员在法庭上，在诉讼当事人及诉讼参与人的参加下，全面调查案件事实，审查判断证据的诉讼活动。法庭调查其顺序如下：

（1）由原告口头陈述事实或宣读起诉状，讲明具体诉讼请求和理由；

（2）由被告口头陈述事实或宣读答辩状，对原告诉讼请求提出异议或者反诉，讲明具体请求和理由；

（3）第三人陈述或者答辩，第三人陈述诉讼请求及理由，针对原告、被告的陈述提出承认或者否认的答辩意见；

（4）原告或被告对第三人的陈述进行答辩；

（5）审判长或独任审判员归纳本案争议焦点或者法庭调查重点，并征求当事人的意见；

（6）出示物证、书证、视听资料，双方进行举证、质证。

4. 法庭辩论

法庭辩论是指在审判人员的主持下，双方当事人就本案的事实、证据及法律适用问题，行使辩论权利，阐述自己的主张和依据，针对对方提出的主张进行反驳，开展相互辩论的活动。法庭辩论先由原告发表辩论意见，再由被告发表辩论意见，最后由第三人发言。各自发表辩论意见后，开始互相辩论。在一方发言时，其他当事人不要随意打断，须待对方发言完毕后再陈述反驳意见。法庭辩论终结时，审判长按照原告、被告、第三人的先后顺序征询各方最后意见。

5. 合议庭评议

法庭辩论结束后，审判长宣布休庭，由合议庭对案件进行评议。人民法院审理行政案件，由审判员组成合议庭，或者由审判员、陪审员组成合议庭。合议庭的成员，应当是三人以上的单数，评议时采取少数服从多数的原则。

6. 宣判及送达

合议庭评议后，可以当庭宣判，也可以定期宣判。实践中，多采取送达判决书及裁定书的方式进行宣判，判决书应该明确告知当事人享有上诉权，并说明行使上诉权的期限及方式。当事人不服人民法院第一审判决的，有权在判决书送达之日起十五日内向上一级人民法院提起上诉。当事人不服人民法院第一审裁定的，有权在裁定书送达之日起十日内向上一级人民法院提起上诉。逾期不提起上诉的，人民法院的第一审判决或者裁定发生法律效力。

（三）审理期限

人民法院应当在立案之日起六个月内作出第一审判决。有特殊情况需要延长的，由高级人民法院批准，高级人民法院审理第一审案件需要延长的，由最高人民法院批准。人民法院审理上诉案件，应当在收到上诉状之日起三个月内作出终审判决。有特殊情况需要延长的，由高级人民法院批准，高级人民法院审理上诉案件需要延长的，由最高人民法院批准。

六、行政诉讼的判决

行政诉讼的判决是人民法院审理行政案件终结时，根据所查清的事实，依据法律规定对行政案件的实体问题作出的结论性处理决定。行政诉讼判决是人民法院行使国家审判权，对行政行为进行监督的体现，也是人民法院审理行政案件和当事人参加诉讼结果的表现形式。林权纠纷行政诉讼判决是人民法院对行政处理机关及行政复议机关，就林木、林地所有权或使用权归属作出行政处理决定及行政复议决定合法性的审查，体现国家审判权对行政权的监督。

行政诉讼法规定的一审行政判决的四种形式分别为维持判决、撤销判决、履行判决、变更判决。林权纠纷是当事人对林木、林地所有权、使用权归属产生的争议，一般不涉及履行问题。林权纠纷一审行政判决主要包括如下三种形式。

（一）维持判决

人民法院通过审理，在查清全部事实的情况下，确认被诉行政机关作出林权归属的裁决合法，作出林权争议案件的维持判决。林权争议行政诉讼的核心是行政处理机关或者行政复议机关作出的，有关林木、林地权属裁决程序以及实体认定是否合法，对被诉行政行为的合法性进行审查，是人民法院对被诉行政机关行政处理行为及行政复议行为合法性的确认。维持判决必须满足以下三个条件：

（1）具体行政行为证据确凿，即行政确权程序中认定的事实清楚，证据确实充分；

（2）法律适用正确，即具体行政行为的定性准确，对法律法规的援引准确；

（3）符合法定程序，即行政确权过程中的程序符合法律法规的规定。

以上三个条件是充分必要条件，缺一不可，应该同时具备，否则人民法院不能做出维持判决。

（二）撤销判决

人民法院对行政处理机关或行政复议机关的确权决定，通过案件的审理，认为被诉具体行政行为部分或全部违法，从而作出部分或全部撤销被诉具体行政行为的判决。撤销判决是人民法院对行政确权行为或行政复议行为的否定性评价，撤销的理由包括确权程序或复议程序的违法以及权属认定的处理结果与事实不符。

根据行政诉讼法的规定，结合林权纠纷确权司法实践，林权争议撤销判决分为三种具体形式：

（1）全部撤销。适用于整个具体行政行为全部违法，或具体行政行为部分违法但行政机关作出的行政行为具有不可分性，人民法院只能作出全部撤销的判决。

（2）部分撤销。适用于具体行政行为部分违法且具体行政行为可分，人民法院只就违法的部分作出予以撤销的判决。

（3）判决撤销并责令被告行政机关重新作出具体行政行为。适用于人民法院判决撤销后，争议双方当事人就林权归属问题仍没有得到解决的情形。

人民法院撤销判决的必要条件主要是：

（1）主要证据不足。行政机关作出的林权归属决定的证据不充分，认定事实缺乏必要的证据。主要证据不足意味着行政处理机关或者行政复议机关在确权过程没有彻底查清案件事实，导致案件处理结果具有有不确定性。

（2）适用法律错误。行政机关在作出行政处理决定的法律依据是错误的，选择适用本不应该适用的法律，或者违反了法律适用的原则。例如上位法规定与下位法规定发生冲突的情况下，适用了下位法，特别法有规定的情况下选择适用了一般法，新法有规定的情形下选择适用了旧法。

（3）违反法定程序。只要具体行政行为违反法定程序，就构成撤销该具体行政行为的理由，无论林权归属实体认定结果正确与否。

（三）变更判决

变更判决是人民法院经审理，认定行政处理机关及行政复议机关作出的林权确权纠纷程序合法，但关于当事人实体争议认定错误，运用审判权予以变更的判决，变更判决是人民法院行使司法变更权的具体体现。土地、山林确权案件属于典型的行政裁决案件。

实践中，由于对变更判决适用范围的理解不到位，存在大量的以撤销判决代替变更判决的案例，产生循环诉讼，纠纷长期得不到解决。人民法院撤销行政机关作出的确权决定后，当事人对行政机关重新作出的处理决定不服，再次申请行政复议，对复议决定不服再次提起行政诉讼。案件经过复议、一审、二审，撤销重作后，又一次循环往复。有的案件经过三、四轮撤销重作，实质争议的林木、林地权利归属问题依然不能解决。本应适用变更判决实质解决行政争议的案件，适用撤销重作判决，极大地降低行政和司法效率，浪费行政、司法资源和民事争议当事人双方的人力和财力，严重损害司法公信力及权威。争议土地、山林等自然资源因纠纷无法解决而被长期搁置，自然资源得不到及时地保护、有效地开发利用，甚至因纠纷长期不能解决，引发严重的群体性事件，一些当事人长期申诉上访，影响社会和谐稳定。

综上所述，林权纠纷行政处理决定属于行政裁决，行政机关居中裁决当事人之间关于林木、林地的权属争议。行政裁决在行政法上属于可诉的具体行政行为，具有准司法的性质，行政裁决解决的是当事人之间的民事争议。司法实践中，人民法院对林权纠纷判决呈现出两种不同的方式：一种方式是只对行政机关裁决进行程序性审查，不对当事人之间关于林木、林地所有权的实体争议作出处理，进而体现出司法权对行政权的有限干预。另一种方式是不仅对行政机关及行政复议机关裁决行为的合法性进行审查，也一并对当事人之间关于林木、林地权属情况直接予以判定。

根据《行政诉讼法》全面审查被诉行政行为合法性的原则以及实质解决行政争议的诉讼目的，人民法院在对行政行为合法性作出判决的同时，应当对相关民事争议一并作出处理。变更判决与撤销重作判决，均属于《行政诉讼法》规定的法定判决方式。但是，与撤销重作判决相比较，变更判决直接确定争议事项的处理结果，无须被告另行作出行政行为，更有利于行政争议的实质化解。在符合变更判决法定适用条件的情形下，人民法院选择适用撤销重作判决，违背《行政诉讼法》关于解决行政争议的立法目的，属适用法律和判决方式错误，依法应予改判。相对于撤销并责令重作，适用变更判决，直接对民事争议作出判决，符合《行政诉讼法》

实质解决行政争议的立法目的，避免了当事人因为行政机关拖延重作或者乱重作而遭受"二次伤害"，有利于社会关系的稳定，可以节约司法和行政资源，提高诉讼效率，减少当事人诉累，起到事半功倍的效果。《行政诉讼法》第七十七条第一款规定，行政处罚明显不当或者其他行政行为涉及对款额的确定、认定确有错误的，人民法院可以判决变更。所谓涉及对款额的确定、认定确有错误是指被诉行政行为涉及钱款的具体数字确定，或者与款额相关联的权利归属地认定出现错误，主要包括两种情形：一是行政补偿、行政赔偿案件中，涉及赔偿、补偿具体数额的计算确有错误的；二是土地、山林、草原确权行政裁决案件中，涉及争议的各方权利归属具体面积数额的确定确有错误的。同时，《行政诉讼法》第六十一条第一款明确，人民法院在审理行政机关对民事争议所作的裁决案件中，可以一并审理相关民事争议。审理行政机关对民事争议所作裁决的案件，一并审理民事争议的，无须将民事争议另行立案，可以一并审理行政民事争议的方式化解行政裁决引发的争议。

第四节　林权争议的应对策略

国有林场的林木、林地所有权属于国家，国有林场作为林业经营者的职责是保护管理好国家所有的森林、林木和林地，使其发挥最大的经济及社会效益。随着林业改革的日益深入，林业经济效益的不断提高，广大农民群众对山林资源越来越重视，加之历史遗留等原因，导致山林权属争议越来越多，国有林场作为林地经营者代表国家管理的森林资源受到严重威胁。林权争议的处理涉及林地、林木确权的行政处理程序、行政复议程序以及相应的行政诉讼程序，在实体权利的认定上涉及利益相关人对林木、林地所有权或使用权的归属产生的分歧，在程序上涉及行政机关在林权争议处理过程中的是否依法行政、是否平等、公平、公正地保护各方当事人的合法权益，以及人民法院是否公正审理行政案件等问题。国有林场林权争议涉及国有林地、林木依法保护，以及国有森林资源侵占、国有资产流失问题。国有林场应该充分认识到妥善解决林权争议对保护国有森林资源的重大意义，高度重视国有林权争议的处理。

一、重视协商解决的作用

根据《林木林地权属争议处理办法》第十三条规定，林权争议发生后，当事人应当主动、互谅、互让地协商解决。国有林场林权争议发生后，应及时寻求多种途径与相关单位或个人进行协商，力争以协商方式解决争议。如果协商不成时，国有林场应主动向林业行政主管部门申请调处。国有林场通过协商或调处的方式解决林权争议有利于创建和谐的林业生产环境。协商或调处解决争议是妥善处理林权纠纷最有效率的方式。

国有林场产生林权争议的原因，解决问题的方式也应当有所区别。对于双方当事人认识上产生误会，实际上是没有争议的林地，可通过实地调查核实，确认属于集体或国有林场的林地，双方通过现场认定、达成协议，在协议书及附图上签字或者盖章，并报所在地林权争议处理机构备案。对于集体或个人无理争占国有林场林地，国有林场可采取摆事实讲道理的方式，列举有力的权属证据说服相关集体或个人，不允许再无理争占。国有林场对于当事人双方都有林权证、多年争议的林地，应当走访相关人员进行调查，申请林政部门参与，力争通过协商的方式解决争议。当国有林场收到相对方提出的林木、林地确权申请时，应该认真对待、积极应对。林木、林地的行政确权、行政复议及行政诉讼属于法律问题，无论是提出申请还是应对答辩，都需要聘请法律专业人士参与应对。

二、全面收集相关的证据

证据在林权争议解决中起着至关重要的作用，不仅证明林权的归属也决定着案件的成败。法定证据种类包括书证、物证、视听资料、证人证言、当事人陈述、鉴定结论、勘验笔录和现场笔录等。证据的收集、整理和运用至关重要，同一证据从不同角度进行说明，会产生不同的法律效果。证据的审查及质证要紧紧围绕着证据的真实性、合法性、关联性进行。很多林权争议是由于历史原因产生的，因年代久远，许多证据资料湮灭在陈旧的档案中，国有林场需要围绕林权争议焦点查找收集出有利的证据材料。如果有些档案资料并不在国有林场内部存放，但是对认定案件事实非常重要，需要及时向有关部门申请调取该档案资料。若有关部门不提供，可书面向办案机关提出申请进行调取。除查找历史档案之外，国有林场还需要充分挖掘现有材料，比如涉诉林地现状，包括平面图、勘察图、航拍图等，以及必要的鉴定材料、专家证人证言，与村集体达成的协议等。

在林权争议行政确权过程中，当事人应当提供证据证明主张成立，若当事人不能举出证据的，不影响林权争议处理机关依据现有证据认定事实。首先，作为申请方应当围绕请求事项提供相应的证据，而作为被申请人应审查对方提出的证据是否具有真实性、合法性和关联性，必要时被申请人可以提出相反的证据。其次，如果当事人双方都没有足够的证据证明各自主张，行政机关可以根据现有的证据材料来认定案件事实，例如根据保留在行政机关的档案资料认定事实。

林权争议的行政处理程序及行政复议程序属于《行政法》上的具体行政行为，林权争议的行政处理机关及行政复议机关对其作出的行政处理决定及复议决定的合法性负有举证责任，行政机关应该提供其作出该具体行政行为合法性的证据和所依据的规范性文件。这里的证据包括林权争议双方提交的证据，也包括行政机关主动调取的有关证据，其所依据的规范性文件不是法定的证据种类，但同样起到十分重要证明的作用，具有证据的效力。根据我国《行政诉讼法》，行政机关所提供的法律法规和规章能够直接作为证明林地确权合法的依据。对于规章以下的规范性文件，虽然不具备直接适用的效力，但经过人民法院审议可以作为判断行政确权合法性的依据。

综上所述，国有林场在林权争议的行政处理及行政诉讼中应重视证据的作用，充分收集、整理、提供对待证事实有利的证据，以期更好地应对林权争议的解决。

三、充分行使法律赋予的程序性权利

林权纠纷行政确权及行政复议是《行政法》上的具体行政行为，行政行为不仅要实现实体正义，而且要体现程序正义。行政处理机关及行政复议机关在处理林权争议过程中，应遵循回避制度、表明身份制度、调查制度、告知制度、听证制度、释明制度、时效制度等。国有林场在处理林权争议时要充分行使法律赋予的程序性权利，重视第一次行政确权程序，以便为可能发生的行政复议及行政诉讼打下坚实的基础。

（一）善用回避制度

在林权争议行政处理过程中，国有林场应重点关注处理林权争议行政机关工作人员是否有执法证、是否与对方当事人有法律上的利害关系、是否和对方当事人有不正当的接触，如果行政执法人员存在上述情况，应注意留存相关证据，并及时向行政处理机关或行政复议机关提出回避申请，请求具体办案人员回避案件的办理。国有林场林权争议行政确权案件的受理机关一般为县级以上人民政府，人民政府法制部门受理申请人的确权申请后，一般交由林业主管部门具体办理，但具有法律效力的行政处理决定书需要人民政府履行内部审批程序后盖章签发。实践中，存在退休返聘等不具备行政执法资格的人员实际办理林地、林木确权案件，由行政执法人员署名签发行政处理决定书的情况。在这种情况下，存在相关人员为谋取不正当利益与具体办事人员恶意串通、违反法定程序随意确权的情况。国有林场在林权争议解决过程中，一旦发现相关人员存在违法办案的情况，要及时留存证据并依法提出回避申请，对相关人员违反法定程序办案行为及时向国家有关部门进行举报，使相关人员畏惧法律的权威、知难而退，主动放弃谋取不正当利益，尽可能地使林权争议在行政确权阶段即得到公正处理。

（二）充分行使听证权利

虽然在《林木林地权属争议处理办法》中没有关于听证制度的规定，但由于林木、林地权属争议案件往往牵涉到林地、林木的权属变更，属于对行政相对人合法权益有重大影响的事项，行政确权机关一般会组织双方当事人举行听证，或者告知当事人有申请听证的权利。当行政处理机关未告知当事人可以申请听证的情况下，国有林场应及时向办案机关提出书面的听证申请书要求举行听证。

听证程序遵循公开、公平、公正和便民的原则，充分听取公民、法人和其他组织的意见，并保证当事人陈述意见、质证和申辩的权利。当事人申请听证的情况下，而办案机关不组织听证，或组织听证程序时，没有充分保护当事人陈述、申辩的权利，以及听证人员组成不符合法律规定，行政机关的确权程序便存在瑕疵，可以作为行政诉讼中行政机关程序违法的重要事项向人民法院提出。为此，国有林场在林权纠纷中要善于利用听证程序，围绕争议焦点进行质证、申辩，提出维护其合法权益的事实、理由和依据。由此可见，听证程序能够更好地维护当事人的合法权益。

（三）及时申请专业鉴定

在行政确权过程中，可能会遇到一些专业技术问题，虽然当事人可以自行聘请专业机构进行鉴定，出具鉴定意见，但是相对方提出异议的情况下，办案机关很可能不采信当事人单方进行的鉴定意见。建议国有林场在行政确权过程中向办案机关及时提出鉴定申请，由办案机关委托第三方机构进行鉴定。

（四）及时申请行政复议或提起行政诉讼

林权争议的行政确权并不是终局的，当事人对有关人民政府的林权争议处理决定不服的，可以自接到行政处理决定通知之日起三十日内，向人民法院起诉，或者可以自收到行政处理决定书之日起六十日内向上级行政机关提出行政复议申请。对行政机关的行政复议决定不服，可以在收到复议决定书之日起十五日内向人民法院提起诉讼。国有林场在处理林权争议的过程中，对案件处理结果不服的情况下，应在法定期限内申请行政复议，或提起行政诉讼。

（五）排除行政机关的干扰

林权争议行政诉讼中，在行政机关和人民法院同属一个辖区的情况下，很难保证案件得到公平、公正的处理。《行政诉讼法》规定，行政案件由最初作出行政行为的行政机关所在地人民法院管辖。经复议的案件，也可以由复议机关所在地人民法院管辖。经最高人民法院批准，高级人民法院可以根据审判工作的实际情况，确定若干人民法院跨行政区域管辖行政案件。因此，经行政复议的林权争议行政诉讼案件的管辖，存在两级人民法院都有管辖权的情况，行政复议机关一般会在行政复议决定书中告知当事人不服行政复议决定提起行政诉讼的管辖法院。但该管辖法院并不是唯一有管辖权的法院，比如：设区的市级人民政府行政复议决定维持了下级人民政府行政确权决定，并在行政复议决定书尾部阐明不服行政复议决定向本市中级人民法院提起行政诉讼。由于部分省高级人民法院按《行政诉讼法》的规定确定了若干人民法院跨行政区域管辖行政案件的规定，以该设区的市级人民政府为被告提起行政诉讼的案件一般规定其他中级人民法院集中管辖。在复议机关维持原行政机关处理决定的情况下，按照法律规定，行政复议机关和原行政机关为共同被告，这是从原行政机关的角度分析该市中级人民法院有管辖权，从复议机关的角度分析，由于该省高级人民法院有关于集中管辖的规定，相应的中级人民法院也有该案的管辖权。当事人如果按照行政复议决定书阐明的情况向该市中级人民法院提起诉讼，该中级人民法院应当受理并作出判决。该人民法院受理后，如果另外一方当事人提出管辖权异议，或申请移送专属人民法院集中管辖，该设市中级人民法院一般不会同意移送，因为按照法律规定该法院有管辖权。因此，国有林场在提起诉讼时，首先要检索当地是否有关于案件集中管辖的规定，如果高级人民法院有案件集中管辖的规定，国有林场应该根据集中管辖的规定直接向该专门法院提起诉讼，可以绕开该市中级人民法院管辖，尽量排除当地人民政府的不正当干预，同时可以减轻人民法院审理的压力，保障程序正义、实现实体正义。

（六）重证问题的处理方法

《林木林地权属争议处理办法》规定，县级以上人民政府或者国务院授权林业部依法颁发的森林、林木、林地的所有权或者使用权证书，是处理林权争议的依据。实践中存在争议双方都持有林业部门颁发的林权证的情况，处理林权争议的行政机关一般不会直接认定一方持有的林权证有效、另一方无效，而是将双方的林权证作为证据使用，根据尊重历史、照顾现实的原则，参考其他证据材料综合认定争议权属。

2007年，国土资源部办公厅《关于土地登记发证后提出的争议能够按权属争议处理问题的复函》明确土地权属争议是指土地登记前，土地权利利害关系人因土地所有权和使用权的归属而发生的争议。土地登记发证后已经明确了土地的所有权和使用权，土地登记发证后提出的争议不属于土地权属争议。土地所有权、使用权依法登记后，第三人对其结果提出异议的，利害关系人可根据《土地登记规则》的规定向原登记机关申请更正登记，也可向原登记机关的上级主管机关提出行政复议或直接向法院提起行政诉讼。

《民法典》第二百二十条规定，权利人、利害关系人认为不动产登记簿记载的事项错误的，可以申请更正登记。不动产登记簿记载的权利人不同意更正的，利害关系人可以申请异议登记。登记机构予以异议登记，申请人自异议登记之日起十五日内不提起诉讼的，异议登记失效。异议登记不当，造成权利人损害的，权利人可以向申请人请求损害赔偿。因此，国有林场如果作为林权争议行政处理程序的被申请人，可以向人民政府申请中止行政处理程序，向林权证登记机关提出申请更正登记对方当事人的林权证，也可向原登记机关的上级主管机关提出行政复议或直接向法院提起行政诉讼。

综上所述，在涉及重证的林权争议中，国有林场可以选择按照现有林权争议行政处理程序，提供充分证据证明国有林场享有争议林地、林木的权属，也可以按照上述法律规定，通过行政诉讼程序撤销对方的林权证，进而达到最终确认争议林地、林木归国家所有的法律效果。

第七章
以案说法

第一节　国有林场劳动纠纷案例

一、劳动合同关系争议案例

【案情简介】

1995 年 3 月，周某被安徽省某国有林场管理局录用为合同制干部，之后被分配到下属某国有林场工作。自 1996 年 1 月开始，国有林场不再为周某安排工作，周某也没有上班。1996年 10 月 31 日，该国有林场管理局以文件的方式解除与周某的劳动合同关系。该文件未经过职工代表大会讨论研究决定，也没有经过周某本人签收。在待岗期间周某没有收到解除劳动合同关系的相关书面材料。周某于 2017 年 9 月 4 日开始通过信访的方式多次反映情况。2018 年 8月 28 日，周某向所在地县劳动人事争议仲裁委员会申请仲裁，2018 年 10 月 19 日，该县劳动人事争议仲裁委员会作出《劳动争议仲裁裁决书》，以周某的申请超过仲裁时效为由驳回了周某的仲裁请求。周某不服裁决向所在县人民法院提起诉讼，请求撤销裁决、确认周某与某林场存在劳动关系及享受享有国有林场职工的一切待遇。

该案经过一审、二审和再审，安徽省高级人民法院最终判决：周某与国有林场仍存在劳动合同关系；周某主张权利不超过仲裁时效期间及诉讼时效期间；周某诉请依法享有国有林场单位职工一切待遇，因其诉讼请求不明确，法院不予审查，并驳回周某其他诉讼请求。

【案例评析】

在诉讼过程中，原被告双方主要围绕下面三个问题进行论证，并各自提出了相关的证据：

1. 周某主张权利是否超过仲裁时效期间及诉讼时效期间

《劳动法》第八十二条规定，提出仲裁要求的一方应当自劳动争议发生之日起六十日内向劳动争议仲裁委员会提出书面申请。该法对仲裁时效作出了从劳动争议发生之日起算的特别规定。最高人民法院《关于审理劳动争议案件适用法律若干问题的解释（二）》第一条第二款规定，因解除或终止劳动关系产生的争议，用人单位不能证明劳动者收到解除或终止劳动关系书面通知的，劳动者主张权利之日为劳动争议发生之日。本案中的国有林场未举证证明周某已经收到解除劳动合同的书面通知，2017 年 9 月 4 日周某向该国有林场管理局信访此事主张权利为劳动争议发生之日。《劳动争议调解仲裁法》第二十七条规定，劳动争议仲裁的时效期间为一年。仲裁时效期间从知道或者约定知道其权利被侵害之日起计算。周某自 2017 年 9 月知道已经解除劳动合同之日起一年内申请劳动仲裁，并未超过仲裁时效期间。虽然国有林场主张周某 1996 年去单位要求上班时已经知道其权利受到侵害，但是并未举出证据证明已经向周某送达该《通知》，亦未举证证明周某应当知晓已经解除劳动合同，其主张不能成立。

2. 周某与国有林场是否存在劳动关系

周某被聘为聘任制干部，后调转到某国有林场工作，1996 年 9 月 12 日，某国有林场通知周某于 1996 年 9 月 20 日前上班，否则按自愿离职处理。9 月 16 日周某在该通知上签字。1996 年 11 月 8 日某国有林场管理局作出《某国营林场关于对周某解除劳动合同的通知》。由于该文件未召开职工代表大会讨论研究决定，也没有周某本人签收的书面手续。该文件违反了国务院关于《国有企业职工奖惩条例》第十三条，对职工给予开除处分，需经厂长（经理）提出，由职工代表大会或职工大会讨论决定，并报告企业主管部门和企业所在地的劳动或者人事部门备案之规定。国有林场解除与周某的劳动合同关系时上述条例正在施行中，应依照该条例的规定处理。原审判决以违反法定程序撤销该《通知》，并据此确认国有林场与周某存在劳动关系。

3. 周某诉请依法享有国有林场单位职工一切待遇能否得到支持

《民事诉讼法》第一百一十九条规定，起诉必须有具体的诉讼请求和事实、理由。一审庭审时，法庭向周某释明并要求周某明确诉讼请求，周某回答同起诉状即依法享有被告单位职工的一切待遇，该项请求并非具体、明确的诉讼请求，因而法院对该诉讼请求不予审查。

【法律指南】

在实践中，有一种观点认为在处理案件过程中只要事实清楚、证据充分就可以胜诉，误认为程序问题并非重要。本案是一个很好的案例，提醒国有林场解除劳动合同时，必须向劳动者出具书面的劳动合同解除通知书，并向劳动者送达并保留送达的证据。否则属于解除劳动合同的程序不合法，可能导致解除劳动合同无效的法律后果。

劳动合同的解除时间即劳动争议的发生时间，这涉及劳动仲裁时效期间及诉讼时效期间的时间起算问题。国有林场在人事管理中应重点关注劳动合同解除过程中的程序及实体的条件要求。

起诉要有具体明确的诉讼请求。本案经过了劳动争议仲裁、一审、二审、再审，官司从县级人民法院打到省高级人民法院，历时三年多，最后却因为劳动者的诉讼请求不明确、不具体，导致法院对其该项诉讼请求不予审查的裁判结果，教训不可谓不大。当然人民法院虽然作出这样判决并不意味着其劳动权益不受法律保护，双方仍然存在劳动合同关系，则劳动者根据《劳动合同》及《劳动法》《社会保险法》等依法享有的权利仍应得到保障。该案例从国有林场的角度分析也应吸取教训，在提起诉讼时应当有具体明确的诉讼请求，进行答辩时要针对诉讼请求进行。

二、解除劳动关系经济补偿金争议案例

【案情简介】

1998年11月，沙某受聘在四川省凉山州某县林业局管辖的某镇林管站担任护林员。2003年12月，沙某与县林业局续签了为期三年的聘用合同。2012年1月1日，沙某与四川省长江造林局凉山分局某林场签订为期一年的劳动合同。2016年1月、2017年1月沙某又继续与所在镇林管站签订《管护协议》。沙某工作性质、工作场所、工作地点等均未发生变化，工资一直由镇林管站代为发放。工作至2017年6月30日，此后工资停发。

2017年11月20日，镇林管站与沙某签订《解除劳动关系协议书》，该协议第一条约定："经甲、乙双方当事人协商一致，从2017年11月20日起解除双方的劳动关系。"2018年1月23日镇林管站变更名称为某县国有林场。

沙某在被解除劳动关系前的劳动报酬为1000元/月，凉山州最低工资标准是1380元/月。

2018年5月3日，沙某向所在县劳动仲裁委员会申请仲裁，请求确认县国有林场解除劳动合同违法，县国有林场双倍支付违法解除劳动合同经济赔偿金。县劳动争议仲裁委员会经过审理作出裁决：

（1）沙某与某国有林场自2017年6月28日解除劳动关系；

（2）某国有林场向沙某支付解除劳动关系经济赔偿金19个月 ×1380元 ×2倍 =52440元；

（3）驳回沙某其他仲裁请求事项。

县国有林场不服裁决，向所在县人民法院提起诉讼，请求判令沙某与该国有林场不存在劳动关系，国有林场不向沙某支付任何费用。该案经过了一审、二审、再审，最后四川省高级人民法院作出再审判决：

（1）撤销一、二审判决；

（2）确认县国有林场与沙某的劳动合同关系于2017年11月20日解除；

（3）县国有林场于本判决生效后十日内支付沙某33120元。

【案例评析】

本案主要涉及以下三个方面的法律问题：

1. 县国有林场与沙某是否构成劳动关系，沙某的工作年限应从何时起算

沙某自1998年11月起由县林业局聘任为护林员，并于2003年与林业局签订为期三年的劳动合同，2012年1月1日与四川省长江造林局凉山分局某林场签订为期一年的劳动合同。工作期间，沙某的管理者虽有变化，但工作性质、工作内容、工作地点未发生变化。最高人民法院《关于审理劳动争议案件适用法律若干问题的解释（四）》第五条第一款规定："劳动者非因本人原因从原用人单位被安排到新用人单位工作，原用人单位未支付经济补偿，劳动者依照《劳动合同法》第三十八条规定与新用人单位解除劳动合同，或者新用人单位向劳动者提出解除、终止劳动合同，在计算支付经济补偿或者赔偿金的工作年限时，劳动者请求把在原用人单

位的工作年限合并计算为新用人单位工作年限的，人民法院应予支持。"及第二款"用人单位符合下列情形之一的，应当认定属于'劳动者非因本人原因从原用人单位被安排到新用人单位工作'：（一）劳动者仍在原工作场所、工作岗位工作，劳动合同主体由原用人单位变更为新用人单位；……（四）用人单位及其关联企业与劳动者轮流订立劳动合同。"沙某在与县林业局构成劳动合同关系后与四川省长江造林局凉山分局某县国有林场签订劳动合同，合同期满后沙某仍继续在县国有林场工作，由县国有林场管理、使用、发放工资，沙某与县国有林场已构成事实劳动关系，且沙某的工作年限应从1998年11月起计算。

县国有林场与沙某签订的《管护协议》虽是为了做账方便，但其内容表明县国有林场对沙某进行工作安排和指导，对沙某具有管理权，并给沙某发放工资，《管护协议》实质具有书面劳动合同的特征。

2. 县国有林场与沙某的劳动关系是否解除、何时解除

2017年11月20日，镇林业站（县国有林场前身）与沙某签订《解除劳动关系协议书》，约定双方从2017年11月20日起解除劳动关系。沙某主张该协议书是自己受诱骗而签订，且因其他相同情况的人未签订，协议书未发生法律效力。根据《民事诉讼法》第六十五条"当事人对自己提出的主张应当及时提供证据"的规定，沙某应提供证据证明自己受诱骗，但沙未提供相应证据证明，应承担举证不利的法律责任。依据合同无效的规定，合同无效只有在一方以欺诈、胁迫的手段订立合同，损害国家利益；恶意串通，损害国家、集体或者第三人利益；以合法形式掩盖非法目的；损害社会公共利益；违反法律、行政法规的强制规定的情形下无效。本案双方当事人签订的《解除劳动关系协议书》不具有合同无效的情形。所以双方劳动关系于2017年11月20日解除。

3. 县国有林场是否应向沙某支付经济补偿金，年限应如何计算

根据《劳动合同法》第三十六条"用人单位与劳动者协商一致，可以解除劳动合同。"第四十六条"有下列情形之一的，用人单位应当向劳动者支付经济补偿：……（二）用人单位依照本法第三十六条规定向劳动者提出解除劳动合同并与劳动者协商一致解除劳动合同的；……"第四十七条第一款"经济补偿按劳动者在本单位的年限，每满一年支付一个月工资的标准向劳动者支付。六个月以上不满一年的，按一年计算；不满六个月的，向劳动者支付半个月工资的经济补偿"的规定，县国有林场应向沙某支付经济补偿金，并应以沙某工作年限为19年进行计算。

《劳动合同法实施条例》第二十七条规定："《劳动合同法》第四十七条规定的经济补偿的月工资按照劳动者应得工资计算，包括计时工资或者计件工资以及奖金、津贴和补贴等货币性收入。劳动者在劳动合同解除或者终止前12个月的平均工资低于当地最低工资标准的，按照当地最低工资标准计算。劳动者工作不满12个月的，按照实际工作的月数计算平均工资。"沙某在解除劳动合同前12个月的月工资为1000元，低于2017年当地最低工资标准1380元，因此县国有林场以沙每月1000元工资标准计算经济补偿金违反法律规定而无效。沙某的经济补偿金应以2017年当地最低工资标准1380元，年限按19年计算，应为26220元（1380元×19个月）。同时，2017年6月30日起停发工资至2017年11月20日签订《解除劳动关系协议书》，县国有林场未向沙某支付5个月的工资，县国有林场应当以当地最低工资标准补足5个月的工资6900元（1380元×5个月）。

【法律指南】

1. 劳动者工作岗位上的变动不影响经济补偿金的计算

在实践中，由于机构或人员调整，劳动者非因本人原因从原用人单位被安排到新用人单位工作，原用人单位未支付经济补偿金的，在计算工作年限时，原用人单位的工作年限应计算在内。

2. 应通过合法的方式解除劳动合同

解除劳动合同的方式不同，会导致不同的计算标准。如果是双方协商一致合法解除劳动合同，涉及经济补偿问题；如果劳动合同被用人单位非法解除的，涉及经济赔偿问题，需要按照经济补偿标准的二倍向劳动者支付赔偿金。

3. 工资发放不得低于当地最低工资标准

用人单位可以与劳动者在劳动合同中约定工资金额，但是工资发放不得低于当地政府公布的最低工资标准，若约定工资低于当地最低工资标准，该约定无效。

第二节　国有林场合同纠纷案例

一、危旧房改造建房协议纠纷案例

【案情简介】

2010 年 4 月 23 日，洞口县委办公室、洞口县人民政府办公室下发《关于成立洞口县国有林场危旧房改造领导小组的通知》，成立危旧房改造领导小组，下设县指挥部。2010 年 9 月 18 日，县指挥部下发《关于成立洞口县桐山国有林场危旧房改造工程建设指挥部的通知》，成立桐山林场指挥部作为桐山国有林场危旧房改造工程的临时性机构。2012 年 7 月 12 日，禹某（乙方）与桐山林场指挥部（甲方）签订《洞口县国有林场危旧房改造建房协议书》，协议约定由禹某在 2012 年 4 月 30 日前一次性交清建房预付款，工程在 2013 年 9 月 30 日前竣工验收并交付使用，逾期不能交付使用，则从 2013 年 10 月 1 日起按同期银行贷款利率支付乙方利息，直至桐山林场指挥部将房屋交给禹某止。合同双方均在合同上签名、签章，县指挥部在协议书的尾部盖章确认并执领一份。协议签订当日，禹某通过银行转账方式交付预付款 148000 元，桐山林场指挥部向禹某出具收据一份。后因所建房屋交付使用的时间逾期，禹某遂以桐山林场指挥部和桐山林场违约为由向法院提起诉讼，请求法院判令桐山林场指挥部和桐山林场支付违约交房的银行贷款利息 20479.5 元。

判决结果：一审法院对原告禹某要求二被告支付违约交房的银行贷款利息 20479.5 元的诉讼请求不予支持，驳回原告禹某的诉讼请求。禹某提起上诉，二审法院驳回上诉，维持原判。

【案例评析】

2012 年 7 月 12 日，禹某与桐山林场指挥部签订《洞口县国有林场危旧房改造建房协议书》，并由县指挥部在协议书的尾部盖章确认。桐山国有林场的法定代表人虽在协议书上盖章，但是他是以桐山国有林场指挥部指挥长的身份盖章，并非代表国有林场。故桐山国有林场不是合同当事人，桐山国有林场也不是桐山林场指挥部的设立机构，不应承担延期交房的违约责任。桐山林场指挥部虽然与禹某签订了《洞口县国有林场危旧房改造建房协议书》，但桐山林场指挥部是设立的临时机构，没有独立的财产权，不具备民事主体资格，也不应承担延期交房的违约责任。

根据《民法总则》第七十四条规定，法人可以依法设立分支机构。法律、行政法规规定分支机构应当登记的，依照其规定。分支机构以自己的名义从事民事活动，产生的民事责任由法人承担；也可以先以该分支机构管理的财产承担，不足以承担的，由法人承担。因桐山国有林场不是设立桐山林场指挥部的主体，也不是合同的主体，故不承担合同的违约责任。桐山林场指挥部系县指挥部为做好桐山国有林场危旧房改造工作设立的临时性组织，没有独立的财产权，不具备民事主体资格。《最高人民法院关于适用〈中华人民共和国民事诉讼法〉的解释》第五十三条的规定：法人非依法设立的分支机构，或者虽依法设立，但没有领取营业执照的分支机构，以设立该分支机构的法人为当事人。一审法院在审理过程中将上述法律规定依法向禹某予以释明，禹某明确表示不同意申请追加或变更其他主体作为本案的被告承担民事责任。因此，禹某起诉要求桐山林场指挥部承担违约责任于法无据。

【法律指南】

合同缔约方具有民事权利能力及行为能力是承担合同责任的前提和基础，也是合同生效和履行的必要条件。合同缔约方主体资格存在瑕疵则直接影响到合同生效和履行。实践中，一些国有林场由于缺乏法律风险防范意识，没有在合同订立前对缔约相对方的主体资格进行审查，交易对方法律主体资格存在瑕疵，将导致合同订立后履行不能。即使缔约方法律主体资格没问题，也不等于缔约相对方信誉没问题。如果合同相对方的商业信誉不好，仍可能导致合同不能履行，造成合同履行的风险。

在市场竞争中，合同相对方很可能会使用不正当竞争手段，隐瞒并夸大履约能力。国有林场在合同签订前，有必要对相对方是否具备法律主体资格进行审查，并对其是否具备履约能力开展尽职调查。尽职调查内容主要包括合同相对方的资产、负债、经营状况、主要财务状况、商业信誉等。如果对方法律主体资格存有疑问，建议停止合同的签署，如果履约能力存有疑问，建议相对方提供履约担保。合同签订过程中，如果合同是由法定代表人亲自签订，要有单位盖章确认的法定代表人身份证明和自然人身份证件，并需要核实是否与营业执照上登记的法定代表人一致。如果由委托代理人签订合同，需要核实授权委托书及受托人身份证明的合法性及真实性。

二、森林资源管护合同纠纷案例

【案情简介】

2004 年 4 月 13 日，某国有林场（甲方）与吴某（乙方）签订《森林资源承包管护合同》。为适应目前的林业体制改革，更有效地加强森林资源的保护和杜绝森林火灾的发生，发展林业事业，甲方决定将部分森林资源（以下简称山场）承包给乙方管护，根据《合同法》及有关规定，为确保甲、乙双方的权利和义务关系，经甲乙双方平等自愿协商一致，同意签订本合同。

（1）承包山场的四至范围：某市菁林有限责任公司城口林业采育场西元工区（丁坂村），地，地名炉子坂，面积 2490 亩。四至为东至顶郊，西至河边（路边），南至河边（路边），北至苍坑，具体林班、小班、图纸附后。

（2）山场评估价和保证金：①承包山场经甲、乙双方确认现有森林资源评估价为 35 万元整。②乙方须一次性缴纳承包山场的管护保证金 45000 元整。

（3）权利与义务：①乙方负责对该山场进行全面的森林资源保护、森林防火、林地保护等管护活动，杜绝乱砍滥伐、森林火灾、侵占林地、毁坏幼苗幼树、非法采脂等活动的发生。②承包期内，乙方负担一切管护工资费用，甲方概不负担。③发生森林火灾，乙方应积极组织人员扑灭，扑灭工资及费用由乙方自行承担。④在管护过程中，出现安全生产等责任事故由乙方自行承担。⑤该承包山场的生态公益林补助资金归乙方使用。⑥乙方有权参与林木的转让、转租、转包和生产管理等经营活动过程。

（4）林木收益按比例分成，林木主伐时，扣除甲方森林资源评估价 35 万元整后，甲、乙双方按 5∶5 比例分成。

（5）合同期满终止后，甲方退还乙方剩余管护保证金。

合同签订后，某国有林场收取吴某的保证金 45000 元。吴某负责对该山场的 10 年树龄马尾松进行资源保护、森林防火、林地保护等管护活动。某国有林场分别于 2018 年 6 月向吴某支付管护工资 30517.76 元，于 2019 年 2 月向吴某支付管护工资 135000 元。合同双方对采伐林木收益多次协商收益分成和森林保险理赔款分成。某国有林场系国有资产管理单位，没有国有资产的处分权，需报某市财政局国有资产管理股审批。某市财政局国有资产管理股以违反规定为由不予审批。吴某以某国有林场为被告向法院提起诉讼，请求按合同约定比例分取林木采伐收益。

法院判决，合同无效，某国有林场应于本判决生效之日起三日内返还吴某的管护保证金 45000 元。驳回吴某的其他诉讼请求。

【案例评析】

双方当事人于 2004 年 4 月 13 日订立的《森林资源承包管护合同》，真实目的是以劳务报酬为名，实为占有国有资产、恶意串通损害国家利益的无效合同。

《合同法》第五十二条第（二）项规定，恶意串通，损害国家、集体或者第三人利益的合同无效。吴某在庭审中陈述，履行《森林资源承包管护合同》15 年按照林木所得收益 1538466.28 元的 50% 提取报酬，总额将超过 76 万元，和被告某国有林场将保险公司给付的森林综合保险理赔金按管护合同约定的林木收益分成比例进行分成，原告分成 773500 元等分析，吴某的预期利益远远超过正常的劳务报酬。且某国有林场已经给付管护工资 165517.76 元。据此可以认定双方当事人于 2004 年 4 月 13 日订立的《森林资源承包管护合同》的真实目的，系以劳务报酬为名，实为占有国有资产，恶意串通损害国家利益，某市菁林有限责任公司与吴某于 2004 年 4 月 13 日签订《森林资源承包管护合同》为无效合同。

关于 45000 元保证金应否返还及损失承担问题。《合同法》第五十八条规定，合同无效的，因该合同取得的财产，应当予以返还。有过错的一方应当赔偿对方因此所受到的损失；双方都有过错的，应当各自承担相应的责任。本案中某国有林场依据合同约定收取吴某的 45000 元保证金应予返还。

【法律指南】

虽然合同当事人可以经过平等协商自愿订立合同，设定权利和义务，任何机关、组织和个人不得非法干涉，但合同的内容要符合现行法律的规定，这是合同生效的前提条件。如果签订的合同虽然从形式上来看合法、内容全面，没有明显的漏洞，但以合法的形式掩盖非法的目的，即存在内容违法或与法律相抵触的情况，就不能实现合同当事人预期的经济目的。法律规定依法成立的合同受法律保护，无效合同不仅不能实现当事方预期的法律效果，还会因合同无效给当事方造成难以弥补的损失。我国《民法典》第一百五十七条规定，民事法律行为无效、被撤销或者确定不发生效力后，行为人因该行为取得的财产，应当予以返还；不能返还或者没有必要返还的，应当折价补偿。有过错的一方应当赔偿对方由此所受到的损失；各方都有过错的，应当各自承担相应的责任。国有林场签署合同的目的是实现林业资源的优化配置，进而实现其经济及社会效益。合同无效不能实现国有林场预期目的，同时相关责任人很可能会遭受行政追责。国有林场在签订合同时应重视审核合同的有效性，同时应该严格履行合同的签订程序，严防合同签订及履行过程中发生腐败问题。

三、承包合同纠纷案例

【案情简介】

原告是某县国有林场，承包经营协议的甲方；被告是某公司，承包经营协议的乙方。2015年 12 月 4 日，原告与被告签订了《某县绿草滩承包经营协议书》。原告将位于某县米寅绿草滩景区酒店以及相关设施发包给被告进行经营开发，双方对承包期限、承包费用及费用的给付、权利义务及违约责任等进行了约定。合同签订后，被告向原告缴纳装修期间的承包费 8 万元后，原告将案涉酒店及设施交给被告进行装修，开始经营活动。在经营期间，被告除了缴纳 2016 年和 2017 年的承包费共计 28 万元外，没有缴纳 2018 年和 2019 年的承包费。于是原告向人民法院提起诉讼，要求被告支付 2018 年和 2019 年的承包费，并承担违约责任。被告认为，其与原告签订的《某县绿草滩承包经营协议》无效，无须支付承包费。原告自始至终没有提供该房屋的《建设工程规划许可证》《建设用地规划许可证》等批准建设的合法性文件，仅提供被上诉人与村民签订的《土地转让协议》《村民代表大会决定》和县城镇规划委员会、县长办公会《会议纪要》。根据《城乡规划法》第四十条第一款的规定，在城市、镇规划区内进行建筑物等工程建设的，……应当办理建设工程规划许可证。案涉租赁的房屋所占用土地现仍为集体耕地性质，至今未依法将农用地变更为建设用地，也未取得相关合法建设手续，属违法建筑。根据《最高人民法院关于审理城镇房屋租赁合同纠纷案件若干问题的意见》第二条，出租人就未取得建设工程规划许可证或者未按照建设工程规划许可证的规定建设的房屋，与承租人订立的租赁合同无效，但在一审法庭辩论终结前取得建设工程规划许可证或者经主管部门批准建设的，人民法院应当认定有效。被告自 2017 年 5 月至 2019 年间因政府对平塘桥经龙洞至苗二河道路分期分段进行大修和改造，导致县城往返绿草滩酒店的交通严重不畅，客运车辆不能通行，致使酒店无法经营，为此被告于 2017 年 11 月向辖区宾馆饭店监管部门申请停业，后又受疫情影响，致使被告停业至今。而道路改造是双方两年前签合同时不能预见、不能避免、不能克服的客观实际情况，完全符合不可抗力的规定。

一审法院判决，被告某公司给付原告某县国有林场 2018 年至 2019 年两年的承包费。二审法院判决，驳回上诉，维持一审判决。

【案例评析】

原告与被告签订的《某县绿草滩承包经营协议书》如果没有违反国家法律法规的约定，对双方当事人具有约束力。双方应当按照合同约定依法行使权利、履行义务。合同签订后，在承包期间被告不能按约定给付承包费用，依法应当承担相应违约责任。因此在承包合同未依法解除或者变更前，被告应当承担给付承包费的责任。被告辩称在经营期间因为政府进行道路改造建设，导致被告经营的绿草滩假日酒店无法进行经营而申请暂停营业，原告应当减少或者免除期间被告的承包费。事实上，在进行绿草滩景区承包经营期间，政府进行道路改造建设并不属于法律意义上的不可抗力，不是被告违约免责的法定事由，属于被告经营过程中的市场风险范畴，被告应当承担该市场经营风险的结果。但是鉴于政府进行道路改造建设的行为确实影响了被告承包的绿草滩假日酒店的营业活动，如果继续按照原合同约定来履行对被告明显不公平，从平衡双方利益考虑，依据情势变更原则，根据政府进行道路改造建设及被告的实际经营情况，酌定减免被告 8 个月的承包费用为宜。

关于原告要求被告承担拖欠的承包费年 6% 资金占用费的请求，因被告不能履行给付承包费义务确实会给原告造成一定的资金被占用损失，但是考虑到被告拖欠承包费确实存在一定客观因素，从减轻被告履行负担、促进被告履行义务角度考虑，原告该项请求不予支持。关于被告提出原告案涉酒店设施等没有规划许可证和产权证，双方签订的承包合同属于无效合同、被告无须缴纳承包费用的辩称，被告没有证据证明原告对发包给被告经营的酒店及设施没有经营管理权，从而妨碍了被告的生产经营，没有证据证明案涉承包合同违反法律、行政法规的强制规定，因此被告辩称不成立，不能支持。一审法院判决，被告某公司给付原告某县国有林场2018 年至 2019 年两年承包费。被告不服，提起上诉。

二审法院认为，从上诉人某公司与被上诉人某县国有林场于 2015 年 12 月 4 日签订的《某县绿草滩承包经营协议书》来看，双方约定被上诉人将其经登记或者依照合同取得管理使用权的景区酒店、河滩、土地等发包给上诉人开发经营，按照上诉人所称其投资了大量资金装修酒店、改造饭店、扩建草坪、修建河堤等，并称因为没有合法建房手续，之后通过被上诉人协助近一年才办理了消防和特种行业许可证。据此，上诉人承包经营建设的是酒店、河滩、土地等，并非单纯租赁酒店房屋，故上诉人认为依照《最高人民法院关于审理城镇房屋租赁合同纠纷案件具体应用法律若干问题的解释》第二条的规定，双方签订的《某县绿草滩承包经营协议书》完全无效的主张不成立。因上诉人对酒店、河滩、土地已经进行投资修建、装修并营业，故被上诉人请求按照合同的约定支付承包费，应予支持。但是鉴于上诉人投入大量资金打造景区，营业才几个月时间就因政府道路改造建设严重影响了酒店的正常经营，虽然政府进行道路改造不属于法律规定的不可抗力的情形，但是此情形使上诉人经营受影响并非双方当事人的过错导致，一审综合考虑道路改造时间长短和上诉人的实际经营情况，酌情减免上诉人 2018 年至 2019 年期间 8 个月的承包费基本适当，本院予以维持。

【法律指南】

国有林场在生产经营中以林地使用权出租或作为合作条件进行开发经营的行为普遍存在，在林地范围内建设建筑项目未履行法定的审批手续，先行开工建设的行为并不罕见。国有林场在签署合同之时，应充分认识到合同无效的法律风险。按照最高人民法院的司法解释，建设合同纠纷中如没有建设工程规划许可证，建设工程施工合同一般认定为无效。但本案并不是建设工程合同纠纷，而是没有合法手续的建筑物和相关附属设施的出租，建筑物没有合法手续并不影响其经营，并且承租方在签订合同时知晓该建筑物的法律状况，法院判决确认了合同的效力，即便法院最终判决合同无效，按照《民法典》的相关规定，合同无效后当事方按合同无效的过错程度承担相应的赔偿责任。本案中，合同签订时当事双方均不认为合同无效，而愿意承受相应的法律后果，双方发生争议的根本原因是合同签订之后客观情况发生了变化，导致当事双方的利益诉求产生了冲突，进而引发诉讼。事实上，如果国有林场一方在合同中，明确约定了建筑物的权属状况，并且在相对方对此明确认可的情况下，则会更好地保护国有林场的合法权益。从承租方的角度讲，如果要求出租方保证在一定的期限内提供房屋消防验收手续、土地证、不动产权证、工商注册等法律文件，那么承租方就不会如此被动。

四、合作造林合同纠纷案例

【案情简介】

1996 年 11 月 20 日，某国有林场与某果园场签订《合作造林合同书》。合同书约定：林场与果园场合作栽植经果林。合作造林地点为林场的驴蹄山（2 号小班）和罗家山（4 号小班），其中驴蹄山 30 亩，罗家山 61 亩，合计合作造林 91 亩。合作方式为林场以林地入股，果园以投劳投资入股，从整地、购苗、栽植到后期果园经营管理由某果园负责。收益分配：1996 年到 1999 年的前三年，果园不需要向林场缴纳承包费；2000 年到 2002 年（三年）果园场每年每亩向林场缴纳承包费 80 元，即年缴纳承包费总额为 7280 元；2003 年至 2016 年（十四年），果园场每年每亩向某林场缴纳承包费 220 元，即年缴纳承包费总额为 20020 元；承包费应在每年的 10 月底前缴清。同时约定：果园场无故不缴纳承包费，林场有权终止合同，收回山场及经果林。双方合作期限为 20 年，即从 1996 年 11 月 20 日起至 2016 年 11 月 20 日止。合作期满后，果园场无条件将合作山场的所有经果林交还给林场，由林场按当时的物价水平另行承包。同等条件下，该果园场优先承包。合同签订后，某果园场按时交纳承包费至 2010 年。2011 年，时任某果园场的经理向时任某林场的场长提出放弃承包，终止合同。得到的口头答复是："终止合同程序很麻烦，还有几年合同就自动终止了，从现在开始到合同终止我们就不向你收取承包费了，不找你任何麻烦不就行了吗？我们国营单位还会跟你个人扯皮吗？"从 2011 年之后，某果园场不再对涉案林地进行管理，有的分包农户向某果园场交承包费也都不收了，并告知他们直接交到某林场。2011 年之后，有农户在涉案林地上盖房，某林场多次去阻止，甚至起诉到法院。某林场向法院提起诉讼要求给付合同约定的承包费，返还租赁的 91 亩山场及果林。

一审法院判决某果园场于判决生效后十日内向某国有林场支付拖欠的承包费 120120 元；二审法院判决驳回上诉，维持原判。

【案例评析】

合同当事人主张合同终止履行，应提供相应的证据予以证明。某林场与某果园场签订的《某国有林场合作造林合同书》不违反法律规定，该合同合法有效，当事人应按照合同约定全面履行义务。因此，某果园场应按照合同的约定，每年按时足额向某林场缴纳承包费至合同期满时止。某果园场辩称其在 2011 年曾口头向某林场提出放弃承包权利，合同已经终止的意见，因双方没有签订提前终止合同的书面协议，某林场对此亦不予认可，故法院不采纳被告的抗辩理由。该合同期限到 2016 年 11 月 20 日止，合同到期后，双方没有续签合同，视为合同终止。按照合同第三条的约定，合作山场的所有经果林无条件交还某林场，并由某林场另行对外承包。故在某果园场没有继续承包该山场的情况下，某林场要求某果园场支付合同期满以后至 2020 年的承包费，并从 2021 年 1 月 1 日起以 20020 元 / 年的标准支付承包费至交付日止的请求，没有事实与法律依据，不予支持。同时，合同期满以后，某林场自然收回合作山场及其山场上的经果林，合同没有约定合同到期后双方以何种形式进行合作山场及其经果林的交接，某林场也没有证据证实在收回合作山场及其所属经果林的过程中，某果园场仍然占据涉案山场拒不交付。若某林场在收回山场的过程中，有第三人主张权利并占据涉案山场，则属于某林场与第三人之间的另一种法律关系，不属于本案处理的范围。

二审法院肯定了一审法院的判决理由，同时认为某果园场上诉称某林场在 2011 年就承诺不再收取之后的承包费，且某林场亦在 2011 年之后接管了涉案山场。对此，某林场不予认可，某果园场在一审、二审中均未提交证据证明该主张，对其该项上诉主张，本院不予支持。《最高人民法院关于审理民事案件适用诉讼时效制度若干问题的规定》第四条规定，当事人在一审期间未提出诉讼时效抗辩，在二审期间提出的，人民法院不予支持，但其基于新的证据能够证明对方当事人的请求权已过诉讼时效期间的情形除外。某果园场在一审中并未提出诉讼时效抗辩，其在二审中提出诉讼时效抗辩，并未提供证据予以证明。依据上述规定，本院对其在二审中提出的诉讼时效抗辩，不予支持。

【法律指南】

国有林场签订合同之后，应当实时监控合同的履行并留存对方违约的证据；发生争议后，应当按照法律规定及合同约定向对方主张权利，及时提起诉讼。本案纠纷并不复杂，一方主张按照合同约定支付承包费，另一方主张合同已经解除。主张合同解除的一方没有按照《合同法》的规定，履行书面通知义务。一般情况下，合同的变更或者解除应该通过书面的方式行使，如果发生争议，口头承诺很难证明。本案中，作为国有林场一方在对方没有按合同约定支付承包费的情况下，并没有及时采取法律措施，如果对方在一审时提出了诉讼时效的主张，国有林场能否胜诉则具有很大的不确定性。

五、造林项目工程合同纠纷案例

【案情简介】

原告惠众合作社，合同乙方；被告某国有林场，合同甲方。2016 年 12 月 12 日，甲乙双方通过招投标程序签订了《某国有林场造林项目（GZJH-2016-141）工程合同》，合同价款 1396500 元。该合同对造林地点、造林亩数、造林树种、付款及验收条件进行了约定，其中合同约定的验收条件为造林任务完成后甲方自行组织验收，验收合格三个月后，乙方申请县级验收，乙方进行五次抚育经甲方验收合格后，再申请县级验收。

合同签订后，原告于次日开始组织人员进行造林，至 2017 年 1 月 25 日完成全部造林任务。2017 年 2 月 9 日，由于原告造林遭受鼠灾，经原被告协商之后签订《林业鼠害防治协议》，约定由被告给付原告 10000 元采购药源及组织人力进行药剂防治，防治结束后，原告凭采购农药的正式发票及劳务用工支出名册向被告财务报账，超支不补。原告对造林进行处理后，同年 3 月 7 日，被告对原告的造林任务进行了自查验收，并出具了《某国有林场 2016—2017 年度省级财政资金造林项目（GZJH-2016-141）标段自查验收报告》，该报告载明原告实际完成面积 2412.9 亩，部分小班存在问题，并提出整改意见，同时要求在 2017 年 3 月 20 日之前完成整改，整改后被告再进行复查，复查结果达到整改要求后作为合格工程验收，达不到整改要求继续整改。2017 年 3 月 15 日，被告对整改后的项目进行复查，并出具《某县某国有林场 2016—2017 年度省级财政资金造林项目（GZJH-2016-141）标段部分小班整改复查报告》，该报告显示整改完成并达到要求，经场部自查验收小组人员复查，同意该工程为合格工程验收。被告按照约定给付了原告第一阶段进度款即合同总价款的 40%，原告开具了 481373.55 元的发票。2017 年 6 月 22 日，因林场在抚育时发现部分银杏遭受鼠害现象，为确保造林成果，被告作出《某国有林场会议纪要》，该会议纪要载明：经场部会议研究，补贴鼠害防治经费 0.3 万元给原告进行药剂防治；防治结束后，以采购农药正式发票进行报账。同年 9 月 10 日，贵州金城环保科技有限公司作为参与造林检查验收的第三方（检查验收承包方）按照林业局《某县 2015—2016 年林业工程县级自查第三方验收方案》的要求，对原告实施的 2016 年度省级财政资金项目造林工程进行验收检查，并出具验收合格的报告，建议按合同约定，支付承包费用。2018 年 1 月 25 日，林业局按照其 2017 年 7 月 21 日发布的《关于对某县 2015—2016 年营造林第三方验收结果进行复核的通知》文件的要求，组织人员对上述第三方验收的项目进行了复核，并出具了《验收复核报告》载明：由于受到鼠害，造林存活率只有 20% 左右，造林失败，需进行补植重造，建议用马尾松进行补植。该复核报告出具次日及同年 5 月 30 日，原告分别向被告提出申请要求其按照合同约定拨付合同总价款 20% 的工程款及原告两次鼠灾防治、两次苗木补植补造产生的费用。被告于 2018 年 12 月 27 日，向原告送达《整改通知书》，提出由于该工程项目于 2018 年 1 月 25 日经林业局复核不合格，要求原告按造林合同及时抓紧补植，并通过验收，再拨付 20% 造林工程款。由于被告迟迟未给付第二笔进度款及补偿原告防治、补植损失。原告惠众合作社遂起诉至法院，要求判决被告向原告支付赔偿款 240686.77 元并支付利息；要求被告向原告支付因鼠灾而重新补种产生的人工费、苗木费合计 254965 元并支付利息；要求判决解除 2016 年 12 月 12 日签订的《造林工程项目（GZJH-2016-141）合同》。

一审法院判决驳回原告诉讼请求，二审法院判决驳回上诉，维持原判。

【案例评析】

双方当事人签订的《造林合同》，该合同未违反法律、法规的禁止性规定，合法有效。惠众合作社主张解除该《造林合同》，理由为根据《合同法》第九十四条的规定，某林场未履行支付第二笔进度款的义务，故惠众合作社在本案中享有单方解除《造林合同》的权利，并且应由某林场支付第二笔进度款，以及承担相应责任。根据《造林合同》的约定，以及本案查明的事实，对造林项目的验收，按照GB/T 15776-2006《造林技术规范》要求，造林成活率≥85%，造林保存率≥80%，造林成活率＜85%、造林保存率＜80%的必须由惠众合作社补植补造。某林场在验收合格三个月后申请县级验收，第二笔进度款的支付条件为待县级第一次验收合格时支付。本案中，虽然第三方机构贵州金城环保科技有限公司做出了验收合格的报告，但其在本案中的验收行为，仅能作为县级复核验收的前置程序，不能以此验收报告即认定第二期造林工程已通过县级验收。该案值得注意的是，合同未明确约定第三方验收的法律效力，那么第三方的验收合格结论并不必然推定为当事人履行合同义务符合法律规定和合同约定。在复核过程中，经审核造林成活率只有20%左右，未能达到支付第二笔进度款的合同约定，也不符合签订《造林合同》的合同目的。同时，根据《造林合同》的约定，及时补种并确保达到造林成活率≥85%，且确保造林保存率≥80%系惠众合作社的合同义务。据此，某林场在履行合同过程中，并无拒不支付进度款的违约行为，惠众合作社主张解除合同并支付进度款及利息的诉讼请求不成立。虽然惠众合作社在履行合同过程中出现大面积鼠灾，且《造林合同》中对于鼠灾造成的损失负担并无明确约定，但在履行合同过程中，第一次出现鼠灾时，经双方当事人协商，并签订《林业鼠害防治协议》，某林场仅同意给付惠众合作社10000元采购药源及组织人力进行药剂防治，防治结束后，惠众合作社凭采购农药的正式发票及劳务用工支出名册向某林场财务报账，超支不补。第二次出现鼠灾时，某林场作出《某县某国有林场会议纪要》也载明：经场部会议研究，补贴鼠害防治经费0.3万元给惠众合作社进行药剂防治；防治结束后，以采购农药正式发票进行报账，超支不补。可知双方对于出现鼠灾后进行了协商，鼠灾的防治义务主体应为惠众合作社。同时，结合《造林合同》的约定，履行合同过程中惠众合作社有确保造林和保存率的义务。据此，二审法院认为惠众合作社主张补种所产生的人工费、苗木费应由某林场负担的上诉理由不能成立。

【法律指南】

在实践中，国有林场经常通过招投标程序签订合同完成造林项目工程，造林存活率是履行合同义务的关键。因此，合同中验收条款尤为重要。为避免争议发生，建议国有林场在合同中约定验收方式、验收机构，明确验收结果与支付款项的关系。此外，为更好地解决争议，建议国有林场在合同中约定争议解决条款，明确发生争议之后，是选择法院诉讼还是通过申请仲裁解决争议。合同双方可以约定发生争议的解决方式，有明确的仲裁条款的情况下可以排除法院管辖。在没有约定的情况下，合同纠纷一般由被告住所地或者合同履行地法院管辖。需要注意的是，约定管辖法院不是无限制的，只能选择原告住所地、被告住所地、合同签订地、合同履行地等与合同有实际联系的管辖法院。管辖条款是合同的重要条款之一，在双方对管辖法院均重视的情况下，可以考虑由原告住所地法院管辖，进而避免合同双方因管辖事宜发生重大分歧。

六、森林管护合同纠纷案例

【案情简介】

1986 年 11 月 14 日，某国有林场与蒋某签订《管护森林合同书》一份，合同约定管护年限为 30 年，蒋某报酬按间伐木材的经济价值进行分成：按间伐木材的经济价值分成 40%；伐木提成 10%；雪压木、风倒木、枯死木等分成 40%。同时还约定国有林场提供林区的两亩荒地给蒋某播种树苗，允许蒋某在林区内建设两间房屋用于看护林场时居住，同日双方就该份合同到公证处办理了公证。1990—1998 年，国有林场还向蒋某支付了报酬 9438.3 元，2000—2016 年期间，国有林场向蒋某支付报酬 51448.8 元。蒋某因国有林场未按合同约定支付间伐木材的经济价值分成，向法院提起诉讼要求国有林场支付 84 万元。

人民法院作出判决，由某国有林场于判决生效之日起十日内补偿蒋某劳务报酬 56196.5 元。

【案例评析】

森林管护合同中关于按林木采伐价值分成的约定，由于未约定具体的报酬金额，合同在履行过程中需要取得采伐许可证才能进行采伐，合同权利受到限制，存在无法实际履行的情形，当事人之间约定属于约定不明，法院可以根据合同的实际履行情况予以变更。蒋某与某国有林场签订的《管护森林合同书》系双方当事人真实意思表示，未违反法律、法规的强制性规定，合法有效。本案主要争议焦点在于某国有林场是否已按合同约定向蒋某支付报酬。双方在合同第二条中约定的报酬支付方式为：按间伐木材的经济价值分成，国有林场占 60%，蒋某占 40%。从该约定来看，双方对报酬未约定具体的金额，属于约定不明。故本案应重点考量管护期内林场间伐量的数据以及某国有林场支付报酬的情况。《森林法》第二十九条规定："国家根据用材林的消耗量低于生长量的原则，严格控制森林年采伐量。国家所有的森林和林木以国有林业企业事业单位、农场、厂矿为单位，集体所有的森林和林木、个人所有的林木以县为单位制定年采伐限额，由省、自治区、直辖市林业主管部门汇总，经同级人民政府审核后，报国务院批准。"由此可见，国家对森林采伐是严格控制的。森林采伐分为主伐及间伐，双方合同中所约定的间伐是指在同龄未成熟的林分中，定期伐掉一部分生长不良的林木，为保留木创造良好的生长环境条件，促进保留木生长发育的一种营林措施。由此可见，间伐量并非固定量，若依据合同约定来明确报酬，须双方能够提交管护期内林场的间伐量数据，但蒋某和国有林场均未能就此举证。如前所述，对森林进行采伐需符合林业规划并向林业主管部门申请采伐，蒋某以林区蓄积林木的总量作为其应获取报酬的计算依据与实际采伐量不符。在本案中，国有林场所举证据能证明于 2000—2016 年期间，对林区进行了部分采伐，并按合同约定向蒋某支付了报酬 5 万余元，即在此期间国有林场履行了支付报酬的义务。鉴于蒋某管护期长达 30 年，并已按照合同约定完成了管护林区的工作义务，对生态建设作出了一定贡献，国有林场支付的报酬与蒋某劳务付出相比，有失公平。根据双方合同第一条约定，如在承包期间未进行间伐或采伐，由国有林场根据情况适当给予蒋某一定补偿。

【法律指南】

本案属于合同纠纷，是因报酬约定不明而引发的争议。由于林业生产周期长，国有林场签署的森林管护合同往往时间跨度比较长，合同约定情况与实际履行情况容易出现较大差异，引发争议在所难免。因此，国有林场在合同签订之前应尽量完善合同条款，合同履行过程中对照合同条款动态监控实际履行情况，发生争议及时解决。国有林场有必要对历史遗留的森林管护合同进行清理，根据实际需要和具体情况签署补充协议，遵循自愿平等、公平合理的原则，经充分友好协商确定合同的有关条款，并且合同的期限不宜过长，原则上不超过五年。合同存续期限适中，可以在一定程度上避免因客观情况变化造成合同履行不确定的风险，也可以督促双方根据合同履行情况决定是否续签。避免因合同期限过长、不符合履行过程中出现的新情况，进而损害合同一方利益。有鉴于此，新的合同文本可以特别约定合同变更解除的条款，在满足约定条件的情况下，对合同的相关条款予以适当调整。

七、联营造林管理合同纠纷案例

【案情简介】

2004 年 1 月 1 日，某国有林场（甲方、发包方）与陈某（乙方、承包方）签订《联营造林管理合同》，双方约定：甲方将位于小寺湾作业区，面积约 1700 亩的林地（含涉案林地 320 亩）承包给乙方经营管理。合同签订后，陈某在上述林地范围内栽种松树。2007 年 12 月 28 日，某国有林场（甲方）与陈某（乙方）签订《租赁协议书》约定：甲方将国有林场小寺湾作业区备战路南长山腰（四至：东至山沟、西至山沟、南至小蔡家、北至备战路），面积约 320 亩的山场租赁给乙方造林，为期二十年。陈某至今未按《租赁协议书》的约定向某国有林场支付租赁费用。2015 年 4 月 7 日，定远县人民政府向陈某发放林权证。本案涉案林地上的树木在陈某取得的林权证确权范围内。2018 年 9 月 30 日，某国有林场作出解除《租赁协议书》通知书，并于 10 月 11 日通过 EMS 快递方式向陈某送达，陈某于 10 月 12 日收到该解除《租赁协议书》通知。原告陈某依据 2007 年 12 月 28 日和某国有林场签署的合同向人民法院提起诉讼，要求人民法院依法确认被告于 2018 年 9 月 30 日作出的解除《租赁协议书》通知无效；被告继续履行合同，并将 250 亩左右山地交给原告使用并赔偿原告各项损失 10000 元。

一审法院判决驳回原告陈某的诉讼请求，二审法院维持原判。

【案例评析】

由于客观情况变化导致合同无法履行，或者一方违反合同约定构成根本违约，合同一方可以向对方提出解除合同。合同解除后，法院会根据当事人的过错程度判令各方应该承担的相应责任。本案中，双方当事人签订的《租赁协议书》系双方当事人真实意思表示，双方之间形成租赁合同关系。但陈某在《租赁协议书》签订后至今未向被告支付租赁费用，经国有林场催告后在合理期限内仍未履行；2015 年 4 月 7 日，陈某取得定远县人民政府颁发的包含涉案林地在内的林权证，对涉案林地享有使用权，致使案涉《租赁协议书》无法履行，不能实现合同目的。某国有林场于 2018 年 10 月 12 日送达解除《租赁协议书》通知。陈某未能提供证据证明该解除《租赁协议书》通知存在法律规定的无效情形，该解除《租赁协议书》通知合法有效，案涉《租赁协议书》已被解除。合同解除后，尚未履行的，终止履行；已经履行的，根据履行情况和合同性质，当事人可以要求恢复原状，采取其他补救措施，并有权要求赔偿损失。该《租赁协议书》应终止履行，同时陈某未能提供其是否受到损失及损失金额的相关证据，故对陈某要求继续履行合同，交付 250 亩左右山地，赔偿损失的诉讼请求，该院亦不予支持。二审法院认为，协议约定陈某应一次性缴纳案涉土地租赁费 19200 元，但未约定具体履行期限。陈某虽上诉主张其未交费系因国有林场不愿接收，但并未提供有效证据证明亦未采取提存等形式履行合同义务。案涉土地曾登记在陈某持有的林权证上。国有林场主张解除其与陈某就案涉土地签订的《租赁协议书》时，该林权证尚未被撤销。故国有林场解除行为作出时，符合《合同法》相关规定，该解除通知在到达陈某时双方租赁协议解除。

【法律指南】

本案的发生暴露出该国有林场在合同管理过程中存在的问题，主要是没有对合同的履行情况进行动态监控，以至于在合同签订 10 年后发现相对方没有履行合同，才行使合同解除权。国有林场于 2007 年与陈某签署合同，在对方没有履行合同支付租金的情况下，直到 2018 年 10 月 12 日才向其发出《解除合同通知书》，国有林场合同管理不到位。国有林场于 2015 年给案外人陈某办理了林权证，进而导致了陈某的林权和租赁权形成事实冲突，从某种意义上讲，国有林场有一定的过错，其对合同的解除也应承担一定的法律责任。本案中，国有林场一方解除合同的事由不仅包括合同不能履行，也包括合同相对方陈某没有按照合同约定支付租金。同时由于陈某没有提供证据证明自己的损失，为此法院没有支持其赔偿损失的要求。需要进一步说明的是，陈某主张向林场交付租赁费但国有林场一方拒绝接受，其没有提供证据予以证明，按照《民事诉讼法》关于证据规定的基本原则是谁主张谁举证，法院判决其承担举证不能的法律后果。当事人主张履行义务而相对方拒绝接受时，需要当事人提供证据证明其积极履约举动，或者直接将款项或标的物向公证机关提存。关于合同解除的方式，国有林场按照原《合同法》第九十六的规定，采用书面通知对方的方式解除合同。合同相对方对合同解除效力存有异议的，可以提起诉讼确认合同解除的效力。按照现行《民法典》第五百六十五条的规定，当事人可以不经书面通知解除合同，可以直接通过诉讼的方式解除合同，合同自起诉状副本或者仲裁申请书副本送达对方时解除。

第三节　国有林场刑事案例

一、受贿罪案例

【案情简介】

2011 年 8 月至 2016 年 7 月，被告人黄某在担任百色市某国有林场党总支部书记、职工住房建设领导小组组长期间，利用建设项目投标评审、监督管理等职权，接受工程承建方广西某建设集团有限责任公司时任法定代表人罗某的请托，为该公司在职工危房改造、限价房建设项目投标、承接业务等方面谋取利益，分别于 2013 年 10 月、11 月，2015 年年中、2015 年年底或 2016 年年初期间，在百色市右江区文化局职工宿舍楼下及广西某建设集团有限责任公司附近四次收受罗某送给的贿赂款 20 万元、10 万元、10 万元、5 万元，共计 45 万元。

人民法院经过审理，做出判决：①被告人黄某犯受贿罪，判处有期徒刑三年，并处罚金 20 万元，上缴国库；②被告人黄某退出的赃款 45 万元，依法没收，由监察机关上缴国库。

【案例分析】

本案中，黄某身为国家工作人员，明知他人有具体的请托事项，仍利用职务上的便利，为他人牟取非法利益，并多次非法收受他人现金 45 万元，数额巨大，其行为已触犯《刑法》第三百八十五条的规定，构成受贿罪。因黄某被采取留置措施后，未能及时交代所犯罪行，经教育后才作如实供述，不具备自动投案、主动自愿交代的情形，不构成自首。其到案后能够如实供述所犯罪行，认罪态度较好。黄某已退出赃款 45 万元，属于全部退赃，根据以上情节依法可酌情从轻处罚。法院综合黄某受贿所得数额、犯罪情节、手段、社会危害性及案后认罪悔罪表现，决定给予黄某从轻处罚的判决。

【法律指南】

根据《刑法》规定，受贿罪可以分为国家工作人员受贿罪和单位受贿罪。国家工作人员利用职务上的便利索取他人财物的或者非法收受他人财物、为他人谋取利益的是受贿罪。国家工作人员在经济往来中，违反国家规定，收受各种名义的回扣、手续费，归个人所有的，以受贿论处。国家机关、国有公司、企业、事业单位、人民团体，索取、非法收受他人财物，为他人谋取利益，情节严重的，对单位判处罚金，并对其直接负责的主管人员和其他直接责任人员，处五年以下有期徒刑或者拘役。前款所列单位，在经济往来中，在账外暗中收受各种名义的回扣、手续费的，以受贿论，依照前款的规定处罚。2022 年 7 月 8 日，最高人民法院、最高人民检察院联合发布了《关于办理受贿刑事案件适用法律若干问题的意见》（以下简称《意见》），明确了各种新类型受贿行为的定性处理。《意见》的出台，有利于及时查处、依法惩治各种新类型受贿犯罪活动，加大打击腐败的力度。同时，《意见》对各种具体受贿行为的细化以及罪与非罪的界定，为国家工作人员的职务活动划出了界限，有利于统一认识，预防类似犯罪行为的发生。

国有林场预防受贿罪，需要做好以下工作：第一，应当加强廉洁意识的培养，通过多种形式不断加强国有林场内工作人员廉洁监督和守法意识的培养。第二，严审重大项目，对于重大项目必须要有具体实施方案和风险评估，并经过严格的招投标程序开展经济活动。第三，加强内外监督管理，国有林场在日常生产经营和业务往来过程中，要对林场工作人员以及交易相对方进行监督，发现有违反廉政建设的情况，应及时终止合作并留证。第四，加强普法宣传，防范贿赂行为，国有林场工作人员发现贿赂行为应及时报案，避免受贿行为的发生。

二、玩忽职守罪案例

【案情简介】

杜某原系某国有林场场长，其在任期间没有认真检查、监督管护站和履行管护职责，致使国有林场管护范围内的一般用材林被所在镇村民李某、曹某、侯某、苏某等违法开垦成耕地，面积共 1061.9 亩，造成直接经济损失 4247621 元。

当地县人民检察院以杜某犯玩忽职守罪，向同级人民法院提起公诉。人民法院根据被告人犯罪的事实、性质、情节、社会危害程度，判决被告人杜某犯玩忽职守罪，免予刑事处罚。

【案例分析】

被告人杜某作为国有林场场长对国有林场森林管护和生态安全负责。被告人在任职期间没有认真履行管护职责，致使林场管护范围内的疏密林被违法开垦成耕地，林场辖区内被毁疏密林国家补贴植被恢复费 530950 元，致使公共财产、国家和人民利益遭受损失，情节严重，其行为已构成玩忽职守。鉴于杜某当庭自愿认罪，无前科劣迹，造成的被毁林地有的已恢复植被，具有依法可酌定从轻处罚情节，人民法院予以从轻判决。

【法律指南】

国家机关工作人员的玩忽职守应与公共财产、国家和人民利益的重大损失之间存在因果关系。玩忽职守是不作为犯罪，是不作为《刑法》所规定的一定行为，并非单纯的"无"，而应注意到它是根据作出一定行为便能防止结果的发生。作为国有林场的场长，对于管护范围之内的森林资源负有责任，应当采取措施防止林地侵占和林木盗伐等行为的发生。

三、滥伐林木案例

【案情简介】

马某自 1997 年 10 月 16 日至 2009 年 7 月 23 日任某国有林场场长。2008 年 11 月至 2009 年年初，某国有林场进行了幼林抚育采伐。幼林抚育采伐的设计于 2008 年年初由该林场技术员贾某带领刘某、邱某、吴某、石某、崔某、孙某进行外业调查，后由贾某进行内业设计，并上报到所在市林业局进行审批。市林业局于 2008 年 8 月 11 日对该国有林场的几个林班小班的抚育间伐进行了审批，并发给采伐许可证，采伐期限自 2008 年 8 月 11 日至 12 月 31 日。贾某将采伐许可证送到档案室，并告知马某幼林抚育间伐已经审批。马某于 2008 年 10 月 9 日召开领导班子成员及管理人员会议，决定由张某和贾某负责主伐，邱某和刘某负责幼林抚育伐，张某和吴某分别各领一组负责打枝子和集材，全体林场干部参加采伐。干了大约 9 天后，马某将幼林抚育采伐承包给了敖某等六名承包户。采伐前，马某让林场队长刘某和技术员邱某带领承包户到采伐地点划定采伐范围，然后由承包户进行采伐，并由二人带领人员进行监督、检查。在采伐期间，林场没有按照采伐许可证上规定的地点、数量、树种以及时间和采伐的方式进行采伐，采伐的树种主要有白桦、山杨、柞树、椴树等林木，砍伐林木总面积为 2140 公顷，砍伐林木总立木蓄积量为 11939.2581 立方米，总立木材积为 71635548 立方米，共价值人民币 2865421.70 元，致使大量的国有林被砍伐。2008 年 11 月 11 日，因承包户在幼林抚育采伐过程中有部分地块超强度采伐，马某召开会议，对幼林抚育间伐要求严格管理。后马某又召开会议，议定对承包户采伐的木材按每棵 1 元钱收取木材款，六名承包户每户按 10 万元至 50 万元不等的价格将木材款交到林场出纳员顾某处，木材款被某国有林场处理。马某及敖某等六名承包户被抓获。

人民法院经过审理判决：①某国有林场犯滥伐林木罪，判处罚金50万元；②被告人马某犯滥伐林木罪，判处有期徒刑三年，缓刑三年，并处罚金4万元；3、被告人敖某等六名承包户犯滥伐林木罪，均免予刑事处罚。

【案例评析】

本案中，马某等人虽持有采伐许可证，但违背采伐证所规定的地点、数量、树种、方式而任意采伐本单位所有或管理的林木，客观上实施了滥伐林木的行为。马某作为国有林场场长和法定代表人，虽然在幼林抚育间伐时召开会议对幼林抚育间伐进行布置，但未按照采伐许可证规定的范围、时间进行采伐，在将幼林抚育间伐承包给敖某等人之后，也未能尽到监管责任。

根据《刑法》第三百四十六条之规定，单位犯本节第三百三十八条至第三百四十五条规定之罪的，对单位判处罚金，并对其直接负责的主管人员和其他直接责任人员，依照本节各规定处罚。因此涉案国有林场场长马某应以滥伐林木罪定罪处罚。敖某等人虽然按照被告单位技术员划定的范围进行采伐，但未按采伐许可证规定的范围、时间进行采伐。根据最高人民法院《关于审理破坏森林资源刑事案件具体应用法律若干问题的解释》第六条规定，滥伐林木"数量较大"，以十至二十立方米或者幼树五百至一千株为起点；滥伐林木"数量巨大"，以五十至一百立方米或者幼树二千五百至五千株为起点。本案中，砍伐林木总面积为2140公顷，砍伐林木总立木蓄积量为11939.2581立方米，总立木材积为71635548立方米，符合滥伐林木"数量巨大"的情形。因此，敖某等人滥伐林木行为致使滥伐林木数量巨大，其行为均已构成滥伐林木罪，根据《刑法》第三百四十五条第二款规定，应以滥伐林木罪定罪处罚。

【法律指南】

在实践中，国有林场办理采伐许可证之后，存在违背采伐证所规定的地点、数量、树种、方式进行采伐的行为，这种行为客观上已经构成了滥伐林木。国有林场作为有采伐林木需求的单位，采伐林木时要严格按照采伐证所规定的地点、数量、树种、方式进行采伐，防止出现超范围、超数量等违法采伐行为。国有林场如将采伐工作承包给他人的，应当明确要求承包方严格按照采伐许可证规定的范围、时间进行采伐，并尽到监管责任，避免因承包方违法行为而导致国有林场承担责任。

四、非法毁坏国家重点保护植物案例

【案情简介】

2015年春节前夕，张某擅自决定在某国有林场2林班6小班林区内清理地表林木，种植芭蕉树等经济作物牟利。2015年2月21～23日期间，张某雇请张某汉驾驶挖掘机在上述地点毁坏林地达1.14公顷，毁坏林木共计863株，林木蓄积量39.397立方米。其中，国家二级保护野生植物樟树55株，林木蓄积量35.717立方米。经鉴定，被毁坏的林木价值人民币共计16612元。

张某以非法毁坏国家重点保护植物罪被提起公诉。人民法院经审理认为，鉴于被告人张某与被害人达成刑事和解，积极在破坏的林地上种植珍贵树木并进行护理，恢复林地生态，酌情予以从轻处罚，判处有期徒刑二年，缓刑三年，并处罚金人民币 3000 元。

【案例评析】

樟树属于珍贵树木及国家重点保护植物，受国家法律保护，严禁任何人非法采伐、毁坏。被告人张某未经批准，违反国家规定，非法采伐国家二级保护野生植物樟树 55 株，林木蓄积量 35.717 立方米，情节严重，其行为已经构成危害国家重点保护植物罪。

【法律指南】

珍贵树木以其特有的经济、科学和历史价值赢得社会声誉，但由于目前我国对珍贵树木品种保护和宣传措施不到位，很多的珍贵树木品种并不为社会公众所知。社会公众对珍贵树木品种保护意识缺乏，国有林场有必要增强对珍贵树木品种的保护和宣传教育力度。建议国有林场通过品名与实物相对照的宣传教育方式，图文并茂，增强形象感和识别率，有重点、有步骤地推进珍贵树木挂牌进行科普教育，将对珍贵树木的保护和宣传纳入经常性和制度性的工作来抓，增强社会公众对珍贵树木的识别能力。国有林场应以案说法，深入当地群众进行法律知识和动植物保护相关规定的宣传教育，对涉及破坏森林资源的违法行为进行警示教育，实现社会效益与经济效益相协调。

五、国有林场失火案例

【案情简介】

2018 年 4 月 16 日，被告人李某等不顾当地人民政府的森林草原封山防火公告，驾驶越野摩托车绕过两道防火检查站，窜至某国有林场的国有林地内进行沙地越野。摩托车倒地后，李某没有扶起，致使灼热的排气管引燃地上枯草发生火灾，造成过火面积 621.48 亩，其中某国有林场林地过火面积 593.48 亩，尹某个人林地过火面积 28 亩，其中一般公益林地面积为 343.16亩，一般商品林地面积 278.32 亩。经张家口市某林业司法鉴定中心鉴定，此次火灾的过火林木共计 49985 株，价值人民币 1542750.18 元（包括尹某过火林木 2600 株，价值 137280.00 元）。案发后 2018 年 9 月 25 日，经过张家口市某林业司法鉴定中心补充鉴定，此次过火林木的伐倒木残值为人民币 119202.72 元；未伐树木残余价值人民币 58826.28 元。过火迹地内分散少量杨树，因系耐火树种，无法判断其是否全部死亡，故未作损失及残值鉴定。最后，被告人李某的家人已经同尹某自愿协商，就林木损失赔偿达成协议，由李某家人赔偿尹某林木损失人民币100000.00 元，尹某出具了谅解书对李某甲予以谅解。

【案例评析】

本案中，李某过失引发火灾危害公共安全的行为，已构成失火罪。因李某的犯罪行为造成过火面积 621.48 亩，直接经济损失一百余万元的严重后果。李某有自首情节，在案发后积极赔偿被害人尹某的经济损失并得到谅解、当庭自愿认罪，法院根据本案的事实、情节和对于社会的危害程度酌情作出判决。

【**法律指南**】

司法实践中，在失火行为造成了严重后果、构成失火犯罪的情况下，在法定的基本量刑档次内给行为人裁量刑罚。失火行为造成了致人重伤、死亡或使公私财产遭受重大损失的严重后果，处以三年以上七年以下有期徒刑。针对失火罪，国有林场需要常年做好森林防火工作，同时对失火案要依法予以查处，对造成影响大、后果严重的犯罪进行公开宣判，既是对失火罪的打击，也是一种警示教育。

第四节　国有林场林权争议案例

一、林权争议行政确权案例

【**案情简介**】

1967年，湖南省邵阳市某国有林场与某大队就双方争议的大里黑冲子一带山场签订了协议书，在协议中约定：①从横路以上的杉山、竹山仍归集体所有（1967年前的）；②原开荒地仍旧归集体种，但今后不能扩大和新开；③路上能开田的平地可由集体开田；④老鸦山一带离竹山直上100米归集体。1981年林业"三定"时，某国有林场又与某大队签订了1981年协议书，约定大里黑冲子一带山场1965年到1967年林场所造杉幼林山林权属归某国有林场所有，并明确了四至界线。根据该协议，所在县人民政府为某国有林场颁发了《山林所有权证》。2005年该县林业局又给某国有林场填发了《森林、林木、林地状况登记表》。该表与《山林所有权证》范围一致。争议山场自颁发《山林所有权证》后，至今已由某国有林场管理经营三十余年。

2017年3月15日，某村委会出具报告，请求所在县人民政府就争议山场、林地、林木权属作出调处。县人民政府于2019年4月3日作出行政决定，将争议的部分林地认定为某村委会所有，部分认定为某国有林场所有。国有林场不服，向邵阳市人民政府提出行政复议，复议机关维持了县人民政府的决定。国有林场遂向邵阳市中级人民法院提起行政诉讼。人民法院经过审理作出行政判决，撤销了某县人民政府的行政决定和邵阳市人民政府的行政复议决定书，责令某县人民政府重新做出行政行为。

【**案例评析**】

当事人持有合法有效的林权证是林权归属的重要证据。《林木林地权属争议处理办法》第六条规定，县级以上人民政府或者国务院授权林业部依法颁发的森林、林木、林地的所有权或者使用权证书，是处理林权争议的依据。第七条规定，尚未取得林权证的，下列证据作为处理林权争议的依据：①土地改革时期，人民政府依法颁发的土地证；②土地改革时期，《中华人民共和国土地改革法》规定不发证的林木、林地的土地清册；③当事人之间依法达成的林权争议处理协议、赠送凭证及附图；④人民政府作出的林权争议处理决定；⑤对同一起林权争议有数次处理协议或者决定的，以上一级人民政府作出的最终决定或者所在地人民政府作出的最后一次决定为依据；⑥人民法院作出的裁定、判决。该《林木林地权属争议处理办法》第十条规定，处理林权争议时，林木、林地权属凭证记载的四至清楚的，应当以四至为准；四至不清楚的，应当协商解决；经协商不能解决的，由当事人共同的人民政府确定其权属。第十一条规定，当事人对同一起林权争议都能够出具合法凭证的，应当协商解决；经协商不能解决的，由当事人共同的人民政府按照双方各半的原则，并结合实际情况确定其权属。

根据上述法律规定，《山林所有权证》具有保护林权证持有人合法权益以及作为调处林权争议的主要依据两大作用，该证作为政府机关作出的行政行为，具有确定力和公定力。所谓确定力是指有效成立的行政行为，具有不可变更性，即非依法定理由和程序，不得随意变更或撤销，以及具有不可争辩力。所谓公定力是指行政主体作出的行政行为，不论合法还是违法，都推定为合法有效，相关当事人都应当先予以遵守和服从。本案中的《山林所有权证》及《森林、林木、林地状况登记表》对山场记载的四至是清楚的，争议山场在《山林所有权证》的权属范围内。在《山林所有证》有效的情况下，应以行政机关颁发的权属证书作为认定权利归属的首要依据。《林木林地权属争议处理办法》第十一条和《湖南省林木、林地权属争议处理办法》第八条规定，在双方均能提出具有同等效力权属证据的情况下，才能结合自然地形的原则划分。而本案中，某村委会对争议山场并无权属证书，其申请县政府对争议山场作出处理的依据是三份协议书，其法律效力低于人民政府颁发的山林权属证书。故在相关权属证书未依法定理由和程序被撤销的情况下，处理权属争议应以相关的权属证书为依据。综上，县政府作出的行政决定证据不足，应予以撤销。邵阳市政府作出维持县政府处理决定的复议决定，亦证据不足，应予以撤销。

【法律指南】

本案肯定了林权证在处理林权争议中优先适用的法律地位，国有林场持有合法有效的林权证，可以直接作为人民法院审判的依据。《土地权属争议调查处理办法》第二十条中的"人民政府颁发的确定土地权属的凭证"是指初始土地登记完成前，争议土地原有的人民政府颁发的确定土地权属的凭证。最高人民法院认为，《土地管理法》第十六条第一款规定土地所有权和使用权争议，由当事人协商解决；协商不成的，由人民政府处理。为进一步明确"土地所有权和使用权争议"的范围，国土资源部办公厅规定，土地权属争议是指土地登记前，土地权利利害关系人因土地所有权和使用权的归属而发生的争议。土地登记发证后已经明确了土地的所有权和使用权，土地登记发证后提出的争议不属于土地权属争议。土地所有权、使用权依法登记后第三人对其结果提出异议的，利害关系人可根据《土地登记规则》的规定向原登记机关申请更正登记，也可向原登记机关的上级主管机关提出行政复议或直接向法院提起行政诉讼。

《民法典》第二百二十条规定，权利人、利害关系人认为不动产登记簿记载的事项错误的，可以申请更正登记。不动产登记簿记载的权利人不同意更正的，利害关系人可以申请异议登记。登记机构予以异议登记，申请人自异议登记之日起十五日内不提起诉讼的，异议登记失效。异议登记不当，造成权利人损害的，权利人可以向申请人请求损害赔偿。

综上所述，在当事方存在合法有效的林权证的前提下，根据《土地登记规则》《国土资源部办公厅关于土地登记发证后提出的争议能否按权属争议处理问题的复函》、最高人民法院裁判观点，以及《民法典》的相关规定，本案不属于土地权属争议。争议方正确的维权路径向原登记机关申请更正登记，也可向原登记机关的上级主管机关提出行政复议或直接向法院提起行政诉讼，或按照《民法典》的规定，先进行异议登记，再直接提起民事诉讼。

二、国有林场行政确权案例

【案情简介】

本案原告为某国有林场，被告为某县人民政府，第三人为某村委会。争议的山林地名为弄柳，面积约 180 亩，四至范围与某行政处理决定认定的一致。现争议地的西南面、东北面由某国有林场经营的剑麻、甘蔗地约 75 亩，由第三人某村委会农户经营的木薯地约 105 亩。争议地在 1952 年土地改革时属某李村管理。1958 年 4 月，某县人民委员会在《某国有林场场间土地规划设计图说明书》上盖章同意将争议地划入某国有林场的土地规划范围。1962 年"四固定"时，争议林地当时固定落实第三人某村集体所有。1981 年"林业三定"时，第三人某村领取了某县人民政府核发的有关争议地的《山界林权证》（该证原件已丢失，查陆斡镇林业站有存根保存）。某国有林场提供了其职工在 1968 年到争议地劳动的记录等相关证据。20 世纪 80 年代，某国有林场进入争议林地南面开垦经营，至今经营的土地面积 75 亩。第三人某村委会在其集体经营期间曾对争议地进行过经营，落实生产责任制后将"弄柳"林地划分到农户经营，至今经营的土地面积约 105 亩。1998 年，因天生桥电站高压线经过争议地须清障砍伐松树林，原告某国有林场与第三人某村委会因木材权属引发纠纷。2002 年 3 月，第三人毁掉原告种植的作物，双方矛盾激化。2002 年 5 月 13 日，第三人向被告申请确定争议地权属。2005 年 7 月 29 日，被告作出行政处理决定。第三人不服，申请复议。2006 年 1 月 12 日，某市人民政府作出了维持的行政复议决定。第三人不服，诉至法院。2006 年 8 月 11 日，某县人民法院作出行政行政判决，撤销了被告的处理决定。被告经重新调查，于 2010 年 10 月 27 日作出了行政处理决定。原告不服，申请行政复议。某市人民政府于 2011 年 5 月 5 日作出了维持的复议决定。原告仍不服，诉至法院。

法院判决，某县人民政府处理决定撤销某村委会取得的《山界林权证》，将争议地约 105 亩土地权属确定归某村委会所有，约 75 亩土地权属确定某国有林场所有，认定事实清楚，适用法规正确、依法应予维持。

【案例分析】

在土地改革时期及高级农业生产合作社时，本案争议林地属覃李村及覃李高级社集体所有。1958 年 4 月，经某县人民委员会同意，争议地"弄柳"被划入原某国有林场的土地规划范围，属于国有林场经营的土地。但因种种原因，落实"四固定"时，争议地仍由覃李村七冬大队固定给某村委会所有。1981 年"林业三定"时，某村委会还取得了某县人民政府颁发的《山界林权证》。而至 2002 年纠纷发生前，某国有林场和某村委会分别到争议地砍林种植，至今，争议地由某国有林场经营的面积约 75 亩，某村委会经营的面积约 105 亩。某县政府根据上述事实，并依据《某省土地山林水利权属纠纷调解处理条例》第十条第（八）项，关于国有农、林场设立时经依法批准的确定经营管理范围的总体设计书、规划书、说明书及其附图可以作为调处权属纠纷、确定权属的证据的规定，及依据《国务院办公厅转发国土资源部、农业部关于依法保护国有农场土地合法权益意见的通知》关于"1962 年实行劳动、土地、耕畜、农具'四固定'时将国有林场规划设计范围内的土地固定给农民集体所有，并且该农民集体使用至今的，应当确认该农民集体的土地所有权"等相关规定，作出某行政处理决定，撤销某村委会取得的 90509 号《山界林权证》，将争议地约 105 亩土地权属确定归某村委会所有，约 75 亩土地权属确定归某国有林场所有。

【法律指南】

本案中，争议林地 1952 年属于村集体所有，1958 年经村集体同意划归给某国有林场经营，1962 年"四固定"时落实给村集体所有，1981 年"林业三定"时某县给村集体发了林权证。20 世纪 80 年代后，国有林场发生争议林地面积 75 亩，村委会经营争议林地面积 105 亩。人民法院并没有直接依据 1981 年的林权证确认村委会为争议林地的所有者，而是依据争议林地实际的管理情况，确认争议林地归村集体和国有林场分别所有。《林木林地权属争议处理办法》对林权争议处理原则和证据适用顺序及标准进行了明确的规定。处理林权争议，应当尊重历史和现实情况，遵循有利于安定团结，有利于保护、培育和合理利用森林资源，有利于群众的生产生活的原则。县级以上人民政府或者国务院授权林业部依法颁发的森林、林木、林地的所有权或者使用权证书是处理林权争议的依据。土地改革后营造的林木，按照"谁造林、谁管护、权属归谁所有"的原则确定其权属。对于尚未取得林权证的案件，其他证据可以作为处理林权争议的依据，包括土地改革时期，人民政府依法颁发的土地证；土地改革时期，《土地改革法》规定不发证的林木、林地的土地清册；当事人之间依法达成的林权争议处理协议、赠送凭证及附图；人民政府作出的林权争议处理决定；对同一起林权争议有数次处理协议或者决定的，以上一级人民政府作出的最终决定或者所在地人民政府作出的最后一次决定为依据；人民法院作出裁定、判决。由此可见，林权证不是确认林权归属的唯一依据。

三、国有林场林木、林地行政登记纠纷案例

【案情简介】

2009 年 4 月，某县启动全面推进集体林权制度改革工作。《某县集体林权制度改革工作实施方案》规定：各乡镇场（办事处）和村林改办组织农户根据各自的承包合同书和山林权属证书填写林地林权登记申请（草表），并汇总公示 10 天。林改工作队员及村组干部根据农户的申请表组织相关当事人、林业技术人员进行现场核实，用万分之一地形图勾图，并经现场核实人员签字确认后，及时汇总受理林地林权登记公示表并张榜公示，公示时间为 30 天。凡现场核实公示无异议的，由县、乡工作组按现场核实的内容指导农户填写正式的林地林权登记申请表，并完善相关图、表、卡的签字手续，由组、村、乡镇场（办事处）审批后逐组逐村整理资料报县林改办，经县人民政府审批后，核发林权证书。

2009 年 11 月，第三人某村委会填写《林地林权登记申请表》和《林地林权登记现场核实表》，申请填登"鱼莲冲"山场林地林权，主要依据有 1954 年《土地房产所有权证》、1981 年《山林所有权证》、1987 年 4 月 21 日某村委会与某林场签订的《关于小冲山场的协议》、1988

年 2 月 9 日某村委会与某林场《关于大桥乡某村村林场山场一事的处理》。2010 年 5 月 10 日，某县政府为第三人某村委会颁发《林权证》。

2010 年 12 月 20 日，某林场向某县集体林权制度改革领导小组办公室递交《关于停办、停发有关存在权属纠纷的林权证的请示》，认为在制作林权证的过程中存在一些错证、重证甚至是无证的林木、林地填表上报，故请求对有山林权属纠纷的林权证暂时停办、停止发放，待双方边界纠纷处理完毕后再逐步发放。2011 年 1 月 15 日，林改办根据某林场的请示报告，向某村委所在乡政府下达关于暂缓发放林权证的通知。2015 年 3 月 27 日，某林场向某市政府申请复议，要求撤销林权证。某市政府于 2015 年 4 月 23 日作出了维持某县政府给某村委颁发的林权证的行政复议。另查明，2005—2015 年，某林场与某村委就本案涉案林权一直处于争执状态，近 10 年的时间双方一直在相关部门的主持下进行调解。

法院判决，撤销被告某县人民政府向第三人某村村民委员会颁发的林权证；撤销被告某市政府 2015 年 4 月 23 日作出的行政复议决定。

【案例分析】

某村于 2009 年按照《某县集体林权制度改革工作实施方案》的工作要求向某县提供证明，申请办理了争议林地的林权证。某林场以某县政府颁证错误，提起行政复议、行政诉讼。双方争议的焦点为某林场提起的行政复议是否超过法定期限，以及人民政府的颁证行为是否合法。

《行政复议法》规定，公民、法人或者其他组织认为具体行政行为侵犯其合法权益的，可以自知道该具体行政行为之日起六十日内提起行政复议申请。本案中，争议林地林权证记载的日期为 2010 年 5 月 10 日，某林场于 2015 年 3 月 27 日向某市政府申请行政复议。从时间上看，某林场提出的行政复议显然超过了法律规定的复议期限，经查明，2015 年 2 月 17 日，某林场才得知村委会持有林权证，其提起行政复议未超过法律规定的期限。

林地争议自 2005 年至 2014 年，经某县调处纠纷领导小组办公室多次调解未果。2010 年 5 月，某县人民政府对有权属争议的林地颁发林权证给某村民委员会，违反了《林木和林地权属登记管理办法》第十一条第（三）项、第十二条第一款的规定，应予撤销。《林木和林地权属登记管理办法》第十一条规定，对经审查符合下列全部条件的登记申请，登记机关应当自受理申请之日 3 个月内予以登记：①申请登记的森林、林木和林地位置、四至界限、林种、面积或者株数等数据准确；②林权证明材料合法有效；③无权属争议；④附图中标明的界桩、明显地物标志与实地相符合。第十二条规定，对经审查不符合本办法第十一条规定的登记条件的登记申请，登记机关应当不予登记。《湖南省林权登记管理办法》于 2011 年 12 月 9 日施行，本案所涉及的林权证是 2010 年 5 月颁发的，故一审法院引用《湖南省林权登记管理办法》的规定属于适用法规不当。因原行政行为错误，故某市政府作出维持原行政行为的《行政复议决定书》应予撤销。

【法律指南】

本案中的国有林场通过行政复议及行政诉讼的方式撤销行政确权登记及复议决定，主张林地的权属，人民法院撤销了争议林地登记发证行为。国有林场虽然取得林权证，但争议林地实际权属仍未最终确定。实践中，还存在直接以相对方为被申请人向人民政府申请确认争议林地权属的方式予以解决，人民政府就争议林地做出确权决定后，对确权结果不服，可以依法申请行政复议及行政诉讼。

四、重复颁证引发林权争议案例

【案情简介】

某国有林场始建于1958年，林场建场初期，由某县人民委员会指定争议林地造林，面积9万余亩，其中包括长岗岭上下段。某县人民政府于1983年9月1日经协商形成《权属争议处理协议书》，该协议涉及争议地的记载内容为：长岗岭为国有林场1958年造杉木林，下段（面积为80亩）被人为破坏变成无林，靠近村寨划归队有，以岭上最上一块田后坎为界直线横截，下段归队有，上段归国有林场。1983年9月5日，某村某组作为自留山为本组村民刘某等14户填写进《某县社员自留山证》，经核实，上述14户的《某县社员自留山证》中，只有刘某的《某县社员自留山证》登记的权属四至范围在本案争议地内，是本案争议地内的一部分林地。1991年9月4日，某县人民政府为某国有林场颁发了《国有山林权证》。本案争议林地全部在该证登记的权属四至范围内。2009年，某县人民政府又为某村某组颁发《林权证》，该证中登记的范围即为本案全部争议的林地范围。因修建S204道路征用林地而产生林权争议。某国有林场于2018年5月以县人民政府为被告向人民法院提起行政诉讼，请求撤销某村某组三组的《林权证》和刘某《某县社员自留山证》的行政诉讼。经过人民法院一审、二审的判决，驳回了国有林场的诉讼请求。2019年8月，某县人民政府重新恢复本案的调处，再次组织各方当事人进行调解，由于国有林场称该林地权属涉及国有资产，不愿参加调解，调解未果，某县人民政府于2020年1月15日作出《林地权属争议的处理决定》，原告某县国有林场不服申请行政复议，2020年5月11日，某市人民政府行政复议决定书维持某县人民政府决定，某村某组没有在争议地进行过造林，原告称实施了造林但没有相关材料予以证实，各当事人均说对争议地进行了管理，但均缺乏证据证明，虽然原告在争议林地附近建立了护林站，并派林场工作人员对林场的林木林地进行管理，但没有证据证明管理范围是否包含本案争议林地，故无法查明争议林地范围内林木的实际管理事实。

经过审理，人民法院认为原告某县国有林场请求撤销黔东南州政府《行政复议决定》和某县政府《行政处理决定》的诉讼理由不能成立，原告的诉讼请求不予支持。

【案例分析】

根据《某省林地管理条例》第二十条规定："争议各方都持有有效证据或者都无有效证据的，在争议林地内，按公平、合理、有利于生产管理和林地资源的综合开发利用的原则处理。"本案中，原告主张争议山场归其所有的主要证据是《某县部分山林权属争议处理协议书》（以下简称1983年达成的《协议》）和《国有山林权证》，第三人主张争议山场使用权归其所有的主要证据是《林权证》以及《某县社员自留山证》，上述证据均是某县人民政府颁发的林权证书，登记的林地权属均与本案争议林地相关联，虽然可以作为确定其享有权属的依据，但是属于同宗林地重复颁证的情况。某村某组持有的《林权证》、刘某持有的《某县社员自留山证》登记的林权内容与国有林场持有的《国有山林权证》登记的林权内容，以及1983年达成的

《协议》约定的内容均具有相同的法律效力，均属于合法林权凭证，对本案争议林地的权属均具有相同证明力。此外，双方都无证据证明其对争议林地进行实际管理。根据《林木林地权属争议处理办法》第十一条："当事人对同一起林权争议都能够出具合法凭证的，应当协商解决；经协商不能解决的，由当事人共同的人民政府按照双方各半的原则，并结合实际情况确定其权属的规定。"被告某县人民政府在查明本案林木林地权属来源的基础上，根据法定职责，对争议进行了调处，在调处无果的情况下，依照法律的规定，作出的行政处理决定并无不当。

【法律指南】

林权争议解决过程中，合法有效的林地、林木权属凭证是认定林地林木的权属依据包括本案中争议各方提交的林权证、自留山证、协议、政府有关部门的文件等。除此之外，争议方还应该尽可能地提供能够证明林地、林木权属的其他证据，包括但不限于对争议林地边界进行勘界的资料、对争议林地进行有效管理的相关证据，例如造林付款财务凭证、护林员护林费发放凭证、营林员造林公出旅费报销财务凭证、树苗购买凭证等。根据《最高人民法院关于行政诉讼证据若干问题的规定》第五十四条，法庭应当对经过庭审质证的证据和无须质证的证据进行逐一审查和对全部证据综合审查，遵循法官职业道德，运用逻辑推理和生活经验，进行全面、客观和公正地分析判断，确定证据材料与案件事实之间的证明关系，排除不具有关联性的证据材料，准确认定案件事实。诉讼中，人民法院会对证据的真实性、合法性、关联性作出认定，进而根据事实和依照法律作出判决。本案中，由于争议双方仅提供了合法有效的林权凭证，均没有进一步提供对争议林地进行管护的其他证据。为此，人民法院认为，被告某县人民政府在查明本案林木林地权属来源的基础上，根据法定职责，对争议进行了调处，在调处无果的情况下，依法作出的行政处理决定并无不当。

附录一

国有林场管理办法

（国家林业局于 2011 年 11 月 14 日印发，国家林业和草原局于 2021 年 10 月 9 日修订）

第一章　总则

第一条　为规范和加强国有林场管理，促进国有林场高质量发展，根据《中华人民共和国森林法》和有关法律法规、规章制度，制定本办法。

第二条　国有林场的建设和管理，适用本办法。本办法所称国有林场是指依法设立的从事森林资源保护、培育、利用的具有独立法人资格的公益性事业、企业单位。

第三条　国有林场应当坚持生态优先、绿色发展，严格保护森林资源，大力培育森林资源，科学利用森林资源，切实维护国家生态安全和木材安全，不断满足人民日益增长的对良好生态环境和优质生态产品的需要。

第四条　国有林场应当根据生态区位、资源禀赋、生态建设需要等因素，科学确定发展目标和任务，因地制宜、分类施策，积极创新经营管理体制，增强发展动力。

第五条　县级以上林业主管部门按照管理权限，负责本行政区域内的国有林场管理工作。跨地（市）、县（市、区）的国有林场，由所跨地区共同上一级林业主管部门负责管理。

第六条　国有林场依法取得的国有林地使用权和林地上的森林、林木使用权，任何组织和个人不得侵犯。

第七条　国有林场应当依法对经营管理范围内的森林等自然资源资产进行统一经营管理，主要职责包括：

（一）按照科学绿化的要求和山水林田湖草沙系统治理的理念，组织开展造林绿化和生态修复工作；

（二）按照严格保护和科学保护的要求，组织开展森林资源管护、森林防火和林业有害生物防治工作；

（三）按照科学利用和永续利用的原则，组织开展国家储备林建设、森林资源经营利用工作；

（四）组织开展科学研究、技术推广、试点示范、生态文化、科普宣传工作；

（五）法律、法规规定的其他职责。

第八条　国有林场应当在经营管理范围的边界设置界桩或者其他界线标识，任何单位和个人不得破坏或者擅自移动。

第二章　设立与管理

第九条　设立国有林场，除具备法律、法规规定设立法人的基本条件外，还应当具有一定规模、权属明确、"四至"清楚的林地。新设立的国有林场，应当自成立之日起 30 日内，将批准设立的文件逐级上报到国家林业和草原局。

第十条　鼓励在重点生态功能区、生态脆弱地区、生态移民迁出区等设立国有林场。

第十一条　国有林场隶属关系应当保持长期稳定，不得擅自撤销、分立或者变更。

第十二条　国有林场应当建立健全森林资源保护、培育、利用和人、财、物等各项管理制度，提升经营管理水平。

第十三条　实行岗位管理制度。国有林场应当按照《关于国有林场岗位设置管理的指导意见》要求，科学合理设置管理、专业技术、林业技能、工勤技能等岗位，制定岗位工作职责和管理措施。

第十四条　实行财务管理制度。国有林场应当按照《国有林场（苗圃）财务制度》规定，制定财务管理办法，完善财务管理措施。

第十五条　实行职工绩效考核制度。国有林场应当按照《国有林场职工绩效考核办法》规定，因地制宜制定职工绩效考核具体办法。鼓励国有林场建立职工绩效考核结果与薪酬分配挂钩制度，探索经营收入、社会服务收入在扣除成本和按规定提取各项基金后用于职工奖励的措施。

第十六条　实行档案管理制度。国有林场应当按照《国有林场档案管理办法》规定，完善综合管理类、森林资源类和森林经营类等档案材料，确保国有林场档案真实、完整、规范、安全。

第三章　森林资源保护与监管

第十七条　国有林场森林资源实行国家、省、市三级林业主管部门分级监管制度，对林地性质、森林面积、森林蓄积等进行重点监管。

第十八条　保持国有林场林地范围和用途长期稳定，严格控制林地转为非林地。经批准占用国有林场林地的，应当按规定足额支付林地林木补偿费、安置补助费、植被恢复费和职工社会保障费用。

第十九条　国有林场应当合理设立管护站，配备必要的管护人员和管护设施设备，加强森林资源管护能力建设。

第二十条　国有林场应当认真履行森林防火职责，建立完善森林防火责任制度，制定防火预案，组织防扑火队伍，配备必要的防火设施设备，提高防火和早期火情处置能力。

第二十一条　国有林场应当根据国家林业有害生物防治的有关要求，配备必要的技术人员和设施设备，提高林业有害生物监测和防治能力。

第二十二条　国有林场应当严格保护经营管理范围内的野生动物和野生植物。对国家或者地方立法保护的野生动植物应当采取必要的措施，保护其栖息地和生长环境。

第二十三条　符合法定条件的国有林场，可以受县级以上林业主管部门委托，在经营管理范围内开展行政执法活动。县级以上林业主管部门可以根据需要协调当地公安机关在国有林场设立执法站点。

第四章　森林资源培育与经营

第二十四条　实行以森林经营方案为核心的国有林场森林经营管理制度，建立健全以森林经营方案为基础的内部决策管理和外部支持保障机制。国有林场应当编制森林经营方案，原则上由省级林业主管部门批准后实施。

第二十五条　国有林场应当按照采伐许可证和相关技术规程的规定进行林木采伐和更新造林。

第二十六条　国有林场应当采用良种良法，开展造林绿化，采取中幼林抚育、退化林修复、低质低效林改造等措施，提高森林资源质量。

第二十七条　鼓励国有林场采取多种形式开展场外营造林，发挥国有林场在国土绿化中的带动作用。

第二十八条　鼓励国有林场建设速生丰产、珍贵树种和大径级用材林，增加木材储备，发挥国有林场在维护国家木材安全中的骨干作用。

第二十九条　鼓励国有林场和林木种苗融合发展，发挥国有林场生产和提供公益性种苗的主体作用。

第三十条　国有林场可以合理利用经营管理的林地资源和森林景观资源，开展林下经济、森林旅游和自然教育等活动，引导支持社会资本与国有林场合作利用森林资源。

第三十一条　国有林场的森林资源资产未经批准不得转让、不得为其他单位和个人提供任何形式的担保。

第五章　保障措施

第三十二条　各级林业主管部门应当将国有林场的森林资源保护培育、基础设施、人才队伍建设和财政支持政策等纳入林长制实施内容，发挥林长制对巩固扩大国有林场改革成果、推动国有林场绿色发展的作用。

第三十三条　省级林业主管部门应当根据实际需要，编制国有林场中长期发展规划，推动制定国有林场地方性法规、规章，争取出台各类支持政策。

第三十四条　国有林场经营管理范围内的道路、供电、供水、通讯、管护用房等基础设施和配套服务设施等，应当纳入同级人民政府国民经济和社会发展规划。

第三十五条　鼓励金融保险机构开发适合国有林场特点的金融保险产品，筹集国有林场改革发展所需资金，提高国有林场抵御自然灾害能力。鼓励社会资本参与国有林场建设。

第三十六条　各级林业主管部门应当积极派遣业务骨干到国有林场任职、挂职。鼓励采取定向招生、定向培养、定向就业等方式补充国有林场专业技术人员。

第三十七条　各级林业主管部门应当加强对国有林场干部职工的教育培训，提升干部职工素质能力。

第三十八条　县级以上林业主管部门应当对在国有林场建设管理工作中作出突出成绩的国有林场或者职工给予表彰奖励，并提请县级以上人民政府按照有关规定给予表彰奖励。

附录二
国有林场常用法律法规索引

一、法律

1.《中华人民共和国宪法》

2.《中华人民共和国民法典》

3.《中华人民共和国土地管理法》

4.《中华人民共和国刑法》

5.《中华人民共和国行政诉讼法》

6.《中华人民共和国劳动法》

7.《中华人民共和国劳动合同法》

8.《中华人民共和国森林法》

9.《中华人民共和国湿地保护法》

10.《中华人民共和国野生动物保护法》

11.《中华人民共和国种子法》

12.《中华人民共和国防沙治沙法》

13.《中华人民共和国土地管理法》

14.《中华人民共和国农村土地承包法》

15.《中华人民共和国农业法》

16.《中华人民共和国农业技术推广法》

17.《中华人民共和国农民专业合作社法》

二、行政法规与部门规章

1.《中华人民共和国森林法实施条例》

2.《中华人民共和国陆生野生动物保护实施条例》

3.《中华人民共和国野生植物保护条例》

4.《中华人民共和国濒危野生动植物进出口管理条例》

5.《中华人民共和国自然保护区条例》

6.《中华人民共和国植物新品种保护条例》

7.《不动产登记暂行条例》

8.《不动产登记暂行条例实施细则》

9.《森林病虫害防治条例》

10.《森林防火条例》

11.《植物检疫条例》

12.《退耕还林条例》

13.《重大动物疫情应急条例》

14.《森林和野生动物类型自然保护区管理办法》

15.《风景名胜区条例》

16.《血吸虫病防治条例》

17.《林木林地权属争议处理办法》

18.《森林采伐更新管理办法》

19.《国务院关于开展全民义务植树运动的实施办法》

三、司法解释

1.《最高人民法院关于审理破坏森林资源刑事案件具体应用法律若干问题的解释》

2.《最高人民法院关于审理破坏林地资源刑事案件具体应用法律若干问题的解释》

3.《最高人民法院关于审理森林资源民事纠纷案件适用法律若干问题的解释》

后　记

2005 年 7 月，我从中国人民大学博士毕业来到北京林业大学任教，此后经常到美丽的国有林场调研，与勤劳的林场人结下了不解之缘。林场职工艰苦创业、无私奉献、科学求实、开拓创新的精神令人感动，因此一直关注国有林场的改革与发展，研究相关的法律与政策。2015 年 5 月，为贯彻落实中共中央、国务院《国有林场改革方案》，加快推进国有林场改革，加强研究国有林场管理相关政策措施，国家林业局国有林场和林木种苗工作总站与北京林业大学签订合作备忘录，决定设立国有林场法律与政策研究所。该研究所紧紧围绕国有林场改革与发展，研究前沿理论问题，编写和发行《国有林场》辑刊，宣传国有林场制度与政策、推广国内外国有林管理与经营的先进理念；推动国有林场国际交流与合作，邀请国际林业专家到林场进行交流，组织林场管理人员到国外进行考察，实现互访，建立合作关系；举办高级研修班以及法律专项培训，为国有林场可持续发展培养人才。2018 年 6 月，中国林场协会成立林场权益保障专业委员会。该专业委员会旨在加强法治宣传，增强法治意识，进行专项培训，培养法治人才，为国有林场提供法律服务，保护国有林场合法权益。

为了更好地服务于国有林场，中国林场协会林场权益保障专业委员会组织人员编写此书，其中包括北京林业大学教授韦贵红，资深律师张宾峰、徐春国、黄诚、宋建忠、王咏东，广西壮族自治区南宁树木园法务组组长包晗，柳州市莲花山保护中心办公室副主任胡静。特别值得一提的是，张宾峰律师有着学术情怀和奉献精神，多次参与国有林场有关的课题研究，取得丰硕的科研成果。张宾峰、王咏东律师为成立和运作林场权益保障专业委员会付出辛劳。张宾峰、徐春国、宋建忠律师为国有林场林权争议解决做了大量的工作。包晗和胡静具有丰富的国有林场工作经验，为编写本书提出很好的建议。难能可贵的是，编写组成员来自不同单位，精诚团结，共同完成本书的编写工作。

我们的工作得到国家林业和草原局国有林场和种苗管理司、中国林场协会、林场权益保障专业委员会所有委员单位的指导、帮助和支持，在此深表感谢。衷心感谢本书撰稿人员积极参与编写工作。非常感谢中国林业出版社李伟先生和王越女士的辛勤付出。

韦贵红

2023 年 6 月 16 日

作者简介

韦贵红，中国人民大学法学博士，北京林业大学教授，北京德和衡律师事务所律师，中国林场协会副会长、林场权益保障专业委员会主任，国有林场法律与政策研究所所长，中国法学会法律文书学研究会和中国法学会立法研究会理事，北京市法学会环境资源法学研究会常务理事，湖南省保护地役权项目首席专家，德和衡研究院绿色低碳分院首席专家，企业生物多样性保护首席专家，《国有林场》辑刊主编，《生物多样性》和《北京林业大学学报》等期刊审稿人。美国天普大学法学硕士，美国哈佛大学、乔治城大学和林肯土地政策研究院、德国马普知识产权与竞争法研究所、台湾世新大学访问学者。研究领域包括民法、知识产权法、环境和自然资源法、国有林场法律与政策、生物多样性保护等。独立发表 SSCI 和 CSSCI 等期刊论文 30 多篇，出版著作 3 部；担任《中国林权改革培训教材》副主编；翻译《关于 ABS 名古屋议定书的背景与分析》。主持国家发展和改革委员会、国家林业和草原局、国家知识产权局、中国法学会、生态环境部、全球环境基金（GEF）、河仁慈善基金会等单位委托资助的科研项目 20 余项。在四川、浙江和湖南进行保护地役权试点，保护面积 2000 多平方千米。获得保尔森可持续发展奖，北京市教育委员会优秀指导教师、北京林业大学优秀教师、北京林业大学教学成果一等奖、北京市海淀区法律援助先进个人等荣誉。

张宾峰，律师、高级物流师，信阳师范学院文学学士、北京大学法律硕士。北京市中闻律师事务所合伙人。兼任中国林场协会林场权益保障专业委员会秘书长、中国林学会森林疗养分会理事、华夏双碳能源研究院专家顾问。

徐春国，律师，北京大学法律硕士，中闻律师事务所合伙人。

黄诚，律师，信阳师范学院文学学士、中国政法大学法学第二学士学位。北京市东硕律师事务所合伙人，北京市海淀区优秀律师。

宋建忠，律师，北京大学法律硕士，北京市中闻律师事务所合伙人，曾任四级高级检察官。

王咏东，律师，北京大学法律硕士。北京市富盟律师事务所主任、合伙人，北京市海淀区优秀律师。兼任中国法学会会员、中国证券法学研究会理事、中国仲裁法学会委员、中国知识产权法学会委员、广州仲裁委员会仲裁员、宁波仲裁委员会仲裁员、北京市律师协会证券法律业务委员会委员。

包晗，广西壮族自治区南宁树木园玉林造林部党支部书记、分工会主席，南宁树木园法务组组长。广西大学法学学士、广西大学多功能英语学士、广西大学农林推广硕士，林业工程师。从事国有林场法律事务工作 9 年，具有林业一线普法宣传、法律诉讼实务工作经验。获得全国国有林场思想政治工作演讲大赛一等奖、广西优秀团员、广西壮族自治区林业局区直事业单位工作人员记功奖励等荣誉。

胡静，柳州市莲花山保护中心办公室副主任、林业工程师、中国林场协会林场权益保障专业委员会专家。广西师范大学法学学士、中南林业科技大学农业推广硕士。从事国有林场法律事务、普法宣传工作10年，连续在"六五""七五"普法期间获得广西法治建设先进个人。